创业基础
案例与实训

（第二版）

主编 ○ 郑晓燕

西南财经大学出版社
Southwestern University of Finance & Economics Press

山东省
基于四位一体理念的创业教育创新实验区系列教材
编 委 会

主 任：季桂起

副主任：相子国　郑晓燕

委 员（按姓氏笔画排序）：

　　　　王艳芹　王　辉　毛丽君　冯天忠

　　　　刘士全　张玉红　李玉霞　武　兵

　　　　肖风华　杨　颖　杨淑萍　姜英华

　　　　彭　萍

总序 ZONGXU

人才培养质量是大学的生命线，人才培养模式改革是大学发展永恒的主题。作为一所地方性应用型本科院校，人才培养的优势和特色，决定着学校的发展方向、前途和命运。自2007年3月起，德州学院组织全体教授认真学习并研究了《教育部、财政部实施高等学校本科教学质量与教学改革工程的意见》和《教育部关于进一步深化本科教学改革，全面提高教学质量的若干意见》两个重要文件，先后出台了《德州学院关于深化教学改革，全面提高教学质量的意见》、《德州学院关于人才培养模式改革的实施意见》和《德州学院人才培养模式创新实验区建设与管理办法（试行）》三个执行文件。2009年年初，德州学院决定集全校之力，开展经管类创业型人才培养模式创新实验区建设工作。

德州学院于2011年3月17日制定了《关于培养创新性应用型人才的实施意见》，提出了创新性应用型人才的教育改革思路。2011年10月，德州学院决定以经管类创业型人才培养模式创新实验区建设为试点，集全校之力，开展创新创业型人才培养模式创新工作。同时明确经管类创业型人才培养模式创新实验区的任务：扎实开展经管类创业型人才培养模式的理论研究和实践探索，总结培养创新性应用型人才的经验和教训，为创建山东省应用型人才培养特色名校提供理论支撑和工作经验。

从国家与山东省经济发展战略来看，目前急需培养经管类创新性应用型人才。目前，我国经济正在从工业化初期向工业化中后期转变，以培养基础扎实的专业型人才为主要目标的人才培养模式暴露出了不能满足社会多元化需求的缺陷，造成了大量经管类学生就业困难。经管类人才培养模式的改革，首先需要转变教育理念。教育不能局限于知识的传授，教师的作用应该是培养学生的自学能力，注重发掘学生的特长，形成良好的个性品质，要树立培养学生创新与创业精神的教育理念。其次要调整培养目标。应该以适应地方经济和社会发展变化的岗位工作需要为导向，把培养目标转向知识面宽、能力强、素质高、适应能力强的复合型创业人才上来；同时，把质量标准从单纯的学术专业水平标准变成了社会适应性标准。最后要改变培养方式。要与社会对接和交流，要从封闭式走向开放式。同时，应该加快素质教育和能力培养内容与方法的改革的步伐，全面提升学生的社会适应能力和在不同环境下的应变能力，把学生培养成为具有较强的创新意识、长于行动、敢担风险、勇担责任、百折不挠的创新创业型人才。

人才培养方案的改革是人才培养模式改革的首要工作。创新实验区课题工作小组对德州学院经管类创业型人才培养目标从政治方向、知识结构、应用能力、综合素质、就业岗位、办学定位、办学特色七个方面进行了综合描述，从经管类人才培养的知识结构、能力结构和综合素质三个方面进行了规格设计，针对每一项规格制定了相应的课程、实验、实习实训、专业创新设计、科技文化竞赛等教学环节培养方案，构建形成了以能力为主干、创新为核心，知识、能力和素质和谐统一的理论教学体系、实践教学体系和创新创业教学体系。

人才培养内容与方法的改革是人才培养模式改革的核心内容。创新实验区课题工作小组提出，要以经管类创业型人才培养模式创新系列教材编写与使用为突破口，用3~5年时间初步实现课堂教学从知识传授向能力培养的转型。这标志着德州学院人才培养模式改革进入核心和攻坚阶段，既是良好的机遇，更面临巨大的挑战。

这套经管类创业型人才培养模式创新实验区系列教材编写基于以下逻辑过程：德州学院经济管理学院率先完成了创新性应用型人才培养理论教学体系、实践教学体系和创新创业教学体系的框架构建。其中，理论课程内容的创新在理论教学体系改革中居于核心和统领地位。该人才培养内容与方法的创新把专业课程划分为核心课程、主干课程、特色课程和一般课程四类，采取不同的建设方案与建设措施，其中，核心课程建设按照每个专业遴选3~5门课程作为专业核心课程进行团队建设。例如，会计学专业确定了管理学、初级会计、中级财务会计、财务管理和审计学五门专业核心课程。每一门核心课程按照强化专业知识、培养实践能力和提高教学素质的要求，划分为经典课程教材选用、案例与实训教程设计和教师教学指导设计三个环节进行建设。而特色课程也是在培养知识、能力、素质和创新精神四位一体的创业型人才培养中专门开设的课程，其目的是增强创业型人才培养的针对性和可操作性。

这套经管类创业型人才培养模式创新实验区系列教材凝聚了大家的智慧和心血，又恰逢我校把创新性应用型人才培养定为学校的三大重点工作之一。希望这套教材能为德州学院的人才培养模式创新及应用型人才培养工作探索出一条成功的道路。

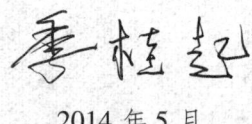

2014 年 5 月

第二版前言

2012年,我们申报的基于"四位一体"理念的创业教育创新实验区被批准为"山东省高等学校人才培养模式创新实验区",同年8月,教育部办公厅关于印发《普通本科学校创业教育教学基本要求(试行)》的通知(教高厅[2012]4号)提出,高等学校应创造条件,面向全体学生单独开设"创业基础"必修课。为更好地落实教育部关于《普通本科学校创业教育教学基本要求(试行)》通知的要求,推动高等学校创业教育科学化、制度化、规范化建设,我们基于"四位一体"理念的创业教育创新实验区工作小组,以教育部提出的"创业基础"教学大纲为框架,组织创业教育创新实验区全体成员精心研究教育部关于普通本科学校创业教育的教学基本要求,编写了一部高校创业教育教材——28万字的《创业基础》,并于2013年1月由西南财经大学出版社正式出版。自2013年起,我校按照教育部的文件精神和普通本科学校创业教育教学基本要求,将《创业基础》在全校范围内面向全校大学生作为选修课和在经济管理类学生中作为特色必修课开设。同时,从加强创业教育的实践环节入手而编写的一部《创业基础》的配套教材——《创业基础案例与实训》,在2014年1月正式出版并与《创业基础》同时配套使用,两部教材的出版不仅填补了在校大学生系统创业知识的空缺,而且对于创新性应用型人才的培养的实践环节从创业的角度进行查漏补缺,即通过有针对性的创业案例的分析和围绕创业设计的实训活动,让同学们具备自主、自信、勤奋、坚毅、果敢、诚信等创新精神和创业思维的同时,更重要的是训练他们具备未来创业者的战略眼光、良好的沟通协调能力、营销能力和决策能力,最终具备创办新企业的能力。教学效果正在显现。

截至2015年年初,经过系统创业知识学习的在校大学生,参与创业活动的积极性不断高涨,仅2013年、2014年,在校大学生参加各级创新创意及创业大赛,获得国家级、省部级奖项达174项。在校大学生正式注册创业企业7家,有的已取得了良好的社会效益和经济效益。我们围绕创业教育形成的教学成果"地方高校经管类专业大学生创新创业教育体系构建与实践"于2014年获得了山东省省级教学成果三等奖。

本次再版《创业基础》和《创业基础案例与实训》,主要是应在校大学生之需和两本教材使用之后带来的良好的反响和效果，同时，根据在使用过程中授课教师和学生提出的一些意见和建议进行了修订和完善。在内容的安排和取舍上，在保持两部教材原有特色的前提下，在结构设计、章节内容、案例选择、实训活动上仍然把创业素质和能力的训练作为主线，以创业型人才基本素质为标准，精心提炼，意在实现从以知识传授为主向以能力提升为主的转变、从以教师讲授灌输为主向以学生参与体验为主的转变，从而调动学生学习的积极性、主动性和创造性。

《创业基础案例与实训》每章设计了四个模块，即本章知识点、创业案例、实训活动、深度思考。内容重在通过"创业案例"的分析引导在校大学生点燃创业激情；通过"实训活动"的环节，引导在校大学生亲身体验创业过程；最终通过对创业的"深度思考"真正达到创业技能的全面提升，为走向社会，成功就业打下坚实的能力基础。

本教材由郑晓燕教授担任主编，并负责全书写作框架、各章节内容的审核和修订工作。其他参编人员分工如下：

相子国负责第一章；卜庆娟负责第二章；杨淑萍负责第三章；杨颖负责第四章；李玉霞负责第五章；彭萍负责第六章。

在2014年9月的夏季达沃斯论坛上，李克强总理发出"大众创业、万众创新"的号召，提出要在960万平方千米土地上掀起"大众创业""草根创业"的新浪潮，形成"万众创新""人人创新"的新态势。2015年3月，"大众创业，万众创新"写进了政府工作报告，在中国不仅掀起了草根创业的新浪潮，而且鼓舞了没有走出校门的在校大学生的创业热情。特别是2015年5月国务院办公厅印发的《关于深化高等学校创新创业教育的实施意见》的出台，提出了9项具体的实施意见，为高校的创新创业教育指明了方向。希望我们编写的创业教材能够借全面深化高校创新创业教育改革的东风，助推高校的创新创业教育，为高校面向全体在校生系统开展创新创业教育提供有益的借鉴。

由于主编和参编人员能力有限，虽在再版之际力求完善，但遗漏之处难免，真诚欢迎广大读者和同行对本书的不当之处给予批评、指导和帮助。

郑晓燕
2015年5月

目录 MULU

第一章　创业、创业精神与人生发展

001　一、本章知识点
006　二、教学案例
018　三、实训活动
024　四、深度思考

第二章　创业者与创业团队

035　一、本章知识点
039　二、教学案例
052　三、实训活动
055　四、深度思考

第三章　创业机会与创业风险

061　一、本章知识点
070　二、教学案例
094　三、实训活动
100　四、深度思考

第四章　创业资源

114　一、本章知识点
119　二、教学案例
153　三、实训活动
160　四、深度思考

第五章　创业计划

171　一、本章知识点
176　二、教学案例
185　三、实训活动
192　四、深度思考

第六章　新企业的开办

197　一、本章知识点
201　二、教学案例
212　三、实训活动
232　四、深度思考

附录

243　附录一　教育部办公厅关于印发《普通本科学校创业教育教学基本要求（试行）》的通知

247　附录二　创业型人才素质测试模拟试题

253　附录三　教育部关于做好2015年全国普通高等学校毕业生就业创业工作的通知

257　附录四　国务院办公厅关于深化高等学校创新创业教育改革的实施意见

第一章 创业、创业精神与人生发展

通过本章知识点的学习，了解创业的概念、创业与创业精神的关系、创业与人生发展的关系；通过案例思考与分析，理解为什么要创业、创业者需要怎样的创业素质和创业精神等基础性问题；通过创业实训活动认识自我、挖掘自身的创业潜质；通过深度思考，认识创业教育和创业实践对于实现人生价值和促进社会进步的重要意义。

一、本章知识点

（一）创业与创业精神

1. 创业的定义

创业是不拘泥于当前资源约束、寻求机会、进行价值创造的行为过程。创业过程由组织资源、寻求机会和价值创造三部分构成。

2. 创业的要素与类型

创业的关键要素包括机会、资源和创业者。在创业初始阶段，商业机会较大而资源较为缺乏。随着企业的发展，企业拥有较多的资源，但这时原有的商业机会可能变得相对有限，这就导致另一种不均衡。创业者及创业企业需要不断探求更大的商业机会，进行资源的合理运用，使企业发展保持适度的平衡，最终实现动态均衡，这就是新创企业发展的实际过程。

创业活动划分为资合型创业、人合型创业和技术型创业三种类型。资合型创业的基础是资产。资合型创业创建的企业一般具有劳动生产率高、物资消耗省、单位产品成本低、竞争力强等优点。资合型创业要求有大量资金、技术装备复杂，还要有能掌握现代技术的各类人才和相应的配套服务设施，否则就难以发挥其应有的经济效果。该类创业通常出现在钢铁、重型机器制造、汽车制造、石油化工等行业领域内。人合型创业的基础主要表现为创业者之间的相互信任和创业者拥有平等的决策权。人合型创业创建的企业由于受人际关系、信用程度和个人财力的限制，融资能力较差，规模比较小，适合于生产技术简单、品种多、批量小、用工比重大的企业和产品，或主要依靠传统的手工艺，难以实行机械化、自动化生产的企业和产品。技术型创业的基础是先进的、现代化的科学技术。技术型创业创建的企业一般具有需要综合运用多门学科的最新科学研究成果，技术装备比较先进复杂，研发费用较多，中高级科技人员比重大，操作人员也要求有较高的科学知识和技术能力，使用劳动力和消耗原材料较少，对环境污染较小等。该类创业通常出现在需要花费较多的科研时间和产品开发费用、能生产高精尖产品的部门，如电子计算机工业、原子能工业等。此外，也有人把创建电子计算机软件设计、技术和管理的咨询服务企业也归入技术型创业。

3. 创业过程与阶段

创业过程包括创业者从产生创业想法到创建新企业或开创新事业并获取回报，涉及识别机会、组建团队、寻求融资等活动。创业过程可大致划分为机会识别、资源整合、创办新企业、新企业生存和成长四个主要阶段。

机会识别是创业过程的核心，也是创业管理的关键环节。机会识别包含发现机会和评价机会价值两大方面的活动。创业者要做到多交朋友，并经常与朋友交流沟通，以便准确识别需要解决的问题和机会；要细心观察，从以往的工作和周边的事物中发现机会，甄别机会；要对于自认为看到的机会进行评估，判断机会的价值。

资源整合是创业者开发机会的重要手段。强调资源整合，是因为创业者可以直接控制的可用资源少，许多成功的创业者都有过白手起家的经历。对创业者来说，资源整合往往更意味着整合外部的资源、别人掌握控制的资源，来实现自己的创业理想。

创建新企业包括公司制度设计、企业注册、经营地址的选择、确定进入市场的途径等。有时甚至要在创建新企业和收购现有企业等进入市场的不同途径之间进行选择。这些也是开创新事业、公司内部创业活动等都需要思考的工作。对公司内部创业活动来说，可能没有公司制度设计问题，但同样要设计奖惩机制，甚至需要制定利益分配原则；可能没有企业注册问题，但同样要有资金投入及预算控制机制等问题。创业初期，迫于生存的压力，也由于对未来发展无法准确预期，创业者往往容易忽视这部分工作，结果给以后的发展带来许多问题。

确保新企业生存是创业者必须面对的挑战。企业成长存在内在的基本规律，在这方面，企业成长理论（包括成长决定因素理论和成长阶段理论）研究已经取得了较丰富的成果。创业者需要了解企业成长的一般规律，预见企业不同成长阶段可能面临的管理问题，采取有效的措施予以防范和解决，使机会价值得到充分的实现，同时不断地开发新的机会，把企业做大、做强、做活。

4. 创业精神的本质、来源、作用与培育

创业精神是创业者在创业过程中的重要行为特征的高度凝练，主要表现为勇于创新、敢当风险、团结合作、坚持不懈等。

创业精神不是先天就有的，而是在一定的社会、经济、政治、文化以及个人等条件中形成的。换句话说，影响创业精神形成的因素主要有经济、文化、政治及家庭和自身情况。

创业精神所形成的创新行为可以改变资源产出。创业精神的创新行为经常表现在建立新的顾客购买者群。比如，麦当劳研究顾客所注重的价值，设计小孩喜欢的一套玩具，小孩每次来麦当劳就送给他一个玩具，吸引了许多孩子，建立了孩子这个新的顾客购买者群，开发了购买力资源，为麦当劳创造了利润。

创业行为经常表现为创造新的产业。1975年乔布斯（Jobs）在车库里研制了个人电脑，使得电脑成为个人拥有的工具，1976年乔布斯创建了苹果公司。1993年马克·安德森（Marc Andreessen）发明了互联网上的信息浏览器，1994年成立了马赛克通信公司，即后来的网景公司。杨致远放弃了攻读博士学位的学业，1995年成立了雅虎公司。这些公司后来都成为著名的企业，并且都带动并形成了一个产业新的增长。不仅如此，创业精神的创新行为改变了经济增长方式，改变了产业结构，创造了新的产业——高新技术产业。

创业精神的培育不仅需要提高自身的学识修养，更要有相应的制度建设。学识修养是软件，制度建设是硬件。

创业是不拘泥于当前资源约束、寻求机会、进行价值创造的行为过程。创业的关键要素包括机会、团队和资源。创业过程包括创业者从产生创业想法到创建新企业或开创新事业并获取回报，涉及识别机会、组建团队、寻求融资等活动。可大致划分为机会识别、资源整合、创办新企业、新企业生存和成长四个主要阶段。创业精神是创业者在创业过程中的重要行为特征的高度凝练，主要表现为勇于创新、敢当风险、团结合作、坚持不懈等。创业精神将在新时期发挥更大的作用，有利于加快转变经济发展方式，促进经济社会又好又快地发展。

（二）知识经济发展与创业

1. 经济转型与创业热潮的关系

知识经济是知识资源最为稀缺的经济，是建立在知识和信息的生产、交换、分配和使用之上的经济，是以知识为基础的经济。知识经济既是社会经济的总体时代特征，又是经济资源的具体运作方式。知识经济的产生和存在必须具备充足的客观条件。知识经济是人类历史上一次社会生产方式的革命，它代表人类社会经济发展史上的又一次大变革，是一次影响深远的经济转型，即从工业经济社会向信息、数字和知识经济社会转变。

相对农业经济和工业经济而言，知识经济形态具有显著的特征：知识是最基本的生产要素；以知识为基础的产业在产业结构中占主体地位；研究和开发成为知识经济的基本经济活动；人力的素质和技能成为知识经济实现的先决条件。

知识经济时代，创业行为体现出以下四个特征：①创业行为将更加容易，创业的源泉大大增加。②创业和成功的距离更近。③创业使得社会与企业，老师与学生，工作与学习的界限更加模糊。④创业团队的概念将被普遍接受。

20世纪90年代中后期开始，知识经济的浪潮席卷全球，我国也不例外。一批智力创业者应运而生，他们大体可以分为三类：一种是科技型创业，他们利用具有市场潜能的高科技发明加以开发，转化为产品并进行市场推广；另一种是文化型创业，创业者一般是某种文化作品的创作者，先把自己的作品推向市场，然后加以拓展；第三种是策划型创业，他们运用自己的智慧为企业提供"外脑"服务，为企业提供咨询、培训，以此为自己带来经济利益。这些创业者具有较高的个人素质，大多是高级知识分子和优秀的科技人员，同时创办经营企业的经历使他们具有吃苦耐劳的韧性和较强的感召力。

2. 创业活动的功能属性

创业活动的功能属性可以划分为社会功能属性和个人功能属性。

创业活动的社会功能属性包括：创业具有增加就业的功能；创业具有促进创新的功能；创业具有创造价值、促进经济发展的功能；创业的其他社会功能属性。同时，创业的社会功能属性还表现为：①通过竞争使社会资源趋于更合理的配置。②有利于知识向资本的转化。③影响未来中国经济的发展。

创业活动的个人功能属性包括：塑造并完善个人素质；创造个人财富；实现个人价值。具有创业动机的人往往希望通过创业实现自己的人生价值。当然，人生价值的实现途径是多样的。有的人进行发明创造，把个人价值同人类的科技进步联系起来；有的人致力于人类的解放活动，把个人价值同人类的自由结合起来。但是，更多的人则致力于创业，把个人的价值同社会的物质进步、人类物质文明的发展联系起来，在追求事业报国的活动中实现自己的人生价值。

3. 知识经济时代赋予创业的重要意义

今天的时代是一个创业的时代。传统的事业发展模式逐渐被打破，创造和创新日益得到认同。美国硅谷的发展，早已成为知识界、科技界、企业界有口皆碑的楷模，从那里，人们明白了知识原来可以这样快速地转变为财富，科技原来具有如此大的威力，甚至可以引发产业革命。他们能行，我们也能行！他们能做到的，我们也能做到！在追赶世界先进水平、振兴国家的过程中，一批批对未来充满希望和梦想的人，开始思索并实践在中国的创业梦想。

经济转型是创业热潮兴起的深层次原因。创业具有增加就业、促进创新、创造价值等功能，同时也是解决社会问题的有效途径之一。

（三）创业与职业生涯发展

1. 创新型人才的素质

创新素质是指创业者完成创新活动所必需的基本素质。它是由创新个性、创新思维、创新意识、合理的知识结构、一定的哲学素养、较强的学习兴趣保持能力和学习能力以及科学的方法等方面所组成的复杂系统。

个性，通常是指个人具有的比较稳定的、有一定倾向性的心理特征的总和，包括性格、能力、动机、兴趣、意志、情感等。创新个性是创新型人才所具有的个性特征。创新思维是人类思维的高级形式，它不仅能揭示事物的本质和发展规律，而且能够提供新的、具有社会价值的产物。创新思维极其复杂，它的形式多种多样，如发散思维、求异思维、逆向思维、侧向思维、形象思维、直觉思维、立体思维等，并且常常是多种形式交错在一起。创新思维不同于一般的思维活动主要在于它的想象力。

创新意识是指人们根据社会和个体生活发展的需要，引起创造前所未有的事物或观念的动机，表现出创新的意向、愿望和设想。它是人类意识活动中的一种积极的、富有成果性的表现形式，是人们进行创新活动的出发点和内在动力。一个人能否有所创新，不完全取决于他所拥有的知识的数量，而是否具有合理的知识结构似乎更为重要。现代心理学认为，合理的知识结构有利于同化原有观点、概念而形成新观点、新概念。创新型人才的合理知识结构主要应该具有以下几个方面的特征：①有一定的基础理论知识；②具有较深厚的专业知识；③有广泛的邻近学科知识；④了解相关方面的科技发展状况的前沿知识；⑤具备一定的哲学素养。哲学对于创新的作用首先在于其怀疑批判精神。哲学能让我们站得更高，从而望得更远，看得更清楚。创造性活动必须以原有的知识经验为基础,但又必须要跳出原有知识经验的圈子,以俯视、审视的态度来看待已有的知识经验,才能发现彼此之间的似断实连的内在联系,从而产生出新思想,创造出新产品。

2. 创业能力与个人职业生涯发展

个人职业生涯是指一个人一生连续担负的工作职业和工作职务的发展道路,职业生涯设计要求根据自身的兴趣、特点,将自己定位在一个最能发挥自己长处、最大限度实现自我价值的位置上。一个人的成长与发展需要进行个人职业生涯的规划与设计,确定适合个人条件的各个阶段的发展方向和目标。

具体而言,个人的职业生涯规划是指在对个人和内部环境因素进行分析的基础上,通过对个人兴趣、能力和个人发展目标的有效规划,以实现个人成就最大化而作出的行之有效的安排。从职业生涯发展过程看,职业生涯发展分为不同的时期。

目前,大学生创业的渠道相当广泛。许多大学生创新意识强,有自己的专利或开发项目,创办高科技企业,是大学生创业的一条理想之路。除此之外,还有许多创业之路可供选择。例如,一些毕业生运用自己的专长、特长,个人或合伙开办餐馆、书店、咨询公司等。大学毕业生自主创业不仅解决了自己的就业问题,而且还给别人提供了就业机会。可以说,对当代大学生而言,自主创业是职业生涯设计的一条光明之路、希望之路。

在大学阶段,大学生学习的根本目的就是多学知识、学好知识。创业知识是大学生所学知识的一部分,只有奠定了良好的创业知识基础,大学生才有望在以后的形式多样、内容丰富的创业活动中如鱼得水、融会贯通,才能在今后的创业实践中得心应手、运作自如。

创业并不只是开办一家企业。创业能力具有普遍性与时代适应性。创业能力对个人职业生涯发展起着积极的作用。

资料来源:郑晓燕,相子国. 创业基础. 成都:西南财经大学出版社,2013.

案例一 星巴克的故事[①]

我出生在纽约布鲁克林的一座"公屋"里,我的父亲是一名卡车司机,没

---

① 舒尔茨. 星巴克 CEO:为钱创业很肤浅 [EB/OL]. [2009-10-27]. http://www.ceconline.com/my-career/ma/8800053743/01/.

有受过教育，年薪从来没有超过2万美元。他在生活和工作中得不到尊敬。很多其他人有的东西，我从来都没有。在我七岁的时候发生了一件事，那天放学回家，我走进那个小小的屋子，父亲躺在沙发上，身上盖了一条毯子，他摔伤了臀部。在20世纪60年代的美国，没有医疗保险，也没有工伤赔偿。在那一刻，我看到了所谓的"美国梦"。

1984年，我为了筹办咖啡店去融资。我花了整整一年的时间融到了380万美元。当时我的妻子怀孕了，怀了我的第一个孩子。她的父亲拉着我跟他去散步。我们坐下来，他说："霍华德，我知道你有一个梦想，但是你没有工作，你得有一份实际的工作。"我跟他说，胜败之间非常微妙，可能只是一步之差，而这一步就是激情，就是承诺，还需要一点点运气。

有很多人跟我说过，做点安全的事情，做点保险的事情。我要对大家说，不要让任何人，包括你的父母、朋友、同事，左右你的梦想。

创业初期寻找资金很艰难，但是我每天都不断地为梦想而努力。我想如果你每天都怀着梦想的话，你的梦想就会变得越来越大。星巴克不是一个完美的公司，我们每天都在犯错误。我们的商业模式可能不比人家好，可确实是与众不同的，这跟我的背景有关系。从第一天开始，我们的商业模式就是要在赚钱和社会责任之间取得平衡，我们既要赚钱也要回馈。现在回头看星巴克的成长和成功，首要的原因不是说我们咖啡做得好——当然我们的咖啡质量是最好的，我们做的方法也非常精细，但都不是因为这些，而是因为人们对星巴克这样一个公司，这样一个消费品牌充满了信任。

今天你创建一个公司，你肩负的责任，就是要让你接触的每一个人都能建立信任感，要负有道德感地做事。如果你不能超越客户的期望，就无法打造一个好的公司。但是，为了要达到甚至超越他们的期望，你必须首先超越员工的期望——无论是多么小的公司。建议你不要寻找捷径，最重要的是吸引那些与你有相同价值观的人。

在星巴克，招聘员工，我不关心他们的智商有多高，他们有多么聪明，我更关心的是另外两个品质，就是好奇心和情商。我希望人们对这个世界有一种好奇心，我希望他们能够去探究未来会发生什么事情，我希望他们不满足现状而去不断地推陈出新，并且不断地改善自己。情商（Emotional Intelligence Quotient，EQ），在这个纷繁复杂的世界里，你需要有一定的情商。

还有一个问题，你把人招进来，接下来该做什么呢？尽管说成就一个公司需要有不同的部门、不同的职能，但最重要的一个部门——很多时候是被忽视的，就是人力资源部门。你要打造一个伟大的公司，没有伟大的人是不行的；没有一个好的环境，他们不能够同心协作，那也是不行的。我们在51个国家里面，都创建了我们的分部。在这些分部里面，所有的员工都是我们最重要的资产，不同国家对于文化融合的经验，对于我们来说是至关重要的经验。不管在哪个国家，我们都是以人为本，非常致力于为当地的人群提供服务，为他们提供咖啡的服务。

星巴克的建立是非传统式的，没有做广告，没有市场营销。那么，星巴克是从哪里来的？

1996年的时候，我们进军北美之外的国际市场，在东京开了第一家星巴克店。我们雇佣的第三方咨询师，写了一份很厚的报告，说如果星巴克到日本去，一定会失败。为什么呢？因为你付不起房费，在日本房价非常高，而且那里也没有喝咖啡的文化。那我们怎么办？是不是要进军日本市场呢？当时我们就不再雇佣这个咨询师，决定不管怎么样还是要进军日本市场。当时我在美国的同事告诉我，美国有线电视新闻网（CNN）会为我们在日本开这个店铺做直播，这是个好消息。我们早上六点开业，结果看到在店门口排了长长的队伍。我就很吃惊地问下面的人，你们是不是雇了这些人来排队，他们怎么知道星巴克在这里开张？后来我想，他们之所以知道，是凭借美国人、日本人和中国人等真正人类之间的通性，是全球所有人都有的一种感情，就是说他们会尊重某一些价值观，他们希望被联系起来，他们希望形成一个社区，并且能够在这个社区里进行感情的交流和维系，这其实也是一种营销。

现在这个时代，信任是非常脆弱的一件事情。在很多私营企业，很多机构里面，一些传统的沟通渠道和沟通方法没有办法在未来继续实施下去。那么怎样获得有用的信息？应是通过朋友和伙伴得到信息，而不是过分依赖于广告。所以说一个公司的诚信是口口相传，而且要和人联系在一起。每一个公司在市场里都有许许多多的竞争对手，有很多公司会做广告和网络宣传。但关键是什么？如果大家是做同一样产品，客户在网站搜索各种各样的信息，他不会注意公司的价值观是什么，愿景是什么。作为消费者，比较两个公司，我想告诉你，一个可以成功的公司，应该能够真正表现出诚信，而且从收入当中拿出一部分去回报消费者。这样的公司才会是竞争当中的胜出者。

再谈一个有趣的故事。当时是在伦敦，我走进一家奶酪店，事实上它是在一条非常繁华的路面上，而且旁边有很多时装店。突然，我转到一家小店门口，上面写着"奶酪"。我想这个格调和周围的店不太一样，就走进去，看到柜台后面有一个男士站着，穿一件破破烂烂的衬衫，还有破洞，不太体面。我很尊敬地跟他交谈了五分钟，我觉得太吃惊：在你这样的店铺里，真的能卖那么多的奶酪来支付成本吗？他是怎么做到的？他转过来告诉我："年轻人，你是对的，我事实上支付不起这个成本，我是这家房子的主人。"然后他就讲他的故事。

这个男士的故事是：店铺已经开了100多年，而他为什么每天到这里来上班，事实上就是一个词，就是"诚信"，这个词在当今社会上已经不被注重。什么叫诚信？他解释说："就是我的父亲、我的祖父、我的曾祖父都是从事奶酪事业的，我今天能够站到这里，就是为了继承他们的事业，对他们表示一种尊重。""另外，我还有一个儿子在农场里，在当时祖父经营的农场里，在生产这些奶酪，所以我们这个事业是家庭的事业。我们希望自己对家庭事业的历史表示尊重，我们希望把这个传统延续下去。"对他来说，经营这个奶酪店不是为了钱。他能精确地描述出我品尝的每一块奶酪的来源。当时我在这个店里花了30美元，购买了他的奶酪。

【分析与点评】创业到底是为了什么？

创业到底是为了什么？为了梦想？为了改变世界？为了社会地位？为了金钱？为了给家人更好的生活？为了快乐？为了展现自己的社会价值？还是为了诚信？不同的创业人有不同的创业动机，而同一个创业人可能在不同阶段会重新定义自己创业的动机。星巴克创始人舒尔茨是为了梦想而创业，故事中奶酪店老板是为了诚信而创业。马云也曾经说过他成功创业的原因，其中第一个就是"梦想"，而创业成功的一个重要的原因就是靠毅力坚持这个梦想。这些成功创业人士告诉我们，创业不只是为了赚钱，当创业者不是为了钱而创业，当创业者能够看重真诚与信赖的时候，才是真正的一位合格的创业者。

星巴克舒尔茨和奶酪店老板的创业案例还告诉我们，诚信是创业者最大的财富。钱用完了可以再赚，诚信用完了却再也弥补不了，所以诚信比金钱更重要。不守诚信也许能赢得一时之利，但长远看来确实得不偿失。做人尤其是创业人，眼光一定要放远，不能为了眼前的蝇头小利而丢了西瓜，捡了芝麻。

什么是诚信，每个人对它的理解虽然不同，但创业者却对诚信形成了一个共识——诚信是创业者最大的财富。诚信有多方面的内容，要"诚信于消费者、诚信于员工、诚信于供应商、诚信于代理商、诚信于社会"。诚信是创业人最可靠的资本，是企业最后生命力的无形资产。

"君子爱财，取之有道。"创业成功的人，既没有爱财如命的贪欲，更没有想赚钱又羞羞答答、畏畏缩缩的虚伪，而是清清白白做人，踏踏实实干事，认认真真赚钱。他们相信诚信是无形的财富。只有凭借自己双手赚来的钱才是真正的财富，才是创业的意义。想要创业的人一定要记住，将目光放远，堂堂正正赚钱，永远把诚信放在首位，才能成为一个创业成功的人。

永远不把赚钱作为创业的第一目标;
诚信是创业者最大的财富;
对创业者而言,诚信做人,坦荡做事,是走向成功的必然通行证。

——马云经典语录

案例二　创业故事三则[①]

1. 阿蚊的大衣橱

渴望拥有一个大衣橱,里面装满漂亮的衣服,并与姐妹们分享对美的感受,这是一个"80后"女生阿蚊创业的初衷。

大学毕业以后,阿蚊一直从事着与自己专业相关的设计工作,与多数白领一样过着朝九晚五的生活,不过一直以来,那个关于"大衣橱"的梦想最后促使了她走出创业的第一步。"终于看到了一处合适的铺位,其他各方面的条件也成熟,就一边工作一边开了这间精品服装店。"阿蚊说。

在服装店刚开张时,除了懂得挑选衣服外,她对经营一无所知,无论从店面装修风格到待客之道,还是衣服的定价,都要从零开始学起。阿蚊说:"那时候,我们刚试营业,有顾客选中了一件衣服,问要多少钱,我一时间也不知道应该卖多少钱,原来自己还没考虑到这方面,后来只好随便说了一个价格,最后当然是亏了。"刚开始创业比较难,很多经营的小细节都要靠自己摸索积累,就连服装店的名字也做了很多妥协,"考虑到市场本身的因素和传播效果,自己最喜欢的店名,最后一个都没有用上"。

阿蚊说:"我不是纯粹为了赚钱。"店里的每一件衣服都是自己精心挑选回来的,看到这些漂亮的衣服穿到合适的人身上是一件幸福的事情。时至今日,阿蚊还是一边做自己的设计工作,一边兼顾服装店的经营,她更愿意把这个地方看作和志同道合的人交流的场所。一年来,阿蚊很庆幸店里没有出现大的差错以及和顾客发生不愉快的纠纷。她说,这也可能是由于自己在背后花了很多工夫,容易出错的细节都留意到了。

2. 嘉嘉的桌游店

2009年,嘉嘉接触了一款桌面游戏——"三国杀",开启了他的创业之门。

当时"三国杀"还未流行,桌面游戏还不太为人所熟知。嘉嘉说:"当时就

[①] 黄生. "新青年"们在新时代的创业故事 [EB/OL]. [2009-10-27]. http://www.cye.com.cn/daxueshengchuanye/daxueshengchuangyegushi/20110507108268.htm.

想，桌面游戏这种不插电的游戏既绿色健康，对环境设备要求简单，又能增进朋友间的沟通交流，的确是不错的玩意。"

后来，经济了解到，桌面游戏在欧美已经流行了几十年，而在国内却方兴未艾。于是他和合伙人选择了桌游店作为自己创业的"第一站"。嘉嘉说："由于刚毕业，资金不太充裕，还得靠家里的资助。还有就是对桌面游戏能否为本地消费群体接受，心里没底，当时也没有做太具体的市场调查，可以说开这个店有点儿冒险。"做这个决定时，资金、铺位等问题一度让他很苦恼，一切得从零开始。

2009年7月嘉嘉开始筹备开店，还专门到大城市的同类店去参观学习，找桌游的进货渠道，学习一些大型桌游的玩法，以及设计收费经营模式，两个月后桌游店正式开张。

嘉嘉说："毕竟是新鲜的玩意，大家都好奇，桌游店一开张，客流源源不断，超出了我们的预料。"开店以后才发现问题层出不穷：店内噪音问题很严重，顾客互相干扰；人手紧缺导致服务跟不上；收费较高使不少人望而生畏；饮品的质量差强人意等。后来，嘉嘉就找朋友帮忙，重新制定收费模式，慢慢地度过了开张最繁忙的那段时间。

一段时期以后，嘉嘉接交了很多好玩的朋友，拥有了一批固定的客源，嘉嘉说："大家希望将这间店铺看作一个工作之余聊天放松的地方，很多人对它都有感情了，我会坚持做下去。"

3．孟炎创业7个月

孟炎在大学是学习企业管理的，毕业后曾经在一家销售轴承的香港公司工作了一年。因为一直在跑市场，与客户打交道，孟炎很快就认为自己这方面的知识和技巧已经全部掌握了，他渴望能够自己创业。一个偶然的机会，他得知同学小谢的家人中有人搞过机械轴承的销售，而且收入颇丰，并且，小谢也称自己以前曾经有过相关的工作经历，有一些老客户可以联系。孟炎心动了，很快就开始规划起具体细节。

孟炎一直觉得他们的目的很明确：一来给将来打基础，二来多赚点钱。但是，具体如何运作，目前的市场前景如何，这个行业的特点以及具体产品的性能等，两个人没有一个是内行。

2002年4月，孟炎在北京城东的一座小写字楼租到一个70平米左右的办公间，每月租金5000多元，加上电费、电话费和日常开支，月支出在万元左右（原来没必要租这么贵的写字间，但两个人都觉得搞轴承销售，面积、装修都要体现一定的实力）。因此，孟炎拿出了借来的5万元钱，小谢也借来了3万多元钱，之后的两个多月的时间里，孟炎没有回过家，也没有回过自己的住处，和小谢搬到了公司住。白天，他们带着请来的两个员工一起打印各种资料、报价单等,晚上将这些资料装入信封发给各个企业。上万封信发出去后,如石沉大海,他们没有等来一个业务咨询的电话,却等来了天天从邮局退回的信件。两个人并没有灰心。8月份,他们开始分头到各个机械设备展览会现场、轴承展览会现场,向往来客商递放资料,与厂商联络,没想到这种方法竟然让他们一下子收集了几百张中间商的名片,有国内的,也有海外的订货商。两个人非常兴奋,他们觉得自己的前景越来越光明。

一个月后,他们认为自己慢慢进入了状态。两个人每天忙忙碌碌,把收集到的名片输入电脑,做成数据库。借着展会的后续效应,每天都有十几个客户打电话或上门找他们谈业务。但是,匆匆忙忙地过了一个多月后,孟炎察觉到事情有些不对劲。"每天都有客户来咨询,要求提供样品或报价。但他们拿了我们的资料和报价后就绝少再有回音了。"孟炎着急起来。他们专门找了一些业内的人士请教,业内人士给他们分析了原因:机械轴承这个行业情况很复杂,发展到现在,国内外厂商和供应商之间的关系相对稳定。因此,产品质量好、价格低未必能争取到客户。

孟炎也想过变被动等人上门为主动上门洽谈,以增加跟客户的直接沟通。他甚至动员了所有的同学、朋友、家人,帮助他寻找相关企业的熟人。然而,隔行如隔山,能够帮上忙的人一个都没有。此时,孟炎决定招几个只拿底薪的业务员,并且草拟了一份销售计划,然而,这就等于每月至少增加2 000~3 000元的支出。孟炎越来越感觉到自己就像陷入了一场赌博中一样,已经根本不可能停下来了。

业务员招来了,每月孟炎给他们开出保底的500元工资,然而两个多月一晃就过去了,公司仍然粒"米"未进,孟炎更加心急火燎。"十一"节前夕,孟炎总算吃到了"第一只螃蟹",合同金额7万多元,孟炎将自己的利润降到了最低点,一单生意下来只赚了4 000元出头。紧接着,他又陆续签了几笔业务,都是小单子,赚了不到一万元。

随后,业务终于有了起色,几次生意过后,孟炎创下了不错的口碑,上门的客户越来越多,虽然都是很小的订单,但是所赚的利润也勉强够他们每月的开支。孟炎再次看到了希望。

但是,暂时的成功并不能掩盖公司在制度方面,以及孟炎作为一名创业者在素质方面的欠缺。组织不健全、构架不合理的问题原本就非常突出,加上账目混乱,员工工作秩序混乱,很快麻烦就又出来了,业务员为了争一个客户明争暗斗,互相拆台。孟炎起初以为这是业务员竞争过程中的必然现象,并未加以重视,没想到事态逐渐恶化:一个业务员为了抢到订单,竟然与厂家做起了私下交易。然而,当供货出现问题时,厂家却找到孟炎要求赔偿,因为,那个业务员早就走了,为了保证公司的声誉,孟炎做出了一定的赔偿,两个月刚刚赚到的钱就这样再次被断送了。更加可怕的是，对于公司业务员之间的你争我夺，业内很快就尽人皆知，厂家对孟炎的公司产生了疑虑，很快11月，小谢终于绝望，提出散伙，不再与孟炎合作，并且带走了仅有的几个客户资料。孟炎的生意彻底陷入绝境。

刚起航的船，没行多久就这样触礁搁浅了。事后，孟炎说，如果能在同类的外贸公司做两三年，积累一定的经验和客户资源，他工作起来绝不至于那么被动。

【分析与点评】我适合创业吗？

通过以上三个创业故事的讲述，我们应该思考一个问题，到底什么样的人适合创业？阿文的案例告诉我们，创业要有对梦想的冲动，不要把梦想停留在想象中；不要打无准备之仗，对自己所做的决定负责；万事开头难，创业要有恒心和勇气等。嘉嘉的案例告诉我们，创业之前的市场调查非常重要，创业想象和实际情况有很大差距，不打无准备之仗，知彼知己百战百胜，创业了就要坚持走下去。孟炎的案例告诉我们，光有创业激情，不具备相应的能力，不具备对市场敏锐的观察力，不具备对企业及员工的管理控制能力，盲目踏上创业道路，失败是必然的。

适合创业的人一般应该具备以下几个方面的素质和能力：

不安分

你是否适合创业，先看看自己的性格中有没有不安分的基因。其实不安分不是指"刺头"的表现，而是骨子里的不服输、求上进的基因。也许在平常的时候不会表现出来，甚至你自己都没意识到，但是在人生面临重大挑战的时候，它可能是决定你选择的主要因素。

有理想

理想是成就一番事业的必要条件。这样的例子很多，马云、任正非、柳传志等人的创业经历早就被教科书写过许多遍。需要特别指出的是，理想通常是指为社会和客户创造价值，甚至推动行业的发展，这和赚钱并不矛盾。一个正常的创业团队，应该同时具有为自己创造财富的梦想。

有激情

创业需要激情，创业其实是一种生活方式。从一个打工者走上创业的道路，意味着生活会发生巨大的变化，会给创业者的家庭生活、时间安排、亲友关系等带来巨大的冲击，甚至会面临各种想象不到的困难和压力。在这种情况下，如果没有足够的激情，没有积极的心态，很难坚持下来。

有执行力

很多人眼高手低，只会夸夸其谈，办正事的时候却放弃了。很多有理想、有追求、有激情、很努力的团队，就是因为执行力不强而失败，或者沦为平庸。很多创业者都有宏伟的目标和长期规划，执行力就是不折不扣地落实计划，坚持不懈地做好每一个阶段的工作，把每一项工作做到最优。

勤奋和专注

勤奋和专注是换取成功的根本。相对来说，勤奋更容易做到，经常有人通宵地工作。但是，在专注这点上，有些聪明人做不到。所谓专注，就是把精力集中在对事业起关键作用的那些人和事上，外面的世界很精彩，但不值得你分散注意力。

能快速学习

不是具备特殊的能力才能创业成功，任何知识和技巧都得通过努力来学习，许多创业者都知道企业发展有个"死亡曲线"，就是在起步的时候，没达到盈亏平衡之前，企业的现金不断减少的一个轨迹。这是极其艰难的一段时间。

同时，创业者还应当知道，创业企业有一条"学习曲线"。在市场变幻和企业之间激烈的竞争中，背后起作用的是这一条学习曲线。学习能力强的企业和团队更专注于技术创新和人的素质提升，更容易以较小的代价保持企业的上升趋势，也就更容易获得成功。

管理能力强

企业在发展到一个阶段的时候，会碰到自身管理能力的障碍。企业容易在此时出现管理混乱、策略不清、绩效失衡、文化杂音等多重困境。如果作为一个创业者，意识到自己这方面有所不足，就需要配备一批专业的管理人员，包括执行总监、营运总监、财务总监、销售总监等。

有领导力

创业需要沟通和团结，需要一支强有力的团队。如果创业者嘴上说的是团队，但是处处都为自己考虑，就不是一个好的带头人。创业者要记住，领导和管理的主要目的，都是提高企业的效率。切忌自身成为企业效率的瓶颈和阻力。

【创业宝典】

优秀的创业管理人员素质（10D）：理想（Dream）、果断（Decisiveness）、实干（Doers）、决心（Determination）、奉献（Dedication）、热爱（Devotion）、周详（Details）、命运（Destiny）、金钱（Dollar）、分享（Distribute）。

——著名管理学家威廉·拜格雷夫

案例三　我的企业我做主？[①]

苏小姐很有创业激情，大学毕业以后就想做生意，从而实现自己的梦想。

2005年，苏小姐准备做一个品牌童装，当时店面都租下来了，但是，到了这家品牌童装企业实地考察时发现，该企业加盟条件很苛刻，产品款式也不能令人满意，所以就放弃了做童装的计划。

2006年，苏小姐在网上看到某品牌内衣的招商信息，加盟条件非常诱人。加入该内衣品牌可以报销首期投资垫付款1.98万元，以每次进货款的10%返还投资款，还赠送装修物料和2万元的装修费。如果经营一个面积为10～15平方米的小店，一年的盈利可达8万～12万元。这可是天上掉馅饼的事，苏小姐乐开了花，连忙打电话到对方公司，确认这些优惠条件是否能兑现。

创业心急的苏小姐决定去该公司实地考察。到达广州之后，苏小姐在天河路该品牌营销中心和市区的一个十几平方米的加盟店看了看。苏小姐提出看工厂，该公司的人说工厂在佛山，并信誓旦旦地保证，绝对有正规的生产基地。苏小姐就没有去佛山。

经过一番准备，苏小姐的内衣店在2007年5月份开业。当收到公司的货品时，苏小姐才发现，加盟时所说2万元的铺货是零售价；装修物料只是送了两组柜子、一个背景墙、一个收银台、一个不会亮的灯光模特和几个很小的水晶字。首批赠送的那2万元零售价的货品，几乎全是别的店退回去的货品。许多货品尺码不全，颜色也不全。直到此时，苏小姐才后悔当初自己盲目选择品牌。但是，箭在弦上不得不发，只好硬着头皮开业。

苏小姐的内衣店位于闹市区中心的一个新建商场的步行街。开业当天，在公司的协助下，苏小姐的内衣店搞了一次促销活动，因为赠品没有吸引力，所以，这次活动搞得不是很成功，第一天的销售额才600多元。而她这个店前期投资就花了近6万元，其中加盟费2万元、租金1.8万元、装修2万元，还不算营运费。如果每天的销售额达到600多元，也只够保本。但可惜的是，开业之后，销售就一直下降，因为苏小姐选择的这个品牌，质量与款式都一般，比较偏重年轻人的喜好，价格相对于其他品牌来说偏高，所以，品牌影响力不够，而价格又高，她的内衣店平时几乎没有什么生意。

为了使店内的生意好起来，苏小姐在同行的指引下，准备将店内现在走不动的货品打折消化，再补充塑身、大内衣、保暖、盒裤、袜子等一系列内衣精

---

① 互联网. 案例分析：轻信诺言管理不善，最终以失败告终 [EB/OL]. [2011-02-23]. http://article.jmw.com.cn/NewsFile/Detail/bzc/bzb/22394921240.shtml.

品。就在计划做好，准备实施的时候，却遭到苏小姐母亲的坚决反对。因为平时苏小姐工作忙，都是她母亲过去看店。所以平时她母亲在店里的时间比苏小姐还多，很多事情上，母亲都私自替苏小姐做主。而且母亲脾气有些急躁，因为生意不好，就整天拉着脸。平时苏小姐想搞活动送赠品，她把赠品藏起来，搞得苏小姐很苦闷，却想不出有什么好的办法。这次也是，苏小姐一说要追加投资，母亲跳起来跟苏小姐吵，甚至拿出断绝关系来阻止苏小姐。母亲的理由是：已经在赔钱了，就这一点儿货，处理一点儿是一点，再投钱只会赔更多。

苏小姐这个店，因为位于闹市区，租金每个月要5 000多元。在连续亏损的情况下，苏小姐就打算把店转让出去，但是，她所在的商场还没有整体开业，整条步行街生意都比较冷清，谁都不想多掏钱接她的店，也只好这样耗着。

苏小姐是一个要强的人，在旧店还没有转租出去的情况下，她在另一条繁华的街道租了一家店，准备东山再起，还是选择内衣事业。对于第一次创业的失败，她觉得最主要的因素是选择品牌太盲目，没有做好充足的市场调查，还有家里人参与太多，管理不够规范，另外最主要的，就是她对这个店没有百分百地尽心。所以，在第二家新店开业时，她决定辞掉工作，全身心投入到经营内衣事业中来。

【分析与点评】创业，要做好哪些准备？[①]

创业是一条艰辛的路，如果你在没有做好准备的前提下，只靠激情创业，那么这条路就是一条不归之路。案例中苏小姐充满激情选择创业，但是由于缺乏理性思维，没有对投资项目进行认真分析，没有对所在城市的消费水平、消费习性、竞争情况等进行充分了解，且选择品牌时草率轻信厂家的诺言，上当受骗。另外，由于苏小姐缺乏相应的管理能力，而其母亲又处处以眼前利益为重，阻碍内衣店的发展，店里没有形成核心的人员队伍，没有制定出有效的管理办法，导致经营混乱。因此，该案例告诉我们，创业一定要做好各方面充分的准备。创业人员将从哪些方面进行准备呢？下面的分析或许会告诉你答案。

1. 你为公司设立构想了吗？

创业者首先要有一个构想，然后从构想开始，考虑组建一个怎样的团队，怎样再将其发展成为一个规范的公司，怎样预见公司的发展前景，然后确定企业的发展规划。

2. 如何确立目标？

创业者不能以赚多少钱为目标。赚钱是重要的目标，但创业本身应该有理

[①] 钟银海. 我适合创业吗［J］. 理财杂志，2005（12）.

念，理念会带动很多产品的创意和实践冲动。

3. 你的创意独特吗？

创业者必须对市场有相当的了解。因为一个很好的创意，在市场上并不一定有价值，市场上有价值的东西，并不一定很难做。关键是怎样把市场的需求和产品结合起来。在创业时选择自己独特的环境，不要和别人一窝蜂地跑。

4. 开办公司需要多少资金？

有了创意后，下一个重要的问题就是用多少钱可以实现目标，还要考虑到有多少钱才能挺过创业初期艰难的阶段。

5. 你确定好创业期限了吗？

一个规模化公司，至少需要3~5年时间才能发展起来。时间越长，风险越大。因为市场是不断变化和发展的，三五年后可能已发生很大变化，也就可能与原来的预期相差很大。因此创业最好以两年为准，要想办法在两年内把产品做到最好。

6. 你是否做好了经常加班熬夜的准备？

要创办一个公司，血汗和泪水都是必须付出的。虽然并非所有靠自己努力成功的人都是工作狂，但是他们中有相当一部分人确实如此。对于他们来说，工作犹如一种嗜好，一种消耗他们精力的方法。

7. 怎样组织好的团队？

开公司需要帮手，而且至少有两个帮手你得用好，一个是针对公司内部的，另一个是针对公司外部的。创业初期，公司的规模通常都很小，许多行政事务如人事、财务、报税等，也可以外包给社会上的一些中介机构去代理。随着企业的不断扩张，你要有意识地组建一个高效率的团队。

8. 你善于广结人缘吗？

卡耐基有句名言："一个人事业上的成功，30%靠他的专业技术，70%靠他的处世技巧和人际关系。"而今，更有人总结说，公共关系也是生产力。

9. 你敢冒风险吗？

现代商人的一个很重要的特长就是敢于想象、善于开拓、敢冒风险，对机会的把握十分准确，并且永远领先于时代。

10. 你有创新精神吗？

创办公司或实体是一种求新、求变、求发展的过程，是一种不断追求盈利的过程。因此，刻意地寻找变化，适应变化，甚至迎接与利用变化，正是发展的契机。

【创业宝典】

创业前生理上的准备——创业艰苦，健康体魄是关键

创业前心理上的准备——创业失败是必然，成功是偶然

创业前主观上的准备——创业知识、创业能力、创业素质

创业前客观上的准备——创业资金、创业人脉、创业资源

——世界创业实验室

案例｜思考

1. 大学生职业生涯规划很重要吗？我需要不需要做一个学业生涯规划？

2. 我的性格、家庭背景适合创业吗？

3. 创业素质是天生的，还是可塑的？

三、实训活动

（一）实训目标

1. 了解自我，认识自我，客观评价自身开展创业活动的优势、不足和潜力。

2. 锻炼自我表达能力，鼓励自我创业的勇气和信心。

3. 培养同学们的团队意识，训练学生合作共事的能力。

（二）实训活动

实训活动一　创业素质自测

指导语：对人生是否充满好奇与渴望，反映了你对新奇事物的追求和对生活充分体验、享受的能力。

下面介绍10道自测题，每题都有A、B、C三种选择，每种答案无所谓正确或错误，请你看清楚每一道题的意思，根据自己的实际情况和真实想法，以最快的速度诚实作答，每题只选一项。

1. 公司办公室里安装了一台新的电脑打印机，你会（　　）。
    A. 尽量避免使用它
    B. 很愿意使用它
    C. 向别人请教它是怎样工作的
2. 在迪斯科舞会上，别人在跳一种你不会跳的舞，你会（　　）。
    A. 站起来，学着跳
    B. 看别人跳，直到改奏慢节拍舞曲
    C. 请一位朋友私下里教你这种新舞步
3. 和朋友去一家西式餐厅吃饭，你想用刀叉吃，可又不会，于是你会（　　）。
    A. 看着别人怎样使用刀叉，自己跟着学
    B. 仍旧使用筷子或勺子
    C. 在别人不知道的情况下请教服务员
4. 你身处异地，对其方言仅知只言片语，于是你会（　　）。
    A. 依然讲普通话，因为你还不能熟练地使用当地的方言
    B. 只用有把握的词句
    C. 尽可能多地使用它，相信人们都是友好的
5. 参加一次你不甚了解的会议，你会（　　）。
    A. 提出许多问题
    B. 会后查询一下没懂的地方
    C. 假装能领会别人的意思
6. 最近这一段时间你需要复习功课准备考试，朋友约你去看电影，你会说（　　）。
    A. 对不起，等我忙完这一段日子再去看吧
    B. 这一段时间很忙走不开，就免了吧
    C. 你说得对，今晚不复习功课了，明天再复习吧

7. 你走进一家时装店，结果却发现店里只有几件衣服，而且衣服上都没有价目标签，于是你会（   ）。

    A. 转身出去

    B. 举止自然并询问是否有适合你的衣服

    C. 为避免尴尬，看一下陈列的衣服，然后离开

8. 你的老师让你去做一项你从未做过的事，你会（   ）。

    A. 答应试试，并说："不过我需要帮助。"

    B. 有礼貌地拒绝，因为它超出了你的经验范围

    C. 埋头到这项工作里，尽量把它干好

9. 街上流行一种很时髦的服装，你是（   ）。

    A. 仍旧穿以前的衣服，觉得穿着时尚很不自在

    B. 立即买一套穿上

    C. 观望一段时间，如果周围的朋友都买了，再去买一套

10. 如果你做的某项事情需要根据某一公式重复计算数十次，但这在电脑上很容易解决，并且现在有一台电脑可供你使用，而你却不会使用。这时你会（   ）。

    A. 查计算机使用手册或请教别人，在电脑上把结果算出来

    B. 仍旧愿意多花点时间，用手重复计算

    C. 请别人上机代你算出来，你在旁边看

记分：

题号	A	B	C	题号	A	B	C
1	0	1	2	6	1	0	2
2	2	0	1	7	0	2	1
3	2	0	1	8	1	0	2
4	0	1	2	9	0	2	1
5	2	1	0	10	2	0	1

解析：

15分以上：对人生充满好奇与渴望。你喜欢"新奇"和"挑战"，愿意尝试任何新事物，说明你对自己很有信心，不愿放弃每一个机会。但凡事皆想一试可能会有风险，应尽可能避免盲目跟进。有时承认自己对某些事不了解而寻求帮助与合作，也是很有益处的，这可以避免浪费许多时间。敢于尝试可以使你前进，但要把握好尺度。总之，好奇心可以使你学到更多的知识。在工作上，你喜欢尝试新鲜的职业，但别看花了眼睛。

7~14分：你对人生的追求有些谨慎，最终会和陌生的事物交上朋友，但这通常需要时间。谨慎虽然是件好事，但它却妨碍你发现自己真正的能力。所以不妨抓住机会尝试一下，你可能会得到意想不到的结果。不要太在意结果会是怎样，只有试过了才不会后悔。你可以边工作，边找一份兼职，尝试做一些自己没有做过的工作。

6分以下：在新事物面前畏缩不前。你对自己不熟悉的事物通常采取回避的态度，容易被从未尝试过的事物所吓倒，从而失去许多人生的乐趣和发展机会。你也许对自己期望过高，认为只有表现得完美才是令人满意的。不管怎样，当你下次遇到新事物、新机会，不要再犹豫不决或畏缩不前，应该激励自己尝试新的东西。你适合从事稳定一些的工作。

实训活动二　一分钟自我推销

1. 演练内容

（1）问候。

（2）我是谁（包括姓名、来自哪里、个人兴趣特长、对专业的理解、对课程学习的认识和期望或介绍家乡特产或旅游风景名胜等）。

（3）目的：一是便于教师尽快掌握全班学生情况，以便于以后有针对性地上课提问和组织开展实训活动；二是加深学生的相互了解；三是锻炼学生上台发言的胆量和口头表达能力。

2. 实训步骤、要求

（1）每位同学精心写一份一分钟自我推销介绍词，利用上课时间反复演练，达到内容熟练、神情自然。

（2）地点、参加人员：本班教室，全班同学参加。

（3）具体步骤：

第一步，上台问候。跑步上台，站稳后向所有人问好，然后再介绍。注意面带微笑，展现热情。

第二步，正式内容演练，自我推销介绍，注意音量、站姿、介绍顺序、肢体动作等。

第三步，致谢回座。对全体同学说谢谢以后，才能按照教师的示意回到座位。

3. 评分基本标准

（1）由班委组成评委，对每个同学进行评分，最后取评委平均分。

（2）评分具体要求：

①上讲台自我推销介绍神态、举止（55分）：其中声音大小10分、热情展现7分、面带微笑10分、站姿8分、肢体语言5分、语言表达10分，服装得体5分。

②自我介绍词内容新颖、独特、顺序自然（35分）。

③时间掌控（10分）：每位同学介绍时间控制在60~90秒，少于45秒或超过100秒，此项不得分。

4. 注意事项

（1）每位同学要精心准备，反复演练。特别是学生干部要带头上台。

（2）带头学生演练完成后，按学号顺序上台演练，一个接一个进行。第一位同学上台后，后一位同学在指定位置等候。

（3）上台前要向老师举手示意，并喊话：报告，××号学生准备完毕，请指示。听到老师"开始"的指令后，跑步上台。听到老师"时间到，停"的指令后，要向所有同学说"谢谢"。然后按照老师的示意，回到座位。

（4）注意课堂纪律，控制笑声，确保自我推销介绍能自然顺利进行。一位同学介绍完毕致谢后，所有同学应鼓掌回应。

（5）实训过程中，教师准备好以下话语：

自我介绍开始！

停，未跑步上台，重来一次！

停，激情不够，重新开始！

不要紧张，重新开始！

时间到，掌声鼓励。

实训活动三　猜人名游戏

形式：分5人一组，20人一个班最为合适，这样就有4个小组。

时间：15~20分钟。

材料：四顶写有名人名字的高帽。

适用对象：最适用于训练销售人员及一线管理人员。

活动目的：训练一线管理人员，或参加培训的销售人员熟练使用封闭式问题的能力，利用所获取的信息缩小范围，从而达到最终目的。该训练让学员在寻求YES答案的过程中，练习如何组织问题及分析所得到的信息。

操作程序：

1. 在教室前面摆四个椅子。

2. 每组选一名代表作为名人坐在椅子上，面对小组的队员们。

3. 培训师给坐在椅子上的每一位名人戴上写有名人名字的高帽。

4. 每组的组员除了坐在椅子上的自己不知道自己是什么名人，其他人员都知道，但谁都不能直接说出来。

5. 现在开始猜，从1号开始，他必须要问封闭式的问题如"我是……吗?"如果小组成员回答YES，他还可以问第二个问题。如果小组成员回答NO，他就失去机会，轮到2号发问，以此类推。

6. 谁先猜出自己是谁者为胜。培训师应准备一些小礼物给获胜队。

有关讨论

你认为哪一个小组的提问最有逻辑性？

【微软的智力题】

如果你是名人，你会怎样改进提问的方法？

这是一道微软用来测试应聘者的试题。它主要考察受训者的逻辑思维和判断能力，同时也给受训者一些关于问题解决方法上的启示。培训游戏规则和程序如下：

1. 有两个房间，一间房里有三盏灯，另一间房里有控制着三盏灯的三个开关，这两个房间是分割开的，从一间里不能看到另一间的情况。

2. 现在要求受训者分别进这两个房间一次，然后判断出这三盏灯分别是由哪个开关控制的。

3. 有什么办法呢？

相关讨论：

1. 请受训者说出解决这个问题的关键在哪里？

2. 有没有想过电能够发热的特性？

总结：

在工作中经常会有一些难题需要用平时积累的生活知识来解决，这个游戏就是很好的提示。

形式：个人完成。

时间：3分钟。

材料：无。

场地：不限。

应用：创造性思维的产生；打破传统思维的局限。

> **实训活动微软智力题答案**
>
> 1. 先走进有开关的房间，将三个开关编号为 a、b、c。
> 2. 将开关 a 打开 5 分钟，然后关闭，然后打开 b。
> 3. 然后走到另一个房间，即可辨别出正亮着的灯是由 b 开关控制的。再用手摸另两个灯泡，发热的是由开关 a 控制的，另一个就一定是开关 c 了。

四、深度思考

百年老字号李锦记案例研究[①]

（一）李锦记集团成长过程概述

香港李锦记集团是亚洲地区少有的历经四代的华人家族企业，由李锦裳先生创建于 1888 年，迄今已有 120 多年的历史。李锦记集团的发展可以分为以下几个重要阶段：

1. 1888—1922 年：一代创业，李锦记成立

李氏家族，原籍广东省新会七堡涌沥村。李锦记创始人李锦裳，早年因受当地豪绅欺压离开祖籍，辗转到珠海南水定居，开设了一间小茶寮，以出售煮蚝为生，美味的蚝油正是在煮蚝过程中被无意发明出来的。1888 年，李锦裳在广东珠海南水镇创建了李锦记蚝油庄，开始了艰苦的创业历程。蚝汁用途广泛，味醇鲜美，是调味的好帮手，而珠江南水当地又盛产生蚝，李氏借此地利而生产蚝油，很快就奠定了李锦记蚝油庄的地位。1902 年南水镇发生火灾，李锦记蚝油庄化为灰烬。李锦裳携妻带子到澳门谋生，仍以经营"李锦记"蚝油为业，在澳门广受欢迎。1922 年 12 月，李锦裳在澳门逝世，终年 60 岁。他作为李锦记当之无愧的创业者，开创了李锦记制造美味酱料的事业。

2. 1922—1972 年：二代巩固开拓，进出口贸易初具雏形

1920 年，李锦裳弥留之际将股权分为三份，3 个儿子各占一份（李兆荣、

[①] 李新春，等. 战略创业与家族企业创业精神的传承［J］. 管理世界，2008（10）.

李兆登、李兆南）。但由于长子李兆荣沉迷玩乐无心经商，所以公司的业务都由次子李兆登及小儿子李兆南负责。李兆登负责对外的工作，李兆南则负责原料购买及生产工作。二人不断开辟货源，改进制作技术，发展"李锦记蚝油"的经营，并将业务拓展至海外。1932年，李兆南将蚝油生产点由澳门向香港扩展，在香港正式设立办事处，扩大生产规模。1946年，李兆南将公司总部迁往香港，李锦记正式变成香港品牌。

20世纪50年代"李锦记蚝油"产销两旺，产品逐渐在我国港澳地区和东南亚一些国家及地区打开局面。但是，由于李锦记一直走高档路线，蚝油仍属高档的调味品，一般香港市民买不起，只有较富裕的人享用，所以直到20世纪70年代，发展了近百年的李锦记仍然是一个手工作坊式生产、小卖部式经营的普普通通的蚝油庄。在此期间，李锦记发生了第一次家族分裂，李兆荣、李兆登两兄弟因与李兆南的经营理念不同，意欲买下李兆南的股份而由两人经营，但李兆南的儿子李文达极力支持父亲进行反收购，把李兆荣、李兆登两人的股份买过来，自己放开手脚大干一场，最终李兆南在儿子的协助下终于买下李兆荣、李兆登的股份。不久，李兆南退休，把业务交给李文达打理，李文达因为反收购落得负资产运作，但凭着他的勤劳和智慧，还是把李锦记的生意重新振作起来。

3. 1972—1992年：三代、四代共同携手，事业步入多元化

李文达成为李锦记第三代掌门人接手公司后决定大展宏图。李文达较前辈更具有开拓精神和商业意识，对李锦记的经营与治理进行了一系列的改革。首先，加强管理，改进工艺，引进先进机器进行自动化生产，将原来的家庭式蚝油生产转化为工业生产模式，使企业的经营规模不断扩展。其次，业务领域加宽。为了寻求更广泛的市场，20世纪80年代李锦记在美国开设工厂。在美国成功后，李锦记又进入日本市场，随后在欧洲、东南亚等地区相继开展业务，最后回到我国香港地区，蚝油一直保持在80%以上的市场份额。最后，加深生产线，拓展产品品种。除传统的蚝油外，李锦记集团还生产系列产品，包括芝麻油、各种酱料、辣椒酱和方便酱等10多个品种，产品在东南亚、日本、英国、德国、法国、加拿大、美国、澳大利亚等80多个国家和地区畅销。李文达共有四子一女，从1980年开始，他们在国外完成学业后都相继回到李锦记，帮助父亲经营企业。

4. 1992年至今：战略创业，南方李锦记成立

1980年后，李锦记在中国内地建厂，铺设销售网络，捐助希望工程等，投入资金达数亿元之多。1990年，李锦记在大连和福州兴建原材料基地；1993年，在广州投资设立第一间酱料厂；1996年，在家乡江门市新会区七堡镇斥资建设

新会食品工业城，发展酱油、保健品等多项食品工业。

同时，李锦记集团决定进军中草药健康产品领域，确定了其第二个使命——弘扬中国优秀养生文化。于是，南方李锦记成立了。南方李锦记定位于集研发、生产、销售于一体的大型中草药健康产品企业，主要生产"无限极"品牌中草药。目前已有3 000多个专卖店遍布中国30多个省份，2002—2005年的增长率达到了100%。2005年年底，南方李锦记增资1亿多元投资建设生产基地，其生产大楼中南方李锦记自行设计、组合建立的口服液生产线是中国符合药品生产质量规范（GMP）的第一条全自动瓶装口服液生产线，第一阶段的年产值达50亿元。

（二）李锦记战略创业的实现路径

1. 治理结构变革

李锦记集团的发展特色在于它在善于进行正式治理的同时，也注重结合非正式治理的方法，发挥家族雇员和非家族雇员最优效率，向更为开放的现代家族企业迈进。在李锦记治理结构的变革中，两项制度创新为其提供了坚实而关键的基础。第一个制度是家族委员会的设立。在李锦记家族委员会之下设立董事会，李锦记家族委员会与公司董事会平行设置，虽然有人员的重叠，但二者各自承担不同的职责。家族委员会负责家族事务的处理，公司董事会主要讨论与企业运营相关的重要战略决策。二者的平行设置在于明确家族系统和企业系统的主次关系，不管家族成员之间分歧有多大，不管协调成员利益需要多少时间，即使一次家族会议结束之后，问题仍未得到解决，都不会妨碍企业的经营。同时，家族委员会为家族成员提供了表达价值观、自身需求和对家族期望的场所，即便是那些没有出任董事会或不在企业工作的家族股东，以及不拥有所有权的家族成员也可以通过家族委员会表达意见。这就降低了因家庭内部关系问题对企业经营决策可能造成的不良影响，推动了企业治理结构变革的实施。第二个制度创新是李锦记家族宪法的确定和实施。李锦记的家族宪法是李锦记家族委员会的最高指导原则，是任何一个家族委员会成员都要遵守的规则。本质上来讲，它体现了家族企业有意识地将自己人的治理正规化的过程。

李锦记第三代掌门人李文达与第四代的五个约法三章：不要晚结婚、不准离婚、不准有婚外情。尤其是后两条，是作为加入家族委员会参政议政的必要条件。这也就是李锦记集团家族宪法的主要基础条款，李文达说，他看到有许多朋友的家族生意没落，完全不是因为自身能力问题，而是家族结构的混乱。看起来可能会觉得这是在处理家务事，其实这是作为非正式制度的家族价值观的建立。家族企业是家族与企业的契合体，家族的事务必定会涉及企业的经营。

但是这个"三不"并没有列入家族宪法之中,只是第三代和第四代相互的约定。家族制度的建立与规范,是企业治理结构优化的基础和保证。李锦记家族宪法还涉及了例如关于第五代的接班问题,在家族宪法中已经作出明确规定:欢迎他们进入家族企业工作;第五代家族成员要先在家族外的公司工作3~5年,才能进入家族企业;应聘的程序和入职后的考核必须和非家族成员相同。这项制度的设立,保证了李锦记集团在家族人力资源的异质性,也正是资源观理论涉及家族企业独特性资源管理时所强调的,克服了家族企业在高管团队的建设方面的劣势。同时,扫除了家族企业在家族继承、企业经营等方面的模糊性。如果发现家族成员违反家族宪法,则全家人会在家族委员会上对其进行教育、规劝或惩罚,并对影响到公司的一些家族事务进行讨论处理。这两项创新性的制度设置,使得企业运转可以从良好的家族氛围中收益,而又不受其牵制。

在"思利及人"的理念下,李锦记施行了许多具体措施,其中就有南方李锦记的"爽指数"和"压力指数"。"爽指数"是指南方李锦记中的员工满意感受,包含了工作压力如何,生活是否开心,什么会激发员工的热情、潜力等。"爽指数"虽然是一种感觉,但在李锦记却被量化了,分为1~10的程度。1分代表非常不爽,8分则是比较爽,10分就是100%满意。领导层会随时抽查各部门的爽指数,并分析造成这位员工不爽的原因,进而思考如何帮助这位员工进行心理调整,提高他的"爽指数"。如果员工感到不满意,可以通过正式的渠道,如和部门主管人员、人力资源部或任何一个高层主管沟通,或者非正式的谈天来发表意见。李惠森先生认为"爽指数"不仅仅适用于工作中,还反映了在一个团体中,对每个人的平等对待与关怀。因此,李惠森先生非常乐于对外推广"爽指数",每次会谈,李惠森都会和他人分享"爽指数"的经验,甚至在参加政协会议时,也测起了"爽指数"。"压力指数"是李锦记另一种进行公司团队建设、实现治理结构变革的文化创新措施。具体的做法是,进行每一次团队建设活动时,都会邀请全部的员工、合作伙伴参加。大家会坐在一起,每人讲述一个关于自己的或开心或悲伤的故事,与他人一同分享,其他的人则会随着讲故事的人一起欢笑或难过。在这样的非正式的"故事分享"中,无形之间促进了团队成员间的心灵共鸣与默契,相互之间更加了解,在正式的工作过程中,也会将这种信任和团结带入进来。"爽指数"和"压力指数"这两项文化创新方式在南方李锦记内部形成了真诚、信任的氛围,从2001年到2005年,南方李锦记员工满意度从62分攀升到82分,员工满意度的提高直接带来了顾客满意度的大幅上升。更令人振奋的是,"爽指数"和"压力指数"这两项文化创新方式带来了直接经济成果——连续3年实现业绩快速增长。

2. 产业创新与升级

产业创新是李锦记战略创业的一个重要构成部分。作为一个生产酱料的老字号企业，李锦记几十年来专注于酱料行业的发展，通过不断加深生产线，拓展产品品种，其蚝油、芝麻油、各种酱料、辣椒酱等10多个品种的系列产品在国内外不同的地区设有广泛的销售网络。李锦记的使命是"有华人的地方，就有李锦记"。同时，20世纪80年代借助中国内地改革开放的环境，李文达与李惠森敏锐地发现了中草药产品的产业机会，毅然突破了李锦记以往的专业化产品生产，进入到中草药健康产品领域。这一行为意味着一项新的制度安排的产生——一个完全不同于李锦记酱料的健康产品公司的产生，以及一个新使命背景下的文化创新——"弘扬中国优秀养生文化"的产生。这不仅仅是李锦记的使命升级，也成为李锦记战略创业的重要里程碑。

作为南方李锦记的主席与董事长，李惠森早年在李锦记发展酱料时便对健康产品产生了浓厚的兴趣。用李惠森先生的话来讲，他是"李锦记家族里思想活跃的一个"，这种个人特质也是制度创新的关键促进因素。1990年，已经大学毕业，经历了花旗银行一年的工作经历回到李锦记集团工作的李惠森，向父亲李文达提出了多元化发展的战略构想。时年26岁的李惠森的想法是开健康餐馆，定位于快餐与酒楼之间，取名为"健一小厨"，寓意"健康第一"。一个专注于酱料的企业要开餐馆，家族的意见当然必不可少。谁来决策？谁来掌管？怎么融资？李锦记面临着进入一个全新行业的挑战。李惠森并没有选择依靠家族原有资本的多元化方式，而是突破性地完全以创业的方式成立了"健一小厨"，家族只象征性地提供了1元钱的资金。李惠森坚持的信念是："后面若有无限量的资金，那就不是创业。"因此，资金当然是重要的，但更重要的是如何通过更为有效的制度创新去实现创新性战略。

李锦记产业创新的成功实现还有赖于制度创业者通过获取资源来突破现有制度的能力，这里一方面包含了制度创新者以往在组织内所处的地位对关键资源的影响力度；另一方面则包含了制度创新者通过新渠道获取新资源的能力。因此，制度创新者必须是一个掌握熟练社会技能的人，只有这样他才能杠杆性地利用各种有形和无形的资源，为制度创新开辟道路。李惠森作为李文达的幺子，同他的兄弟们一样，在大学毕业后很早就加入了李锦记的生产运营当中，曾经负责过李锦记的七项关键业务，包括人力资源、财务等。尽管李文达先生仍然参与企业的经营，并作为家族与企业的权威人物，但李锦记的生产经营已经放手交给四个儿子去管，他们已经实际掌握了接近李锦记集团各种关键资源的通道。加之李惠森自身对经营生意热衷的个人特质，这就为他以完全新的融资方式建立"健一小厨"创造了条件。而且，这种对于家族企业原有制度的突破是李惠森后来所领导的南方李锦记能够成功的重要原因。最后，李锦记集团在产业创新中运用了不同于集团内已有企业的合作制度，勇于拓展自身的制度容量。1992年，李惠森认为"健一小厨"背后的健康理念应该推广为健康产品，而不仅仅是健康食品。于是，南方李锦记成立了。开办"健一小厨"的时候，李惠森得到了家族的支持，但南方李锦记毕竟是比"健一小厨"更为复杂、更为系统、更为重要的一个运营实体，选择合适的创业方式成为李锦记产业创新能否实现的一个因素。由于李锦记没有健康产品的经验，尤其是在健康产品的研发方面，李惠森选择了合作联盟的形式去创业。他的选择是南方医科大学（原中国人民解放军第一军医大学），因为该大学在20世纪80年代就有很多的产品和经验，可以与李锦记形成很好的资源互补。这种合作联盟是李锦记集团以往所没有采用过的战略方式与制度安排。对于一个家族企业，去信任一个完全不认识的外人或外部组织本身就是一个新的挑战。1992年，在南方医院专门为港澳同胞提供医疗服务的惠侨楼，当李惠森与李文达第一次与南方医科大学老校长赵云宏会面时，双方交谈仅一个小时即决定合作，并签下了意见书。一个月后，双方再次见面便签订了合作合同。据当时亲历这一过程的现任南方李锦记副总裁俞江林回忆：赵校长非常务实，认为只有让投资者赚到钱自己才能有回报，项目才能够维持下去，才能共同将蛋糕做大。这与李锦记"思利及人"的思想不谋而合。可以说，李锦记之所以能够得到这种家族外的信任，正是在于文化创新的推动提高了双方互信的基础。在李锦记"思利及人"的文化指引下，南方李锦记在创新的过程中对所有的合作伙伴都秉持共享利益、永远合作的观念。2004年南方李锦记建设新工厂，引入完全自动化的生产线，摒弃以前生产口服液中需要人手工去做的生产流程。由于涉及多种不同的工序，国内很少有公司能够生产。因此南方李锦记自行生产，并联系自动化设备供应商一起制造。成功后的南方李锦记面临一个利益相关的问题：这条生产线的知识产权归属问题。在"思利及人"的合作文化理念上，李惠森放弃了这条自行开发设计的生产线的知识产权，而是通过相对便宜的价格来购买。这一举动被南方李锦记的合作伙伴们互相传播，使得南方李锦记在业内树立了良好的口碑和形象，同时创新文化的推行又使其在合作伙伴中享有极高的声誉，构建了其稳定的合作关系和网络交往联系。

3. 家族企业资源的动态管理

李锦记不断地吸收外部资源，与内部优势资源进行整合，是企业得以不断发展的关键。1992年，李锦记正是通过与南方医科大学的合作，实现了企业内资源的更新。一方面，南方李锦记在吸收外部资源的基础上实现了优势互补，李锦记在原有的资源基础上，通过合作增强了自身研发的实力，为其保健产品的持续创新提供了根本保证。而其合作伙伴南方医科大学，则依托于李锦记强大的销售网络及运营能力，实现了军制学院研究成果转化为产品的梦想。1998年4月21日，因为当时传销市场的混乱无序，国家取消了任何形式的直销经营活动，要求南方李锦记等已获得国家批准的具有合法直销经营权的41家公司停止营业，并在规定时间内将经营方式转型。同年8月，中央军委要求部队彻底退出商业经营。在南方李锦记业绩大幅下滑之际，李锦记家族秉持对中草药健康产业前景的信心，毅然买断了南方医科大学的股权，保障了南方医科大学的利益。最后的解决方案是，南方医科大学在不参与任何管理和投资的前提下，继续为南方李锦记提供科研成果，南方李锦记从销售额中按比例给南方医科大学提成。这既符合了政策，又维系了双方长远的合作关系。

通过外部资源的引入，李惠森在南方李锦记内部也采用了完全不同于以往李锦记家族企业的运作与管理方法，实现了家族企业制度的创新安排。李锦记作为一个百年家族企业，具有浓厚的家族色彩。时至今日，作为一家未上市的家族企业，李锦记集团体现出了部分华人家族企业的特点。华人家族企业受于传统观念与"家"文化的影响，往往不愿意过多地透露经营信息，尤其涉及财务、股权分配等敏感话题。李锦记集团的股权安排仍处于非公开的状态，对外仅仅披露了其股份持有者为李文达与李惠民、李惠雄、李惠中、李惠森。当然，这并不意味着家族企业是一种落后的企业形态，而是表明，目前中国大部分家族企业正处于向现代家族企业过渡的过程之中，而这个演变的过程中必然充满了原有的家族观念、制度安排、企业文化所形成的路径依赖与现代家族企业所需的股权开放、职位开放、财务开放等要求的冲突。可以说，家族企业的演化过程正是新旧制度不断博弈的过程。通过外部资源的引入，李惠森在企业内部也采用了完全不同于以往李锦记家族企业的运作与管理方法，实现了家族企业制度的创新安排。这种制度创新一方面来源于前述新的外部资源引入，新资源的进入意味着家族企业原有资源组合的改变，新的异质性资源进入后，家族企业便可打破原有的制度束缚，通过新的资源配置来实现新的制度安排。另一方面，制度创新则来源于创新文化的推动力。文化创新是整合新旧资源，促成新制度安排得到企业组织成员认可、顺利实施的关键。目前在南方李锦记，李惠森坦言正在慢慢转变经营方式，不再亲力亲为，而是仅仅做些指示。而这正是李惠森大力推行的"自动波领导模式"。"自动波"意味着领导不再是时时刻刻安排任务、进行指挥的高度集权者，而是通过"无形领导"来使得企业内部"上下一心"，达成"共同目标"。在"思利及人"与"自动波"的思想指导下，南方李锦记引入高层经理人，包括2006年中国十大杰出经理人杨国晋等，将具体事务交由优秀的外部人才打理。

当新的制度安排在南方李锦记取得了更高的效率或成本节约后,这部分新的制度安排也就会在原有的李锦记酱料集团进行复制,进而实现整个家族企业向现代化发展的过渡。可以说,南方李锦记的发展其实是李锦记对于未来发展方向的一个尝试,通过战略性创业来检验李惠森所推行的新制度、新思想、新行为的有效性。2006年7月,李锦记委任非家族成员雷桑田博士为行政总裁,这一事件标志着李锦记家族企业走向一段新的里程。同年,李锦记委任有着丰富跨国公司管理经验的苏盈福先生为东南亚区总经理,来帮助打理规模日益壮大的业务。同时,聘请了普华永道资深顾问方正以及香港贸易发展局退休局长施祖祥担任非执行董事,董事会成员增至7人。

4. 南方李锦记内外部网络的构建

内外部网络之所以成为家族企业战略创业的一个重要组成部分,原因在于战略创业需要得到家族企业内部、外部的认可。如同创业所产生的新企业需要合法性的保障一样,战略创业的各项具体措施行为也面临着获取合法性的问题。事实上,网络关系的构建意味着新的机会识别渠道的建立、社会资本的形成以及信任的构建。尽管李锦记的战略创业是依托于原有李锦记集团的资源、能力、品牌、声誉而建立的,在进入市场时就具备了一定的权威基础。但是,就南方李锦记而言,作为李锦记战略创业的重要载体,其市场、产品、服务等仍存在着较大的不同,仍是需要得到外部社会公众的合法性认可。而对于家族企业来说,同样重要的是战略创业行为必须得到家族内部的支持与认同。只有在取得外部与内部合法性后,才能够构建家族企业持续发展所必须依托的内外部网络。在此过程中,制度创新与文化创新是紧密融合在一起产生作用的。我们通过内外部网络两部分的构建来对此问题进行探悉。

首先,通过制度创新与文化创新实现李锦记战略创业内部合法性的确立。在传统家族企业逐步向现代化家族企业演变的过程中,家族人员对于变革的支持是决定企业创新成败的关键。此时,就需要家族成员间达成高度的共识并相互理解,而这是通过制度创新者在家族内部进行变革来实现的。以李惠森为例,作为李锦记的董事会成员之一,他通过董事会议,将战略创业的计划与安排在正式的决策机制下提出,对李锦记的战略发展决策形成影响,而在正式的权力基础上促成其创新观念的实现。同时,作为家族的一分子,他又会不断地通过非正式的渠道来实现自己的影响。例如,李惠森曾在家族委员会中,向家族其他成员讲授其创新思想的内容、前景,因为家族委员会本身就为家族成员提供了一个表达自己在董事会决策上难以表达,或者是与正式运营无关,而与家族事务紧密相关的思想与意见的平台。李惠森通过结合成功的企业绩效与创新观念的不断强化,来取得家族成员的认可。

其次，通过制度创新与文化创新实现李锦记战略创业外部合法性的确立。一方面，南方李锦记在不断地寻找创新性的网络，搭建起关系连接。在2007年年底和2008年4月李惠森与李锦记家族企业群体事务部总监黄秉玉先生在接受采访中，二人都对现在及未来李锦记的对外发展提出了三个方向：一是以学界、政府、媒体三方面为依托，为中国家族企业发展创造更好的政治制度环境、人文环境与社会环境。目前李锦记集团设置了一个专门的家族企业群体事务部，来负责这项工作。二是在国内开展家族企业论坛，积极推动家族企业的研究与交流。以往这样的论坛与研究是以学界为主体来展开，而李锦记则提出以成功的家族企业为发起人来展开。将不同的家族企业作为案例或样本来探悉，其意义不仅仅在于为学界提供更便利的研究对象，而且为李锦记的发展提供了一个更高的平台，搭建了与更广泛层次的社会组织的连接。三是李锦记提出了未来组建家族企业联盟的构想。目前，中国家族企业不愿意透露自身发展状况的种种原因，很大一部分是源于中国很多家族企业仍然处于求生存的阶段，但这样的管理问题又很难依托单一的力量来解决。因此，需要家族企业共同的努力。组建家族企业联盟正是要将优秀的家族企业与家族企业主聚集起来，共同交流与讨论。可以看出，李惠森与李锦记所提出的这几项工作是搭建其关系网络的重要手段。不同于以往简单地利用资源与企业形成联盟，李锦记所提出的网络构建是一种具有创新性质的网络。李惠森将李锦记的外部网络构建提升到了一个更高的层次与地位，而不仅限于企业为获取利润所形成的自发联合。这种新的网络构建方式的提出，体现了战略创业者进行制度创新的动机并不单纯是为了创新者的自身物质利益，还包括了更广泛层面的价值观、理想和权力等的需要。通过李惠森的讲述，我们确实感觉到了李锦记作为一个百年老字号企业，其独特性、优越性所在。李惠森将李锦记的愿景、目标置于一个更大、更广泛的经济社会环境之下，而不仅仅从一个家族企业运作的角度出发，这无疑是激励企业员工使命感、责任感的有力手段。在我们的调研中也发现，南方李锦记的员工对于李惠森持有非常高的评价，而南方李锦记的合作伙伴也认为，李惠森所领导的南方李锦记极大地激发了他们的热情与责任感，从李文达、李惠森身上，他们所看到的不仅仅是一个成功的企业家的影子，更多的是一个以民族使命为己任的创业者、开拓者、社会进步推动者的影子。而这正是文化创新所带来的积极效果。

5. 李锦记的国际化发展

国际化发展体现了一个企业在全球市场范围内的竞争力。在新的竞争格局下，企业家、创业者所面临的机会不再局限于狭小的本土范围内。一般而言，家族企业的国际化多从本土化成长开始，在建立了一定的资源基础后，再向外扩展。而李锦记的国际化过程则正好相反，通过国际化开发外部资源，获取机会性优势，显示创业者识别机会、把握机会的能力以及打破常规的勇气与决心。李锦记不同于其他一般家族企业的"回马枪"式国际化进程本身就意味着企业战略决策的超前性，体现了企业发展中的经营制度创新。

当时在香港李锦记的主打产品蚝油作为中高档调味品，销售受到消费能力的限制。因此，李文达放弃了国内市场，直接通过国际化的生产经营将李锦记推向海外。因为李文达敏锐地察觉到了来自中国内地和中国香港之外地区的机会优势：1972年美国总统尼克松访华，尼克松与毛泽东主席会晤后，将毛泽东赠予的贵重礼物——一对中国熊猫带回美国，此事件在美国引起轰动。李文达从中发现商机，以"熊猫"牌蚝油打入美国市场大获成功，为李锦记调味料全面进军海外市场奠定了基础。如今在美国，李锦记的蚝油已经占到了88%的市场份额，在日本市场的占有率也排在第二位；在欧洲、东南亚等地区，甚至斐济群岛等岛国，都有李锦记的产品在销售。在国际市场大获全胜后，随着香港经济发展、消费能力提高后，李锦记杀了个"回马枪"，目前其在香港的市场份额也一直保持在80%以上。

广阔的海外市场为李锦记带来了多样化的消费人群。李锦记在国外的消费群体并不只是华裔，有许多外国人也非常喜欢用李锦记的酱料。在李锦记的国外网站上，非常醒目地标明了李锦记的文化理念——"做正宗中国酱料的领军者"。对于外国人来说，接受中国酱料不单单是口味的问题，而且还会存在文化层面的欣赏和认同的问题。所以除了在网站上进行宣传外，李锦记在国外还通过各种方式推荐中国传统的酱料制造工艺的独特之处。例如，李锦记集团内部刊物非常丰富，也会给客户们发放。他们现在有期刊、光盘、特辑等多种形式的宣传材料，这里面的内容不仅仅是李锦记发展中的重大事项，而且包括了对李锦记产品的历史、文化的介绍。根据需要，还有一些刊物是针对如何使传统酱料在烹饪中做出新口味的技能传授。

评价与总结

通过对李锦记案例的分析，我们可以清楚地看出，李锦记通过不断地进行战略创业活动，逐步实现了企业在家族内部的成功传承。在李锦记120年的发展历史中，曾出现过两次分裂、分家，每一次李锦记都可以平稳地渡过传承延续的难关，关键在于在李锦记以往三代的接班人中，每一代都能够在上一代的创业基础上，延续前人的创业精神，不断加入新的思想，冲破旧的束缚，在现有制度的约束下，突破并且创立新的制度。换言之，李锦记作为一个家族企业，能够不断地实现在跨代际间的持续发展，关键在于它的每一代掌门人不仅仅是一个接班人，不仅仅承担了运营企业的责任，而重要的角色在于他们成为了家族企业每一代发展的创业者。李锦记集团不断地通过制度创新和文化创新，促进家族企业的战略创业活动，从而最终实现创业精神的传承。李锦记自从建立了家族委员会以后就确立了集体领导的模式，不再指定家族企业的接班人，重大的事务全部由家族委员会集体讨论决定。目前，李锦记现代的企业家们已经在战略创业的过程中表现出了极高的企业家精神。例如，李惠森通过在战略创业的推动过程中，通过家族委员会、"自动波"领导等思想的提出，得到了家族人员、南方李锦记员工、南方李锦记合作伙伴以及南方李锦记之外的公众人士（包括学界、政府、商界权威等）的认可。2005年，南方李锦记赢得了由翰威特调查评比的"2005年和2007年两届亚洲最佳雇主""2005年和2007年两届中国最佳雇主"两项荣誉，更是所有获得最佳雇主评比的公司之中，唯一的"民族企业"及"健康产品企业"。李锦记集团通过治理结构变革、外部资源引入、内外部网络构建、国际化发展等战略创业行为，实现了其在第四代成员间的成功发展，并实现了李锦记产业的创新与企业使命的第二次飞跃。未来南方李锦记已成为李锦记集团的重要发展对象。因此，在南方李锦记的成长与发展过程中，李惠森所推动的行为其实也确定了其未来在李锦记集团中的发展地位。当然，这样的结果还需要实践去检验。作为一个百年企业，李锦记还在以顽强的生命力成长，而南方李锦记也正如新鲜血液一样促进了李锦记的加速发展。

纵观李锦记120年的发展历程，正是一个不断创业的过程。正如李文达与李惠森所言，"不断创业"才是企业发展的长久之计，而李锦记，也将在"永远创业"的理念中走得更远、更长。

第二章 创业者与创业团队

学习目标

通过本章知识点的学习,理解创业者应具备的基本素质和能力、创业活动的理性因素、创业团队对创业成功的重要性、理解组建创业团队的思维方式;通过教学案例思考与分析,掌握组建创业团队对创业活动的影响、管理创业团队的技巧和策略;通过深度思考,认识创业团队领袖的角色与作用。

一、本章知识点

(一)创业者

1. 创业者的含义和类型

(1)创业者的含义

创业者并不是特殊人群,是发现和利用机会,通过一定的组织形式创造新价值并承担风险的人。这一含义可从以下几个方面来理解:

第一,创业者应该善于发现外部机会,发掘自身的能力和资源,充分利用市场机会,启动创业,并谋求发展空间。

第二,创业者应该通过组建团队,通过组织的力量开展创业。

第三,创业者是将劳动、资本、土地这三项生产要素结合起来进行生产的第四项要素,是把经济资源从生产率较低、产量较少的领域转移到生产率较高、产量更大的领域的人。

(2)创业者的类型

创业者可以从几种不同的角度分类,本书主要从创业过程所处的角色和所发挥的作用及创业的背景和动机两个不同角度进行分类。按在创业过程中所处的角色和所发挥的作用来划分,创业者可以分为独立创业者、主导创业者、跟随创业者;按创业的背景和动机来划分,创业者可以分为生存型创业者、变现型创业者、主动型创业者。

2. 创业者的素质与能力

(1)创业者的基本素质

具备一些独特素质有助于成功创业。从成为创业者这一角度来看,显然并无太多特殊的要求,创业者并不是特殊人群。而成功的创业者不仅要具备一般人的基本素质,还要具备独特的创业素质。这些独特的创业素质主要包括七个方面:过硬的创业身体素质、高尚的创业道德素质、健康的创业心理素质、超前的创业思想素质、广博的创业知识素质、丰富的创业经验素质、综合的创业协调素质。

(2)创业者的能力

大多数创业能力可以通过后天培养习得。创业者能力是指创业者解决创业过程中遇到的各种复杂问题的本领,是创业者基本素质的外在表现。从实践的角度看,表现为创业者把知识和经验有机结合起来并运用于创业管理的过程。它具体包括六个方面的能力:创业机会识别能力、创业风险决策能力、创业战略管理能力、创业开拓创新能力、创业网络构建能力、创业组织管理能力。

3. 创业动机的含义与类型

(1)创业动机的含义

创业动机是指引起和维持个体从事创业活动,并使活动朝向某些目标的内部动力。它是鼓励和引导个体为实现创业成功而行动的内在力量。创业动机是创业者的内在过程,创业行为是这种内在过程的外在表现。创业动机产生的内在动力是需求,外在条件是诱因。创业动机可以激发、指导、维持和协调创业活动。

(2)创业动机的分类

许多人因受到现实的刺激而创业,这种刺激有可能是物质上的匮乏,也有可能是精神上的空虚。这种刺激是以一定的动力作为基础,而需求则是创业的内在动力。据此,创业动机的类型可以划分为生存需求满足型、自尊需求满足型和自我实现满足型。

（3）创业动机对创业的影响

创业动机不仅是个体创业行为产生的思想前提，而且是克服创业困难，继续创新行为的心理保障，它在整个创业过程中起着十分重要的决定作用。创业动机对创业的主要影响可概括为四个方面：创业动机能激发主体有意识地关注创业机会；创业动机促使创业者朝目标方向努力；创业动机可以维持个体创业的激情和信心；创业动机影响创业绩效。

（二）创业团队

1. 创业团队及其对创业的重要性

创业团队是由两个以上具有一定利益关系、共同承担创建企业责任的人组建形成的工作团队。创业团队是团队而不是群体，也不同于一般团队。

与个体创业相比较，团队创业具有多方面的优势，对创业成功起着举足轻重的作用。

2. 创业团队的优劣势分析

依据不同逻辑组建创业团队既可能带来优势，也可能带来障碍，对后续创业活动会带来潜在影响。依据理性与非理性逻辑创建的创业团队各有优缺点。

（1）基于理性逻辑创建的创业团队的优劣势。创业过程中会涉及一些关键任务和关键资源，一旦欠缺这些资源，创业活动就难以开展，在自己没有掌控的情况下，借助别人获取这些资源是一种解决之道。有些创业者会理性分析创业所需要的资源和能力，并将其与自己所拥有的资源和能力相比较，将组建创业团队视为弥补自身空缺的一种方式，目的是整合优秀的资源来推动创业成功。

（2）基于非理性逻辑创建的创业团队的优劣势。在创业初期团队成员的凝聚力也非常重要。在大多数情况下，成功并不是因为团队结构有多么优秀，而是因为团队成员之间齐心协力；失败也并不是因为团队结构的缺陷，而在于团队成员之间的内部争斗。在一些情况下，创业者会遵循非理性逻辑来组建创业团队，他们看重的并不是团队成员拥有什么资源和能力，而是看重团队成员对自身的人际吸引力。比如，是否具有共同的兴趣，是否具有相似的工作背景，是否具有共同的创业理想，等等，目的是强化创业团队成员之间的信任和感觉，更倾向于找那些志趣相投而不是技能互补的人入伙。

3. 组建创业团队

实际上，选择理性逻辑和非理性逻辑创建团队的差异主要在于创业者看重的是创业的客观要求（技能和资源），还是更看重创业者的主观偏好（志同道合）。很难说清楚依据哪种逻辑组建的创业团队更好，而创业机会特征是在创业者组建创业团队时必须考虑的重要因素。

基于理性与非理性逻辑组建的创业团队各有优劣势，在组建的过程中要扬长避短，在后续的经营管理中创业者有着不同的管理侧重点。因此，基于理性与非理性组建的创业团队会对创业活动产生不同的后续影响。

4. 创业领导者的角色和行为策略

（1）创业团队领袖的角色

创业团队领袖是创业团队的灵魂，是团队力量的协调者和整合者。

在一个创业团队里面，常常存在着两类创业领袖：一类是正式创业团队领袖，一类是非正式创业团队领袖。正式创业团队领袖是指由团队公认，有正式职位的人员，是公司运转的骨架，起到承上启下、纲举目张作用的创业领导人，如总经理、副总经理、经理、主管、主任等。非正式创业团队领袖是指没有行政职位，但对工作氛围、员工积极性的调动有着举足轻重的作用。在一个团队里面，有技艺特长的人、善于沟通的人容易形成团队里的非正式领袖。本书所提到的创业团队领袖专指正式创业团队领袖。

（2）创业团队领袖的行为策略

领导创业者应该采取以下行为策略才能做好团队管理工作。

①建立良好的激励制度。让具有特殊技能，或者技能过硬的人得到相应较高的报酬，同时增大他们的工作压力和激情，让他们在时间和心态上都没有办法成为非正式领袖。

②建立透明的传播途径。把所有管理制度、薪酬制度、人员制度表格化、公示化，消除员工对企业的猜疑和窥探心理，让小道的传播渠道消失或者失去它的非正式引领作用。

③组织好8小时外的团队活动。建立起团队良好的公众活动安排，让大家都能够感受到团队的凝聚力和温暖，让团队的非正式领袖没有时间和方法来组织活动，从而把他们的影响力降低到最低限度。

5. 创业团队的社会责任

创业团队的社会责任包括为投资者创造利润、为政府创造税收、为员工创造工资、为消费者创造产品和服务、为社会公众创造福利和保护自然环境等方面的责任。创业团队的社会责任要求创业团队必须超越把利润作为唯一目标的传统理念，强调要在创业过程中对人的价值的关注，强调对消费者、环境和社会的贡献。

二、教学案例

案例一　身边的创业——达瑞的创业[①]

达瑞出生于美国的一个中产阶级家庭。父母对他生活上要求很严格，平时很少给他零花钱。达瑞8岁的时候，有一天，他想去看电影，因为没有钱，他面临一个基本的问题，是向爸妈要钱还是自己挣钱。最后他选择了后者。他自己调制了一种汽水，把它放在街边，向过路的行人出售。可那时正是寒冷的冬天，没有人前来购买，只有两个人例外——他的爸爸和妈妈。

后来，他偶然得到了和一个非常成功的商人谈话的机会。当他对商人讲述了自己的"破产史"后，商人给了他两个重要的建议：一是尝试为别人解决一个难题，那么你就能赚到许多钱；二是把精力集中在你知道的、你会的和你拥有的东西上。

这两个建议是关键。因为对于一个8岁的男孩而言，他不会做的事情有很多。于是他穿过大街小巷，不停地思考，人们会有什么难题，他又如何解决，他又会如何利用这个机会，为他们解决难题。

这其实不容易。好点子似乎都躲起来了，他什么办法都想不出来。但是有一天，父亲无意中给他指出了一条正路——吃早餐时他让达瑞取报纸。这里必须补充一点，美国的送报员总是把报纸从花园篱笆的一个特制的管子里塞进来。假如你想穿睡衣舒舒服服地吃早餐和看报的话，就必须离开温暖的房间，冒着寒风到房子的入口处去取，不管天气如何都是如此。虽然有时候只需要走二三十米路，但也是一件非常麻烦的事情。

达瑞给父亲取报纸的时候，一个主意诞生了。当天他就挨个按响邻居的门铃，对他们说，每个月只需要付给他一美元，他就每天早上把报纸塞到他们的房门底下。大多数人都同意了，达瑞有了70多个顾客。当他在一个月后第一次赚到钱的时候，他非常高兴。

高兴的同时他并没有满足于现状，他还在寻找新的机会。成功了一次之后，他很快就找到了其他的机会。他让他的顾客每天把垃圾袋放在门前，然后由他运到垃圾桶里——每个月加一美元。他喂宠物，看房子，给植物浇水，但是他从来不以小时计费，因为用其他方法计费挣钱更多。

9岁时，他开始学习使用父亲的计算机。他学着写广告，而且他开始把孩子

[①] 郭小平，祝君红. 创业营销 [M]. 北京：清华大学出版社，2009.

能挣钱的方法写下来。因为他不断有新主意,所以很快就有了很多积蓄。他母亲帮他记账,好让他知道什么时候该向谁收钱。他也雇孩子帮他的忙,然后把收入的一半付给他们。如此一来,钱如潮水般地涌进了他的腰包。

一个出版商注意到了他,并说服他写了一本书,书名为《儿童挣钱的250个主意》。因此,达瑞12岁的时候就已经成为一名畅销书作家。后来电视台发现了他,邀请他参加了许多儿童节目。人们发现,他在电视里表现得非常自然,受到许多观众的欢迎。15岁的时候他有了自己的谈话节目。现在,他通过做电视节目以及广告收入挣的钱已令很多人难以置信。

17岁的时候,达瑞已经拥有了几百万美元。

【创业宝典】

创业并不神秘。

如果我马云能创业成功,我相信世界80%的年轻人都能创业成功。

我们必须在别人改变之前先改变自己。

很多时候创业者因为自己搞不清楚而不去创业,实际上等你搞清楚以后就更不会去创业了。书读得不多没有关系,就怕不在社会上读书。

案例二 优秀的创业团队——三堵墙的故事[①]

森林王国举办职业技能大赛,三个小猴比赛垒墙。比赛规则是:先把土坯垒成墙,然后在墙的外面抹上一层白色的泥,看谁垒得又快又好。

比赛开始了。

第一个小猴想,反正外面要抹一层白泥的,里面用不用泥没关系。于是他没有用泥作黏合物,就直接把土坯垒在了一起,然后在外面抹了白色的泥。在垒土坯的时候,中间还坍塌了两次,不过最后终于完成了。

第二个小猴想,反正外面要抹一层白泥的,里面好看不好看没关系。于是他用泥将土坯一块块黏合在一起垒成了墙,根本没有考虑土坯与土坯之间的咬合,然后也在外面抹上了一层白色的泥。在垒土坯的时候,中间坍塌了一次。

---

① 樊宇明. 小猴垒墙[J]. 中国招标, 2009 (16).

第三个小猴没有多想，比赛一开始他就有条不紊地开始了自己的工作。他首先把要垒墙的地方铲平了，然后开始把土坯一层一层地垒上去。在垒墙的过程中，他不仅把用来黏合土坯的泥抹得非常均匀，而且还十分注意土坯与土坯之间的咬合与连接。墙垒好以后，他也认真地在墙的外面抹上了一层白色的泥。

大约两小时后，三堵外表几乎一模一样的墙立在了大家的面前。三个小猴分别站在自己的作品前，等待评委们的评判。评委会由狐狸、小兔和从森林外面请来的老牛组成。评判从第一个小猴的墙开始，大家先围着墙转了一圈。突然，评委老牛打了个喷嚏，第一个小猴的墙应声倒塌了。吓得狐狸赶紧往旁边躲，不小心撞上了第二个小猴的墙，第二个小猴的墙也倒了，差点把小兔的脚给砸了。只剩下第三个小猴垒的墙了，老牛走到墙跟前用他那强壮的身体使劲撞去，墙依然屹立在那里。结果自然是第三个小猴得了冠军。

为什么三堵外表几乎一模一样的墙，有的使劲撞都撞不倒，有的打一个喷嚏就倒了？其原因在于墙的内部结构不同。其实，在企业管理过程中，我们也经常碰到类似的情况。我们可以把三堵墙分别看作三个不同类型的团队。

第一个小猴的墙所代表的团队只是一个简单的人的集合体，大家相互之间几乎没有什么关系，只是被一种外在的因素简单地联系在了一起，成员之间几乎没有任何的沟通与协作。这样的团队是没有丝毫战斗力的，更谈不上什么团队精神了。

第二个小猴的墙所代表的团队虽然有着一定的制度和原则把团队成员联合在了一起，但团队成员之间缺乏有效的配合与协作，他们之间的联系与合作是被动的，是在团队制度与原则的强迫之下实现的。这样的团队也没有形成巨大凝聚力和竞争力的条件，是无法抵御和承受外来冲击的。

第三个小猴的墙所代表的团队不仅有保证团队运转的制度与原则来维系团队成员之间的关系，而且团队成员之间通过有效的沟通与合作紧密地凝结在一起，形成巨大的凝聚力与竞争力。换句话说，他们之间的结合就像发生了化学反应，这种化学反应使他们彻底融合在了一起。一旦有外界力量撞击到它的任何一点的时候，它是以整体的力量回应的。这也正是老牛为什么撞不倒第三堵墙的主要原因。我们通常把这种凝结在一起的团队力量叫作团队精神，团队精神来源于团队成员之间的信任、沟通、协作、配合。

【创业宝典】

要打造出一个优秀的创业团队，每一个团队成员都必须具备相互信任、沟通、协作与配合的精神，并在此基础上形成巨大的凝聚力和竞争力。在一盘散沙般的队伍中，即使个个都有单打独斗的高强本领，也不可能取得战无不胜的成绩。因而，一个创业者要想创业成功，必须打造好自己的创业团队。团结才有力量，员工的团结是塑造团队精神的前提，一个企业只有具备了团队精神才有战无不胜的可能。

一堵推不倒的墙，其内部的结合必然是紧密、和谐的！

案例三 创业实例——俞敏洪创业团队[①]

俞敏洪，1962年10月出生于江苏江阴，1980年考入北京大学西语系，毕业后留校担任北京大学外语系教师，1991年9月，俞敏洪从北京大学辞职，开始自己的创业生涯。

1993年，俞敏洪创办了新东方培训学校，创业伊始，俞敏洪单枪匹马，仅有一个不足十平方米的漏风的办公室，零下十几度的天气，自己拎着糨糊桶到大街上张贴广告，招收学员。

"任何事情都是你不断努力去做的结果，当你碰到困难的时候，你不要把他想象成不可克服的困难，只要你勇于去克服它，在这个世界上没有任何困难是不可克服的！"正是凭借着这种不怕困难、勇于克服困难的精神，新东方不断发展壮大着，俞敏洪还把"从绝望中寻找希望"作为新东方的校训。

1994年，俞敏洪已经投入20多万元，新东方已经有几千名学员，在北京也已经是一个响亮的牌子，他看到了一个巨大而诱人的教育市场。俞敏洪喜欢教书，他曾经说过："我这辈子什么都可以离开，就是不可以离开讲台。"对教师职业的热爱和新东方的发展壮大，让他决定他不仅要做一个教师、一个校长，还要做一个教育家。

---

① 资料来源于创业团队案例：俞敏洪创业团队，道客巴巴：http://www.doc88.com/49-073192435797.html。

【分析与点评】

　　一、聚集人才

　　在新东方创办之前，北京已经有三四所同类学校，参加新东方培训的多是以出国留学为目的的人。新东方能做到的，其他学校也能做到。就当时的大环境而言，随着出国热以及人们在工作、学习、晋升等方面对英语的多样化要求，国内掀起了学习英语的热潮，越来越多的优秀教师加入英语培训这个行业，如何先人一步，取得自己的竞争优势，把新东方做大、做强，俞敏洪认识到英语培训行业必须要具备一流的师资。

　　培训学校普遍做不大是有原因的，由于对个别讲师的过分倚重，每个讲师都可以开一个公司，但是每个公司都做得不大。所以，俞敏洪需要找到更多的合作伙伴，帮他控制住英语培训各个环节的质量。而这样的人，不仅要有过硬的专业知识和能力，更要和俞敏洪本人有共同的办学理念。他首先想到的是远在美国的王强、加拿大的徐小平等人，实际上这也是俞敏洪思考了很久所做的决定——这些人不仅符合业务扩展的要求，更重要的是这些人作为自己在北大时期的同学、好友，在思维上有着一定的共性，肯定比其他人能更好地理解并认同自己的办学理念，合作也会更坚固和长久。

　　这时他遇到了一个和他有着共同梦想的惺惺相惜的朋友——杜子华。杜子华像一个漂泊的游侠，研究生毕业后游历了美国、法国和加拿大，凭着对外语的透彻领悟和灵活运用，在国外结交了各色朋友，也得到了不少让人羡慕的机会。但是他在国外呆的时间越久，接触的人越多，就越是感觉到提高民族素质的重要性和迫切性。

　　1994年在北京做培训的杜子华接到了俞敏洪的电话，几天后，两个同样钟爱教育并有着共同梦想的"教育家"会面了。谈话中，俞敏洪讲述了新东方的创业和发展、未来的构想、自己的理想、对人才的渴望……这次会面改变了杜子华单打独斗实现教育梦想的生活，杜子华决定在新东方实现自己的追求和梦想。

　　1995年，俞敏洪来到加拿大温哥华，找到曾在北大共事的朋友徐小平。这时的徐小平已经来到温哥华10年之久，生活稳定而富足。俞敏洪不经意地讲述自己创办新东方的经历，文雅而富有激情的徐小平突然激动起来："敏洪，你真是创造了一个奇迹啊！就冲你那1000人的大课堂，我也要回国做点事！"

　　随后，俞敏洪又来到美国，找到当时已经进入贝尔实验室工作的同学王强。1990年，王强凭借自己的教育背景，3年就拿下了计算机硕士学位，并成功进入著名的贝尔实验室，可以说是留学生中成功的典型。白天王强陪着俞敏洪参观普林斯顿大学，让王强震惊的是，只要碰上一个黑头发的中国留学生，竟都会向俞敏洪叫一声"俞老师",这里可是世界著名的大学啊!王强后来谈到这件事时,说自己当时很震惊,受到了很大的刺激。俞敏洪对他说:"你不妨回来吧,回国做点自己想做的事情。"

就这样,徐小平和王强都站在了新东方的讲台上。1997年,俞敏洪的另一个同学包凡一也从加拿大赶回来加入了新东方。新东方就像一个磁场,凝聚起一个个年轻人的梦想,这群在不同土地上为了求学、洗过盘子、贴过广告、做过推销、当过保姆的年轻人,终于找到一个突破口,年轻人身上积蓄的需要爆发的能量在新东方得到了充分释放。就这样,从1994年到2000年,杜子华、徐小平、王强、胡敏、包凡一、何庆权、钱永强、江博、周成刚等人陆续被俞敏洪网罗到了新东方的旗下。

二、构建团队

作为教育行业内的企业,师资构成了新东方的核心竞争力,但是如何让这支高精尖的队伍,最大限度地发挥作用,俞敏洪从学员需求出发,秉持着一种"比别人多做一点,比别人做得好一点"的朴素的创新思维,合理组织自己的团队,寻找和抓住英语培训市场上别人不能提供或者忽略的服务,使新东方的业务体系得以不断完善。

比如,当时新东方就开辟了一块由一个加拿大人主持的出国咨询业务,学员可以就近咨询,获得包括一些基本申请步骤、各个国家对待留学生的区别、各个大学颁发奖学金的流程和决策有何不同、读研究生和读博士生的区别在什么地方等必要知识。

1995年,俞敏洪逐渐意识到,学生们对于英语培训的需求已经不只限于出国考试。比如,1995年加入新东方的胡敏就应这种需求,开发出了雅思英语考试培训,大受欢迎,胡敏本人也因此被称为"胡雅思"。

徐小平、王强、包凡一、钱永强等人分别在出国咨询、基础英语、出版、网络等领域各尽所能,为新东方搭起了一条顺畅的产品链。徐小平开设的"美国签证哲学"课,把出国留学过程中一个大家关心的重要程序问题,上升到一种人生哲学的高度,让学员在会心大笑中思路大开;王强开创的"美语思维"训练法,突破了一对一的口语训练模式;杜子华的"电影视听培训法"已经成为国内外语教学培训极有影响力的教学方法,新东方的老师很多都根据自己教学中的经验和心得著书立说,并形成了自身独有的特色,让新东方成为一个有思想、有创造力的地方。

俞敏洪的成功之处是为新东方组建了一支年轻而又充满激情和智慧的团队。俞敏洪的温厚、王强的爽直、徐小平的激情、杜子华的洒脱、包凡一的稳重,五个人的鲜明个性让新东方总是处在一种不甘平庸的氛围当中。

谈到团队的组建,《西游记》中由唐僧率领的取经团队被公认为是一支"黄金组合"。四个人的性格各不相同,却又同时有着不可替代的优势。比如说,唐僧慈悲为怀，使命感很好，有组织设计能力，注重行为规范和工作标准，所以他担任团队的主管，是团队的核心；孙悟空武功高强，是取经路上的先行者，能迅速理解、完成任务，是团队业务骨干和铁腕人物；猪八戒看似实力不强，又好吃懒做，但是他善于活跃工作气氛，使取经之旅不至于太沉闷；沙僧勤恳、踏实，平时默默无闻，关键时刻他能稳如泰山，稳定局面。

但是，创业路上，并没有那么巧的机缘和条件，能幸运地集聚到这样四个不同性格的人。所以，如果只能从这四个人中挑选出两个人来作为创业成员的话，你会挑选哪两位？

在一次活动中，牛根生客串主持人，向马云和俞敏洪提出了这样一个问题。俞敏洪选沙僧和孙悟空，马云选择了沙僧和猪八戒。两人都选择了耿直忠厚的沙僧，但是关于另一个人选，两人的选择却很有意思。

马云这样解释他为什么选择猪八戒："最适合做领袖的当然是唐僧，但创业是孤独寂寞的，要不断温暖自己，用左手温暖右手，还要一路幽默，给自己和团队打气，因此我很希望在创业过程中有猪八戒这样的伴侣。当然，猪八戒做领导是很欠缺的，但大部分的创业团队都需要猪八戒这样的人。"

俞敏洪不赞同马云的选择，他认为猪八戒不适合当一个创业伙伴，猪八戒是很能搞活气氛，让周围的人轻松起来，但是缺点也很突出，就是不坚定，需要领袖带着才能往前走。而且猪八戒既然没信念，哪里好就会去哪里，哪有好吃的就往哪去，很容易在创业过程中发生偏移，企业有钱时会（大赚一笔后）离开，企业没钱时也很可能会弃企业而去。而孙悟空就不会这样，他是一个很理想的创业成员。

俞敏洪列举了他的理由：他（孙悟空）的优点很明显：第一，有信念，知道取经就是使命，不管受到多少委屈都要坚持下去。第二，有忠诚，不管唐僧怎么折磨他，都会帮助他一路走下去。第三，有头脑，在许多艰难中会不断想办法解决。第四，有眼光，能看到别人看不到的机会和磨难。

当然，孙悟空也有很多个人的小毛病，会闹情绪，撂担子，所以需要唐僧必要时念念紧箍咒。但是，在取经路上，孙悟空所起到的作用是至关重要的。如果将西天取经比喻成一次创业过程，孙悟空就是其中不可或缺的创业成员。

新东方的创业团队就有些类似于唐僧的取经团队。徐小平曾是俞敏洪在北大时的老师，王强、包凡一同是俞敏洪北京大学西语系80级的同班同学，王强是班长，包凡一是大学时代睡在俞敏洪上铺的兄弟。这些人个个都是能人、牛人。所以，新东方最初的创业成员，个个都是"孙悟空"，每个人都很有才华，而个性却都很独立。俞敏洪曾坦承："论学问，王强出自书香门第，家里藏书超过5万册；论思想，包凡一擅长冷笑话；论特长，徐小平梦想用他沙哑的嗓音做校园民谣，他们都比我厉害。"

俞敏洪敢于选择这帮牛人作为创业伙伴，并且真正地在一起做成了大事，成就了一个新东方传奇，从这一点来说，他是一个成功的创业团队领导者。他知道新东方人多是性情中人，从来不掩饰自己的情绪，也不愿迎合他人的想法，打交道都是直来直去，有话直说。因此，新东方形成了一种批判和宽容相结合的文化氛围，批判使新东方人敢于互相指责，纠正错误；宽容使新东方人在批判之后能够互相谅解，互相合作。这就是新东方人的特点：大家互相之间不记仇，不记恨，只计较到底谁对谁错，谁公正。

这种源自北大精神的自由文化，是俞敏洪敢用"孙悟空"，而且是多个"孙悟空"的前提条件，这是新东方成功的关键因素之一。而另一个关键因素就是俞敏洪本人所具备的包容性，帮助他带领着一帮比他厉害的"牛人"，不仅将新东方从小做大，还完成了让局外人都为之捏了一把汗的股权改制。最令人意料不到的是，俞敏洪居然还将新东方带到了美国的资本市场，成为中国第一个在海外成功上市的民营教育机构。这一份成绩虽然还不能定义为最终的胜利，但是仍然有着非同寻常的意义，即它告诉了人们，对于中国教育来说，一切价值正有待重估。

【创业宝典】

既靠天，也靠地，还靠自己。

运气不可能持续一辈子，能帮助你持续一辈子的东西只有你个人的能力。

只有知道如何停止的人才知道如何加快速度。

能不能创业成功跟学位没关系，但跟好不好学肯定有关系。好学才能有成长的空间。

案例思考

1. 管理者如何理解团队目标的重要作用？

2. 管理者应如何为团队制定清晰合理的目标？

3. 管理者如何使团队成员达成一致的团队目标？

4. 管理者应如何处理个人目标与团队目标的关系？

【创业团队的寓言故事】[①]

寓言1：土狼只盯一个目标

草原上，一群小角马正在嬉戏。

远处有一群土狼，一动不动地蹲在那儿静静地注视着一只特别可爱的小角马。当那只小角马跑累了停下来的时候，土狼们才突然冲过去。

草原上有成千只角马，但土狼们只追那一只小角马，它们认准了这一目标，好像仇人一般。

"就是它！"土狼们大声叫嚷着冲过去。即使有的角马比那只小角马还近些，它们也不改变目标，一追到底。

以小角马平时的速度土狼绝对追不上，只怪它先前又蹦又跳消耗了太多体力，土狼们又穷追不舍。

小角马终于体力不支，被土狼一拥而上咬死了。

【思考导向】

1. 团队目标为团队成员指明了奋斗方向，使团队成员有了凝聚在一起的力量，也是团队成员创造良好绩效的基础和前提。

2. 没有目标的团队，就好像汪洋中的一条船，不仅会迷失方向，还可能会触礁，同时团队存在的价值和意义也会大打折扣。

寓言2：小猴多了两块表

森林里生活着一群猴子，每天太阳升起的时候它们外出觅食，太阳落山的时候回去休息，日子过得平淡而幸福。

一名游客穿越森林，把手表忘在了树下的岩石上，被猴子猛可捡到了。聪明的猛可很快弄清楚了手表的用途，于是猛可成了整个猴群的明星。每只猴子都渐渐习惯向猛可请教确切的时间，尤其是在阴天下雨的时候。之后，整个猴群的作息时间也由猛可来定，猛可逐渐建立起威望，最后当上了猴王。

做了猴王的猛可认识到是手表给自己带来了机遇和好运，于是它每天还会花大量的时间在森林里寻找，希望能够得到更多的手表。功夫不负有心人，猛可果然相继得到了第二块、第三块手表。

但出乎猛可意料的是，它得到了三块手表反而有了新麻烦。原来每块手表的显示时间都不相同，猛可不确定哪块手表上显示的时间是正确的。猴群也发现，每当有猴子去询问猛可时间时，猛可总是支支吾吾回答不上来。猛可的威

[①] 付伟. 团队建设能力培训全案 [M]. 北京：人民邮电出版社，2008.

望由此大降,整个猴群的作息时间也一塌糊涂。

【思考导向】

1. 团队目标能够有效地协调团队成员的行动,使团队成员有序地相互配合、互相支援,最终使整个团队的绩效得到快速提高。

2. 团队目标应该清晰明确,并具有唯一性。相互冲突的多重目标会使团队成员感到困惑乃至迷失方向,最终造成整个团队的紊乱和效率低下。

寓言3:老鼠偷油命不保

有三只老鼠一同去偷油,它们到了油缸边一看,油缸里的油只在缸底剩下一点点,并且缸身太高,谁也喝不到。于是它们想出了一个办法:一只拽着另一只的尾巴,吊下去喝,第一只喝饱,上来,再吊第二只下去。

第一只老鼠最先吊下去喝,它在下面想:"油只有这么一点点,今天算我幸运,可以喝个饱。"第二只在中间想:"下面的油是有限的,假如让我下面的老鼠喝完了,我还有什么可喝的呢?还不如放开它,自己跳下去喝呢!"第三只老鼠在上面想:"油很少,等它俩都喝饱,还有我的份吗?不如早点放开它们,自己跳下去喝!"

于是,第二只老鼠放了第一只的尾巴,第三只放了第二只的尾巴,都只管自己抢先跳下去。结果它们都落在油缸里,最终谁也没有逃出来而饿死了。

【思考导向】

1. 使团队成员达成一致的目标,并获得共同达成该目标的承诺,建立目标责任是取得成功的关键。

2. 团队成员为了个人目标而不顾团队总目标,将会给团队带来危害。因此,团队成员要具有奉献精神,具有大局观念。

【了解自己】

测试一 创业测试:当老板你现在够不够格?

创业充满了诱惑,但并非每个人都适合走这条路。美国创业协会设计了一份测试题,假如你正想着自己单挑,不妨做做下面的题。

计分:选A得4分,选B得3分,选C得2分,选D得1分。

1. 在急需决策时,你是否在想"再让我考虑一下吧"?(   )
   A. 经常　　　　B. 有时　　　　C. 很少　　　　D. 从不

2. 你是否为自己的优柔寡断找借口说"得慎重,怎能轻易下结论呢"?(   )
   A. 经常　　　　B. 有时　　　　C. 很少　　　　D. 从不

3. 你是否为避免冒犯某个有实力的客户而有意回避一些关键性的问题,甚至有意迎合客户呢?(　　)
　　A. 经常　　　　B. 有时　　　　C. 很少　　　　D. 从不
4. 你是否无论遇到什么紧急任务都先处理日常的琐碎事务呢?(　　)
　　A. 经常　　　　B. 有时　　　　C. 很少　　　　D. 从不
5. 你是否非得在巨大压力下才肯承担重任?(　　)
　　A. 经常　　　　B. 有时　　　　C. 很少　　　　D. 从不
6. 你是否无力抵御妨碍你完成重要任务的干扰和危机?(　　)
　　A. 经常　　　　B. 有时　　　　C. 很少　　　　D. 从不
7. 你在决策重要的行动和计划时,常忽视其后果吗?(　　)
　　A. 经常　　　　B. 有时　　　　C. 很少　　　　D. 从不
8. 当你需要做出很可能不得人心的决策时,是否找借口逃避而不敢面对?(　　)
　　A. 经常　　　　B. 有时　　　　C. 很少　　　　D. 从不
9. 你是否总是在晚上才发现有要紧的事没办?(　　)
　　A. 经常　　　　B. 有时　　　　C. 很少　　　　D. 从不
10. 你是否因不愿承担艰巨任务而寻找各种借口?(　　)
　　A. 经常　　　　B. 有时　　　　C. 很少　　　　D. 从不
11. 你是否常来不及躲避或预防困难情形的发生?(　　)
　　A. 经常　　　　B. 有时　　　　C. 很少　　　　D. 从不
12. 你总是拐弯抹角地宣布可能得罪他人的决定吗?(　　)
　　A. 经常　　　　B. 有时　　　　C. 很少　　　　D. 从不
13. 你喜欢让别人替你做你自己不愿做而又不得不做的事吗?(　　)
　　A. 经常　　　　B. 有时　　　　C. 很少　　　　D. 从不

分析:

1. 得分50分以上,说明你的个人素质与创业者相去甚远。

2. 40~49分,说明你不算勤勉,应彻底改变拖沓、低效率的缺点,否则创业只是一句空话。

3. 30~39分,说明你在大多数情况下充满自信,但有时犹豫不决,不过没关系,这也是稳重和深思熟虑的表现。

4. 15~29分,说明你是一个高效率的决策者和管理者,有望成为成功的创业者,你还等什么?

测试二　团队信任能力自测

在团队中,团队信任能力是指自己与团队成员间坦诚相待、相互信任、互助协调的互信能力。请通过下列问题对自己的该项能力进行差距测试。

计分：选 A 得 3 分，选 B 得 2 分，选 C 得 1 分。

1. 在团队中，你如何看待诚信问题？（　　）
   A. 诚信是信任的基础　　　　　　B. 诚信影响信任关系
   C. 诚信是个人品德
2. 管理者如何赢得团队成员的信任？（　　）
   A. 做事先做人，言行一致　　　　B. 按制度办事，一视同仁
   C. 保持行为的一贯性
3. 是什么让你信任团队中的其他成员？（　　）
   A. 团队成员的品德　　　　　　　B. 团队成员的能力
   C. 团队成员的经验
4. 你如何看待团队成员间的信任对团队的影响？（　　）
   A. 信任提高工作效率　　　　　　B. 信任会增进团结和沟通
   C. 信任会减少误会
5. 当团队某一成员的行为被其他成员怀疑时，你如何看待？（　　）
   A. 通过沟通了解真相　　　　　　B. 应继续相信他们
   C. 根据品行来决定是否信任
6. 管理者应如何看待信任团队成员的作用？（　　）
   A. 激发团队成员的斗志　　　　　B. 让团队成员顺利完成任务
   C. 增进双方的感情
7. 你认为团队成员间如何才能保持充分信任？（　　）
   A. 建立信息共享机制　　　　　　B. 定期沟通，消除疑问
   C. 遇到疑问及时沟通
8. 管理者应通过何种途径使团队成员之间相互信任？（　　）
   A. 用统一目标增强凝聚力　　　　B. 团队成员间加强沟通
   C. 提高成员能力和道德水平
9. 管理者如何才能避免团队瓦解？（　　）
   A. 让团队成员充分信任　　　　　B. 定期协调成员利益关系
   C. 跟进团队成员需求
10. 管理者对自己看到的情况和现象应该怎样认识？（　　）
    A. 自己看到的未必是真实的　　　B. 自己只看到一部分
    C. 眼见为实

分析：

1. 得分 24 分以上，说明你的团队信任能力很强，请继续保持和提升。
2. 15～24 分，说明你的团队信任能力一般，请努力提高。

3. 15 分以下，说明你的团队信任能力很差，急需提升。

测试三　团队能力自测

在团队中，团队沟通能力是指团队成员与其他团队成员间进行积极沟通以协助相互间的行动的能力。请通过下列问题对自己的该项能力进行差距测试。

计分：选 A 得 3 分，选 B 得 2 分，选 C 得 1 分。

1. 你一般如何得知他人的真实想法？（　　）
   A. 与其直接沟通　　　　　　　B. 根据他的行为作出判断
   C. 我总是能猜到

2. 你如何看待沟通在团队中的作用？（　　）
   A. 沟通能达成目标　　　　　　B. 沟通能协调行动
   C. 沟通能够达成共识

3. 你如何向团队成员下达行动指令？（　　）
   A. 双向沟通，确定目标　　　　B. 根据成员能力进行分配
   C. 直接规定其按期完成

4. 你如何避免团队沟通过程中的信息失真？（　　）
   A. 对信息进行反馈和确认　　　B. 通过书面形式进行沟通
   C. 清晰表达自己

5. 作为管理者，你一般与团队成员进行怎样的沟通？（　　）
   A. 以非正式沟通为主　　　　　B. 非正式与正式沟通各占一半
   C. 以正式沟通为主

6. 你如何避免语言表达时产生歧义？（　　）
   A. 对表达内容进行确认　　　　B. 换种表达方法
   C. 对内容产生歧义的词语进行解释

7. 作为下属，你如何对下属进行批评？（　　）
   A. 用含蓄的方式提醒　　　　　B. 先表扬后批评
   C. 直接告知其错误，要求改正

8. 你如何看待你与他人沟通对第三人产生的影响？（　　）
   A. 有可能使第三人产生误解　　B. 有比较微弱的影响
   C. 和第三人没有关系

9. 你如何理解团队协作过程中的沟通？（　　）
   A. 沟通促进协作　　　　　　　B. 沟通是协作的方式之一
   C. 默契可以代替沟通

10. 作为管理者，你如何提高团队沟通效率？（　　）
    A. 建立沟通机制　　　　　　　B. 及时沟通

C. 定期沟通

分析：

1. 得分 24 分以上，说明你的团队沟通能力很强，请继续保持和提升。
2. 15～24 分，说明你的团队沟通能力一般，请努力提高。
3. 15 分以下，说明你的团队沟通能力很差，急需提升。

三、实训活动

（一）实训目标

1. 认识到团队信任及团队合作的重要性。
2. 掌握提高团队合作的技巧。
3. 了解语言沟通方式及技巧。

（二）实训活动

实训活动一　小组合作建高塔

游戏目的：

1. 让游戏参与者融入团队当中群策群力，共同完成任务。
2. 努力把松散的工作小组转变成为团结高效的执行团队。

游戏内容：

人数：30 人。

时间：25 分钟。

场地：室内。

用具：尽量多的纸杯、报纸、透明胶带、吸管、橡皮筋和 12 把手工剪刀。

游戏步骤：

第一步，把参与游戏的学员分成 6 个小组，每组 5 人。

第二步，向每个小组发放材料，要求每组在 15 分钟之内用这些材料建一座塔。

第三步，这座塔的塔高至少 50 厘米，要求外形美观、结构合理、创意统一。

第四步，做完之后，每个小组都把建好的塔摆放在大家面前，培训老师安排进行评比。

第五步，每个小组所建的塔都要接受其他组选出的检验员的检验，以吹不倒而且最高为胜利小组。

第六步，请各组人员发表建塔的感想。

问题讨论：

1. 你的小组是如何工作的？
2. 对比自己的塔和其他的塔，进行客观评价。
3. 就高塔本身而言，我们获得了团队管理的哪些启示？

培训语录：

1. 在团队执行的过程中，团队成员只有分工合作、群策群力才能最有效地达成团队的目标。

2. 执行的关键在于团队配合的默契和勇于承担责任，成员没有默契的配合和承担责任的积极性，创业团队的目标是无法实现的。

实训活动二　信任才敢往前走

游戏目的：

1. 使团队成员间互相获得信任。
2. 了解信任对整个团队的影响。

游戏内容：

人数：16 人。

时间：20 分钟。

场地：不限。

用具：一个眼罩；一个坚固的平壁，如建筑物的一面墙。

游戏步骤：

第一步，选择一块平整的地方，里面没有障碍物，以防绊倒蒙着眼罩的学员。

第二步，所有队员背对墙壁（或其他坚固物体），站成一排，队员间隔一臂距离。

第三步，选两名志愿者，让其中一个人蒙上眼罩。

第四步，让没有蒙着眼罩的志愿者把戴着眼罩的搭档带到距离墙壁十米远的地方，面向沿着墙壁站立的那排队员，然后让蒙眼罩的人向前走。

第五步，蒙着眼罩的志愿者要摆出"缓冲"的姿势，即向前伸出双臂，小臂向上弯曲，手掌向外，手的高度与脸齐平。在发生意外碰撞时，这种姿势有助于避免或减少对身体上半部分的伤害。

第六步，紧靠墙壁站立的那排队员要保持完全静止和沉默，此外，还要防止蒙眼罩的人碰到墙上——换句话说，当那个蒙眼罩的人靠近队伍时，要抓紧他，不能让他触及墙壁。

第七步，两位志愿者前进时，没蒙着眼罩的人充当监护员。不能靠得太近，但也要保持在一定的距离之内，以便蒙眼罩的人快摔倒时能及时被扶住。一切就绪后，告诉蒙眼罩的人向墙壁走去，同时摆出"缓冲"的姿势。

第八步，墙边的人抓到蒙眼罩的志愿者之后，大家依次交换角色，保证每个人都能蒙一次眼罩，做一次监护者。

第九步，第一轮游戏结束后，重复一次。

问题讨论：

1. 游戏过程中，队员们对蒙着眼罩走路有何感想？
2. 在第二轮游戏中，大家是不是感觉更自如了？为什么？
3. 监护员对自己的作用有何认识？
4. 当前是什么因素阻碍了我们相互支持？如何克服它？

培训语录：

1. 团队中能否做到相互信任，很大程度上取决于团队成员是否能够主动接纳并真正信赖身边的团队伙伴。
2. 信任是团队精诚合作的基石，团队缺乏信任，不仅会造成整个团队不和睦，而且会直接影响团队的整体战斗力。

实训活动三　穿越障碍靠沟通

游戏目的：

1. 让团队成员了解语言沟通方式及技巧。
2. 让团队成员认识如何有效地进行沟通。

游戏内容：

人数：若干人。

时间：20分钟。

场地：空地。

用具：桌子一张，硬塑料杯三个，白纸几张，每组硬纸板一块，每人眼罩一个。

游戏步骤：

第一步，在空地上划出一块游戏区。在游戏区内用白纸设置障碍，作为"地雷"。同时在游戏区中间放置一张桌子，桌子中央放三个杯子，形成一个杯塔。底部的杯子正放，第二个杯子倒放，第三个杯子盛水放在第二个杯子上。

第二步，把团队成员分为两个10人的小组。每组设置一位"指挥员"，在"雷区"另一边指导同组其他组员跨越"雷区"。

第三步，每个小组除了"指挥员"外的其他组员必须蒙上眼睛，每次只能由一位组员通过"雷区"。

第四步，每个小组最后一名组员通过"雷区"后，要将小组的硬纸板放在杯塔上，如果杯塔不倒则视为完成任务。

第五步，踏中"地雷"的组员则被视为"死亡"，应退出游戏，并只能在旁边观看。

第六步，通过"雷区"的组员可以解下眼罩，参与指导其他组员。

第七步，在规定的时间内，小组成员通过"雷区"后"生还"者最多的即为获胜小组。

问题讨论：

1. 在游戏过程中，幸运组员是如何和蒙眼组员进行信息交流的？
2. 蒙眼组员在游戏中的感受如何？
3. 用什么办法来进行更有效的沟通？
4. 为什么在沟通时过多人七嘴八舌出主意反而会导致办事效率降低，而且容易造成混乱？

培训语录：

1. 同时有几个指令会让执行者茫然而无所适从，造成局面混乱。只有保持指令的清楚、明确才能提高执行者的行动效率。
2. 在团队沟通中，语言沟通是最方便、最直接、最重要的沟通方式，沟通的效果取决于表达、倾听和相互之间的理解。

四、深度思考

从创业者到职业领导者[①]

知道职业经理人和职业领导人的区别吗？王石和众多读者的"脑力激荡"擦出了星星"火花"，揭示了二者不同的素质要求。

（一）领导者与企业文化和制度

王石：企业的创始人往往具有鲜明的个性和强烈的个人魅力。由于他在企

---

① 资料来源于《从创业者到职业领导者》，世界经理人网站，网址：http://www.ceconline.com/leadership/ma/8800020335/01/。

业生存和发展中起着决定性的作用，因此经常是只要靠威信就能维持企业的正常运作。但是，作为职业领导者，必须意识到成熟企业强调的是企业文化和机制，而不是领导者个人，因此必须弱化个人的作用。尤其是对于现阶段的中国企业，这非常必要。我们可以看到，有的企业领导者本人就是企业制度的化身。但是要想更长远地发展，就必须建立和执行成熟的企业运行机制。在这方面，我认为领导者必须把握三个内容：一是企业理念，也就是企业文化；二是管理队伍，企业应该具备完善和稳定的管理队伍；三是企业制度，这不仅意味着建立一套完整的企业规章制度，更关键的是执行这些制度。

哲为（中正公司）：企业在不同时期需要不同类型的领导者，而这些领导者都各有特征。我们之所以崇拜创业型的企业家，是因为这类领导人的特征强烈而明显；成熟企业领导者的特征是缜密、警觉，他这些特征是运行于日常管理事务中的，不像创业型企业家那样壮怀激烈，而是显得平淡，但他们同样重要。

洪云：我觉得弱化领导者个人作用是一种很理想的情况。往往企业的创始人要成为职业领导者都会经过一个较为漫长的阶段，这个阶段中创始人对职业概念不会一开始就有清晰的意识，而是一个逐渐认识的过程。其间公司的许多管理制度、企业文化已经在潜移默化之中建立起来了，因此这些制度和企业文化必然带有领导者的个人色彩。

王石：是的。企业文化的核心一定体现了领导者的价值观。你所说的领导者个人色彩，也就是他的个人信念和价值观，肯定影响着企业文化的形成。

苏跃峰（苏竣丰药业）：领导者的个人色彩和企业文化的核心是相互关联，但并不是因果的关系。我认为，企业文化的核心不一定体现的是领导者的价值观，它体现的应该是企业所能向社会提供的价值和服务，这种价值和服务应该建立在所有企业人员的思想和行为基础之上，是能被企业人员接受或认定的东西。

哲为：人类创造了历史，也创造了文化，但留下来的都是强势者的文化。而在一个强调团队力量的时代，企业文化应该体现的是集体的意志和共识，当然也包括领导者，但不仅仅是领导者。

因此，一个企业的企业文化和制度体现的应该是该企业领导者的管理思维而不是价值观。因为，要构造怎样的企业文化和制度，都是围绕着"企业利润"这个目标。所谓好的企业文化和制度，不外是让员工自动自觉地不断地发掘自己的潜能，让企业"剥削"而心存感激，而员工也在这个"剥削"的过程中发展成长了自己。这是一个典型的"双赢"策略。所以一个有效的企业文化体现的应该是被激励者的价值观而不是领导者的价值观。

金林立（通用中国）：一个企业在其成长历程中要逐步建立自己的企业文化，并成为共同认可、共同遵守的价值体系。我们看到并认为，一个真正成熟的企业，其核心价值观应该是一致的：①不断满足并超越顾客的需求；②追求复杂竞争下的可持续发展；③为员工、企业、社会和股东创造价值；④置身全球市场。

在这种共同的核心价值观下，各企业根据自身的特点，其企业文化的理念与运作模式不尽相同。比如海尔"真诚到永远"，TCL（王牌）"为顾客创造值"，又比如美国通用公司追求"简单，速度，自信"等。

企业文化的主体是人。这里的人，既指企业内的人包括决策者，又指企业外的人，包括顾客和社会。一个成熟的企业，要注重企业文化的建设，其文化必须为顾客群（员工和外部顾客）所认可、接受，并推广。企业要持续发展，管理和经营模式不尽相同，但其核心价值追求是一致的。我们认为，作为领导者，核心的思想不能背离上述四条。就是说，领导者的价值观应与顾客群保持一致。所以，我认为，成熟的企业，就其文化而言，必须是共同的团体达成一致的价值取向，是企业的员工和企业面对的市场及顾客共同认可、接受并推广的观念和价值。而作为领导者，其重要责任之一就是引导企业文化的构建。

王石：其实我的意思和你们并不矛盾。你们说的都是领导者价值观的组成部分。但重要的是，正如金先生所说，领导者有责任引导企业文化核心的建立。而且，我所说的"企业文化核心体现了领导者的价值观"，指的是领导者价值观与企业价值观的一致。企业文化所体现的一定是领导者的原则和信念，并且这种原则和信念为大多数员工所了解和接受。恐怕没有一个领导者会大力推行自己都不相信其核心价值观的企业文化。

王宪平（小天鹅精密有限公司）：好的领导者应该是成功经营理念的缔造者。经营理念是一个企业的灵魂，是繁衍出优秀企业文化的母体，是数百年的国际著名企业长盛不衰、延续至今的根本所在。

佩因（L. S. Paine）教授：我认为企业文化就是指企业领导者行为所体现的价值观和信条，就是驱动企业的基本原则。也许有些人认为这太虚幻和捉摸不定，但文化的确实实在在地影响着企业经营活动的各个方面，无论是对市场、对员工，还是对变革创新等。

（二）职业经理人与职业领导者

邓庆安（通用电气塑料中国公司）：职业领导者和职业经理人在现代，其实已经无法明确地区分开来。因为无论是在哪一个层次上的职业经理人，都必须具备优秀的领导能力（Leadership）。这当中包括：①有能力为整个团队决定和指明清晰明了的方向和目标，并将此传递给团队的每一位成员，使他们领会了解。这里的团队可以指整个公司，也可以指某一小的部门。②能够发动和激励所有的团队成员，鼓励他们承担责任，包括在困难的情况下作出决定的责任。

③善于学习、接受和吸收新的观念和事物,对于任何新的事物和变化非常敏锐,有能力洞察新事物和新变化可能带来的影响。④永不满足现状,敢于迎接甚至发起挑战。

因此,职业经理人,无论其处在哪一个层次上,都是决策者。一个业务部门的经理,必须为本部门决定业务的发展方向和战略,一个职能部门的经理,也必须为本部门决定工作的方向和战略。当然他们的决策都必须和整个公司的方向和战略相一致,但决不意味着他们只是一个执行者。

其次,无论哪一层次的经理人,都必须敢于承担在困难的情况下作出决定的责任。公司的领导人也要鼓励他们承担这个责任。当然,一个职业经理人如果能够不断地培养自己的领导能力,获取更多的经验,经过磨炼,是可以成为职业领导者的。

王石:我认为,职业经理人与职业领导者是有区别的。一个优秀的职业经理人不一定能成为好的职业领导者。好的职业领导者首先必须是决策者。他决定的是企业的发展方向和发展战略,他必须作出决定,并有足够的心理承受力和责任感来承担责任。而一个优秀的职业经理人首先要是好的执行者,他只有在接受了足够的锻炼,拥有了领导者必备的眼光和素质后,才有可能成为优秀的职业领导者。

哲为:对于"领导者"与"经理人"这两个称谓,我个人认为,"领导者"是个"自然人",他的本色可以是多彩斑斓的,那是个人魅力,很吸引人;"经理人"是个"职位",他的本色是黑色,那就是权力,没有吸引力,但有威胁力。我同意"领导者"与"经理人"有区别,但不可以此分工。

在人力资源管理中,可根据人的能力将管理人才分为四个层次:决策、管理、执行和操作。我觉得一个好的经理人一定是一个好的领导者,而一个成功的良性运作的企业,一定是一个每位员工都是一个优秀的管理者、领导者的企业。

金林立:一个职业领导者,首先要有全局观。一方面不仅要意识到企业文化的建设并亲力亲为,还要意识到其他不可或缺的重要因素,如资源、市场、团体结构等,并正确决策;另一方面,在今天,全局观还表现为全球观,即立足全球市场考虑企业的发展。

海东(深圳某银行):职业领导者往往是一个富有人格魅力的角色,实际上也只有领导者才能散发出其独特的个人魅力。职业经理人囿于位置与角色的关系,其个人魅力常被掩盖或自我收敛,但这也是职业经理人应该做到的。

正面的职业领导者个人魅力具有非常强的影响力和传播性,是全公司凝聚力的核心。索尼(SONY)公司的董事长提出的"再创辉煌"和"数码梦想"即成为公司的目标和发展方向。

（三）接班人的培养

王石：我认为，弱化个人作用也表现在接班人的培养上。这种培养不应该靠领导者本身的魅力，而是，一要靠他们的身体力行，二要靠公司系统的培训，三要靠成熟而完善的企业制度，这种制度既包括职业经理的制度，也包括能力考核制度。

洪云：从企业内培养接班人是一个不短的过程，特别是对企业文化色彩较为浓厚的企业，浓厚的企业文化的主流与支流都有着各自的感情和价值取向，并共存于企业中，没有外力的推动是很难有所创新的。

邓庆安：取得外力的推动有两种方法：①企业本身致力于成为学习型的企业。从企业内部相互取长补短，从自己的竞争对手处学习，也从其他行业中领先的企业中学习。所谓"他山之石，可以攻玉"。②企业领导人的选用，不应只局限于内部，同样可以从外部去挖掘人才，将新观念、新思维带入企业。前段时间较轰动的前微软中国公司总裁吴士宏加入TCL便是一例。很希望国内的公司也能够更多地引入在外企的人员，可以促进企业内部的人才竞争。

哲为：对于接班人的培养，王石先生认为要靠制度而不是领导者，对此，我个人有这么一个看法：我觉得人的培养还是要靠领导。对于一个企业，人才的培养不外两个问题：一个是发现"材料"，因材施教；另外一个就是放到合适的位置。人才身上的很多才能并不是靠制度可以挖掘出来的，这一切都是要领导者花心思去做的。

人才的培养是一个双向互动的过程。一方面领导发现人才，培养人才；另一方面人才也在选择领导，接受培养，配合培养。这个时候，领导者的个人魅力就体现了无可替代的作用。因为领导者的一个功能就是榜样的作用，只有接受了这个领导，才有可能接受他的影响、他的训导。

金林立：我认为，接班人的培养不仅仅靠制度。其实这个问题体现了企业的人力资源管理的思路与观念。而人力资源管理恰恰可能是国内企业包括一些知名大公司普遍存在的薄弱所在之一。

国内企业，大多停留在"相马"阶段，前进一步的是"赛马不相马"，都有局限性。我很认同海尔所提的"人人是人才"，"有多大的能耐就搭多大的舞台"。但我希望能更进一步，即要"赛马"，也要"相马"，还要"养马"，若有可能，应该允许"借马"。①要建立公正、健康和积极的机制让人才脱颖而出。这种机制绝不是单一的，即"赛马"的标准要适合企业多样化人才的需要，就如同马，有的短距离速度快，有的长距离耐力好，不能只是一个人才模式。②也要一定程度地"相马"。这里的"相"，绝不是过去那种上级的喜恶，而是要关注员工的先天性因素或基本素质等。③关于"养马"，就是要"量体裁衣，因材施教",要持续地给不同的员工以不同的、适合企业和员工共同需要的培养。而培养要有明确的目标。不能"又要马儿不吃草,又要马儿跑得好"。这方面恰好是国内企业典型的不足。④所谓借马,就是要"引智"。我们可喜地看到,李汉生"空降"方正,吴士宏加盟 TCL,这表明有些国内企业已有了观念变革。

  一个企业可能拥有的最大资源就是人力资源。一个现代企业在人力资源管理上要舍得投入,否则会有潜在的危机。我很赞同王先生讲的"必须弱化个人作用",但我希望接班人的确定,应与人力资源管理一起作为系统工程对待,体现在其培养上,不仅仅依靠制度——因为制度往往是个框框,会某种程度上束缚人的思维——还要培养接班人超越制度的创新与扬弃精神。在这一点上,美国通用公司极其强调变革,是非常值得国内企业学习的。

第三章 创业机会与创业风险

学习目标

通过本章知识点的学习，了解识别创业机会的影响因素、战略与商业模式之间的关系；通过案例思考与分析，理解创业机会的来源、创业机会的识别、创业风险规避和防范的方法、开发商业模式的关键影响因素；通过创业实训掌握创业机会分析与评价的方法、掌握沟通与合作的技巧；通过深度思考理解创意经济的本质，掌握商业模式设计和开发的思路。

一、本章知识点

（一）创业机会识别

1. 机会的来源与类型

从产品市场角度来看，机会来源主要有：
（1）新技术的发明所带来的新产品及新的信息。
（2）信息不对称导致的市场低效率。
（3）政治因素、规章制度的变动带来的相关资源使用上的成本收益的变动。

按照机会的来源和发展程度划分，机会可以分为以下四种类型：
（1）市场需求未识别且资源和能力不确定（问题及其解决方法都未知）。

(2) 市场需求已识别但资源和能力不确定（问题已知，但其解决方法仍未知）。

(3) 市场需求未识别但资源和能力已确定（问题未知，但可获得解决方法）。

(4) 市场需求已识别且资源和能力已确定（问题及其解决方法都已知）。

2. 创业机会的特征与类型

创业机会的一般特征包括潜在的营利性、创业机会需要具体的商业行为来实现、创业机会的潜在价值能够不断开发和提升。其核心特征表现为具有商业价值的创意。有商业价值的创意有两个特性：有用性及可行性。

创业机会的类型可以从市场和产品（服务）两个层面划分为多种类型。市场层面的创业机会可以分为面向现有市场的创业机会、面向空白市场的创业机会和面向全新市场的创业机会。产品（服务）层面的创业机会具体分为提供现有产品的创业机会、提供改进产品的创业机会和提供全新产品的创业机会。

3. 创业机会的来源

技术变革、政府政策变化、社会和人口因素的变化、市场需求变革是构成创业机会的主要来源。

4. 影响机会识别的关键因素

成功创业者识别机会取决于创业者的四类关键因素：一是实践与创业经验，二是创业者的个人素质，三是社会关系网络，四是创造性。

5. 识别创业机会的一般过程

创业机会的识别分为五大步骤：

第一步，判断新产品或服务将如何为购买者创造价值及使用新产品或服务的潜在障碍。

第二步，分析产品在目标市场投放的技术风险、财务风险并进行机会之窗分析。

第三步，在产品的制造过程中是否能保证足够的生产批量和可以接受的产品质量。

第四步，估算新产品项目的初始投资额、使用何种融资渠道。

第五步，在更大范围内考虑风险程度以及如何控制和管理那些风险因素。

这一过程可以概括成三个阶段：

第一阶段，机会的搜寻。

第二阶段，机会的识别。

第三阶段，机会的评价。

6. 识别创业机会的行为技巧

如果想知道掌握机会的简便方法，可以考虑从"低科技"中搜寻机会，在大企业无暇顾及的缝隙中寻找机会，在变化中抓住机会，追求"负面"就会找到机会，整合资源创造机会。

（二）创业机会评价

1. 有价值创业机会的基本特征

价值性、可行性、时效性以及创业者能够获得利用机会所需的关键资源是有价值创业机会的基本特征。

2. 个人与创业机会的匹配

与创业机会相匹配的个体必须具备两个条件：一是个体拥有识别创业机会的先前信息，二是个体必须具有创业警觉性和卓越的模糊容忍能力。从识别创业机会到成为一个创业者可以通过利用自己的兴趣、爱好进行创业或者是利用自己的特长进行创业。

3. 创业机会评价的特殊性

超前性与预见性、综合性和系统性、持续性和动态性。

4. 创业机会评价的技巧和策略

在选择创业机会的过程中，须考虑机会的大小、需要多少投资、回报多少以及风险大小。

（三）创业风险识别

创业风险是指创业行为给创业者带来某种经济损失的可能性。

1. 机会风险的分类

按照风险的来源，机会风险可以划分为系统风险和非系统风险。

创业的系统风险是指由于创业外部环境的不确定性引发的风险，是创业者和企业无法控制或无力排除的风险，因而又可称为客观风险。

创业的非系统风险是指非外部因素引发的风险，即指与创业者、创业投资和创业企业有关的不确定性因素引发的风险。

2. 机会风险的防范途径

在系统风险的防范中，商品市场风险的防范一般应从以下三个方面进行：①推出的产品能否被消费者接受；②创业产品与服务的前瞻性；③确定创业产品未来的市场竞争力。

资本市场风险表现为：①资本市场体系脆弱，监管松弛；②虚拟资本过度增长与相关交易持续膨胀；③电子化、网络化运用不当带来的交易系统问题；④某些市场主体的违规操作或失误导致对整个市场的冲击。政治、法律、社会风险是由于国家政治的稳定性，社会政策的连贯性等产生的风险。宏观经济风险是因国家宏观经济状况、产业政策、利率变动以及汇率的稳定性等因素所带来的风险。

在非系统风险的防范中,技术风险的防范通常从以下四个方面进行:①技术成熟度;②技术适用性;③技术配套性;④技术生命周期。

生产风险是特指在生产企业创业过程中,由于生产环节的有关因素及其变化的不确定性而导致创业失败或利润受损的可能性。财务风险的防范主要从两个方面进行:①资产负债状况;②企业收益状况。管理风险的防范主要从三个方面进行:①创业者综合素质和经验;②决策的科学化;③管理机制的成熟度。人员风险的防范主要从三个方面进行:①流动性风险;②契约风险;③道德风险。

3. 创业者风险承担能力的估计

创业者的风险承担能力受以下几方面能力的影响:创新能力,学习能力,把握机会的能力,承担风险的能力,领导、组织与激励能力,计划与决策能力,交际和沟通能力。

4. 基于风险估计的创业收益预测

估计了各项风险因素的发生概率和可能造成的损失之后,即需要测算特定创业机会的风险收益,依此判断是否值得冒险创业。通常,只有风险收益达到足够的程度,创业者才值得冒险去利用某个创业机会。一般而论,可按以下关系式测算特定机会的风险收益:

$$FR = \frac{(M_t + M_b) \cdot B \cdot P_s \cdot P_m}{C_d + J_d} \cdot S$$

其中,FR 代表特定机会的风险收益指数;M_t 代表特定机会的技术及市场优势指数;M_b 代表创业者的策略优势指数;B 代表特定机会持续期内的预期收益;P_s 代表技术成功概率;P_m 代表市场成功概率;S 代表创业团队优势指数;C_d 代表利用特定机会创业的有形资产投资总额;J_d 代表利用特定机会创业的无形资产投资总额。需要注意的是,当且仅当 $FR \geq R$(创业者的期望值)时,创业者才值得冒风险去利用特定的创业机会。

进行前述分析后,创业者需要提前准备风险管理预案。这类预案要应对的重点,一是预期发生概率较大的风险因素及可能发生的问题;二是虽然预期发生概率不大,但如果发生,将会造成较大损失的风险因素及可能发生的问题;三是可能发生的团队风险。

(四)商业模式开发

1. 商业模式的定义和本质

商业模式是指企业整合资源和能力,进行战略规划,以充分开发创业机会,并且实现利润目标的内在逻辑。①商业模式是市场特征和产品特征的特定组合；②商业模式是创业团队和创业资源的有效整合；③经营战略是商业模式的重要构成成分。

商业模式的本质是企业创造价值的核心逻辑。商业模式本质上是若干因素构成的一组盈利逻辑关系的链条，商业模式的本质主要表现在层层递进的三个方面：①价值发现，明确价值创造的来源，这是对机会识别的延伸；②价值匹配，明确合作伙伴，实现价值创造；③价值获取，制定竞争策略，占有创新价值。

2. 商业模式和商业战略的关系

（1）商业模式是商业战略生成的基础。

（2）商业战略是在商业模式基础上的行为选择。

3. 商业模式因果关系链条的分解

商业模式设计过程是企业的一系列价值活动过程，是从价值主张到价值实现的过程。价值主张是互联网商业模式设计的起点，价值实现是互联网商业模式设计的终点。

基于价值的商业模式设计要素描述：

（1）价值主张。

（2）价值网络。

（3）价值实现。

基于标准化框架分解研究法商业模式设计要素描述：

从本质上讲，一个表达清楚、确切的商业模式需要从这样六个关键链条上进行刻画：价值主张、消费者、内在流程和能力、竞争战略、企业如何盈利、企业成长及时间目标。这些目标可以演化为六个需要解决的更为具体的问题：

（1）企业如何创造价值？

（2）企业为谁创造价值？

（3）企业的内部资源优势是什么？

（4）企业如何进行自身差异化？

（5）企业如何盈利？

（6）企业的时机、范围和远景目标是什么？

4. 设计商业模式的思路和方法

商业模式设计是创业机会开发环节的一个不断试错、修正和反复的过程。

企业绩效是商业模式选择与企业如何有效运用该模式的函数。企业拥有一个表达清晰的商业模式很重要：一是商业模式可作为可行性分析研究的延伸（商业模式会不断提出"该业务是否有意义"的问题）；二是商业模式使人们的注意力集中于企业要素如何匹配以及如何构成企业整体上；三是商业模式解释了使商业创意具有可行性的参与者群体为何愿意合作的原因；四是商业模式向所有的利益相关者（包括员工）阐明了企业的核心逻辑。

（1）通过分析和优化价值链来识别机会，构建相应的商业模式

创业者可以通过审视一个产品或服务的价值来查明价值链的哪个阶段能够以更有效的方式实现，或者发现价值链的哪个阶段能够以更有意义的方式增加"价值"。这种分析可以集中于：一是价值链的某项活动（如营销），二是价值链某个部分和其他部分的结合处（如运营和外部后勤之间），三是某项辅助活动（如人力资源管理）。如果一个产品的价值链（如电脑）可以在某一领域内得到强化，它就可能代表着创建一家新企业的机会。

（2）商业模式反思

一旦商业模式得以清晰确定，创业者应该将它诉诸文字，认真反思检查，提出并思考以下问题：

第一，我的商业模式是否有意义？

第二，我需要的商业伙伴是否愿意参与进来？

第三，如果合作伙伴愿意参与，如何激励他们？我们的利益相互一致，还是相互背离？

第四，顾客的情况如何？他们是否愿意花时间和本企业做生意？

第五，如果顾客愿意购买产品，如何激励他们？

第六，我是否能激发足够数量的伙伴和顾客，以便补偿一般管理费用并能获利？

第七，业务独特性如何？如果本企业获得成功，大量竞争者是否很容易跟进和模仿？

如果上述每个问题的回答都不能令人满意，则该商业模式就应当修改或被放弃。只有在购买者、销售者以及合作伙伴都将它视为一种经营产品或服务的合理方法时，一个商业模式才具有生命力。

商业模式设计是分解企业价值链条和价值要素的过程，涉及要素的新组合关系或新要素的增加。

有效的商业模式必须包括四个关键要素：核心战略、战略资源、顾客界面和价值网络。只有充分掌握这些要素的重点以及彼此间的整合和搭配关系，才能设计出独特的商业模式。图3.1是新企业商业模式的设计框架，其内涵包括四个要素和三个界面。

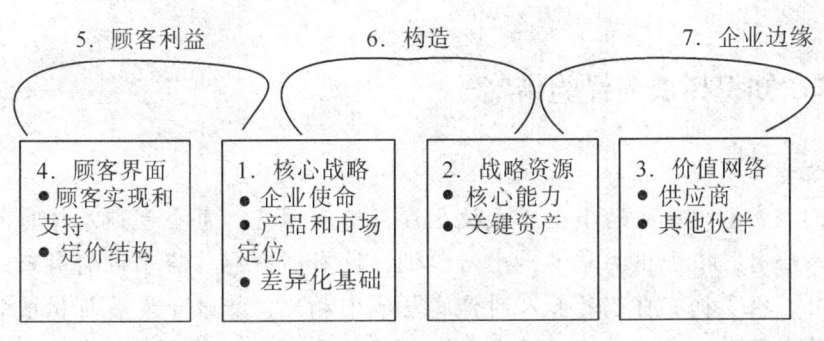

```
  5. 顾客利益        6. 构造          7. 企业边缘

┌──────────┐  ┌──────────┐  ┌──────────┐  ┌──────────┐
│ 4. 顾客界面 │  │ 1. 核心战略 │  │ 2. 战略资源 │  │ 3. 价值网络 │
│ ● 顾客实现和│  │ ● 企业使命  │  │ ● 核心能力  │  │ ● 供应商   │
│   支持    │  │ ● 产品和市场│  │ ● 关键资产  │  │ ● 其他伙伴  │
│ ● 定价结构 │  │   定位    │  │          │  │          │
│          │  │ ● 差异化基础│  │          │  │          │
└──────────┘  └──────────┘  └──────────┘  └──────────┘
```

图 3.1　商业模式的设计框架图

核心战略：商业模式设计需要考虑的第一个要素是核心战略，它描述了企业如何与竞争对手进行竞争，主要包括企业使命、产品和市场定位、差异化基础等基本要素。

战略资源：企业目标的实现需要战略资源做后盾，战略资源对创业机会、创业能力以及服务于顾客的独特方式都存在很大约束。因此，商业模式必须展示企业的核心能力和关键资产的特征。

价值网络：企业一般不具备执行所有任务所需的资源，因此要与其他合作伙伴一起才能完成整个供应链中的各项活动，对于新企业尤其如此。

顾客界面：新企业针对特定的目标市场，构建友好的顾客界面是影响商业模式效果的重要因素。顾客界面是指企业如何适当地与顾客相互作用，以提供良好的顾客服务和支持，主要涉及销售实现和支持与定价结构两方面。

顾客利益：顾客利益是连接核心战略与顾客界面的桥梁，代表着企业的战略实际能够为顾客创造的利益。企业的核心战略要充分显示为顾客服务的意图。

构造：构造是连接核心战略与战略资源的界面要素，主要指二者间的有效搭配关系。

企业边缘：企业边缘是连接企业战略资源与伙伴网络的界面，其内涵在于企业要根据所掌控的核心能力和关键资源来确定自身在整个价值链中的角色。

5. 商业模式创新的逻辑与方法

成功商业模式的创新是商业模式与企业核心竞争优势相互耦合的过程，以客户价值主张为商业模式研究的基础；以"产业链系统（下游供应链、企业内部运营价值链、上游分销链、客户链）、其他相关利益者链（企业治理结构关系、社会公共关系、企业宏观环境，即一组国家政治、经济、技术等环境系统）以及竞争链系统"组成的生态链系统作为商业模式创新的决策支撑；以强势企业文化构建作为商业模式创新执行的支持；产品与市场的创造作为成功商业模式的成果输出。

商业模式创新就是对企业基本经营方法进行变革。一般而言，有四种方法：改变收入模式、改变企业模式、改变产业模式和改变技术模式。

本章知识拓展与经验借鉴[①]

思路要大气

我们经常看到传统的小企业主被生意束缚和困扰。每个星期工作时间长达七八十个小时，很少出去旅游，生活单调，没有新鲜感。除了他们用来经营的不动产外，很少拥有自己的私人财产。与他们相比，着眼于发展与积累财富的创业者最大区别就是后者思路更大气。如果你要创建一家公司，就要准备好为此而奔波一生。所以，你就应该想着建立一个大公司。这样至少你可以辛苦而富有，而不单单只有辛苦。

仔细考察商机

从思路转变为高潜力商机的过程是难以捉摸、自相矛盾和危险的，是一个复杂、微妙、因事而异（时间、市场空间、投资者的其他选择等）的过程。

思路与商机的关系

好的思路只不过是创业者手中的一项工具，找到一个好的思路只是将创业者的创造力转变为商机的艰辛历程中的第一步。思路的重要性经常被高估。

缺乏思路，一个人就无法创建成功的企业。就这方面而言，经验在审视新企业思路时显得至关重要。我们经常看到，有经验的创业者常常在模式和商机还在形成的过程中，就表现出了快速识别它们的能力。要识别出那些可以变成创业商机的思路，必须具有别人发现不了的东西的能力。

创造性思维在识别商机的过程中是很有价值的，在创业的其他方面也是如此，创造力是可以学习，可以提高的。研究显示，创造力在一个人小学一年级的时候达到顶峰，因为在这以后，人的生活逐渐被其他人和其他制度变得格式化。而且，学校的教育比孩提时代更加强调学科的发展和精确思考的重要性，强调推理、思考的逻辑和理性模式。最后，社会压力趋向于对创造力施加压力，使得它平淡无奇。通过培训，可以解放思维，产生丰富形象力的解决方案。

商机的存在和创造是实时的，还有所谓的商机之窗。对于要抓住商机的创业者而言，这扇窗必须是打开的，而且必须打开足够长的时间来实现必需的市场回报。

在潜在商机出现的时候，识别它的能力，以及在窗户打开时而不是在猛然关上时抓住商机的时机把握，是极为关键的。

成功的商机一旦被识别，它就必须与创建新企业的其他力量相匹配，这一点很重要。对创建新企业的重要驱动力量间匹配程度的评价与再评价是一个反

[①] 李文忠. 创业管理 案例分析·经验借鉴·自我评估 [M]. 北京：化学工业出版社，2011.

复的过程。在谈到商机的识别时，比较重要的是领导人以及团队与商机的匹配程度。

多年来，那些在商业和特定的市场领域具有丰富经验的人开发了一套筛选商机的方法。风险投资家、精明老练的创业者和投资者也在筛选创业的过程中使用这套评价方法。

能否快速、高效筛选优秀的创业思路是一项很重要的技能，这项技能有利于减少时间和精力的浪费。同时，通过练习，可以客观认识现实状况、薄弱点和优势。

需要投入一些彻底的研究，将思路塑造成商机。有关市场特征、竞争者等的可获数据常常反过来与一个真正的商机的潜力相联系。也就是说，如果市场数据已经可以获得，并且这些数据清楚地显示出巨大的潜力，大量的竞争者就会进入该市场，该市场的商机随之减少。但是，另外一个方面来讲，大多数数据都是不完整的、不准确的、自相矛盾的，它们的含义很模糊，对于创业者来说，收集必要的信息，发现可能性，将别人看来仅仅是一片混乱的事物联系起来，是非常重要的。

增强机会识别的实践技能

提高识别有潜在价值机会的能力，可以通过增强机会识别的实践技能来达到，其中比较重要的一些措施如下：

（1）构建广博的知识基础。识别机会的能力如同创造力一样，在很大程度上依赖于管理中拥有的信息量。拥有的信息越多，就越有可能先于别人识别有潜在价值的机会。无论何时，学习、学习、再学习是机会识别能力的重要基础。

（2）将知识组织起来。组织起来的知识比没有组织起来的知识更有用。这就是说，当获得了新知识，应该积极地去寻找与之相关的原有知识。这样新旧知识的联系就清晰地成为焦点。以这种方式联系和组织的信息比那些没有组织的信息要更易记忆和利用。

（3）拓宽获取信息的渠道。一般情况下，接受的与潜在机会相关的信息越多，就越有可能在机会刚刚出现时就发现它们。这可以通过从事"前沿"的工作（例如研发和市场营销工作），或构建一个巨大的社交网络，或者通过拥有丰富多样的工作和生活经历，来获取信息渠道。

（4）在已有知识中创造联系。知识结构的内在联系越多，其中的信息就越容易结合起来发展出新模式。将存储在记忆中的信息同其他认知系统建立联系是有用的策略。建立这种联系的一种方法是被称为深度处理的方法——积极思考信息及相互间的联系，它能提高识别未来机会的能力。

（5）训练实践智能。创业者有时被人批评为"梦想家"——想得太多而脱离现实的人。事实恰恰相反，他们通常都是实践智能很高的人，具有解决日常生活中各种问题的能力。提高实践智能比较好的办法就是，不要接受按思维定式想出的问题解决方案。这样会使实践智能得到提高，进而提高识别机会的能力。

（6）要同盲目乐观和偏见做斗争。即创业者不仅要关注真正存在的机会带来的潜在收益，也要关注追求虚假机会所带来的毁灭性代价。

优秀企业的三项锁定标准

判断怎样的思路才是真正的商机，优秀的企业有三项锁定标准。

（1）它们为客户或最终用户创造或增加了价值。

（2）它们能够做到这一点的原因是它们能够解决一项重大问题，或者满足了某项重大需求或愿望，因此，有人愿意高价购买。

（3）它们有需求旺盛的市场和丰厚的利润，还具有容易赚钱的特点：规模大；成长速度快；毛利润高；较早实现充足的自由现金流；盈利的潜力高以及为投资者提供切实可行又具有吸引力的回报。

二、教学案例

案例一　洋洋母婴　缔造中国孕婴服务第一家[①]

销售母婴用品　争夺零售市场一杯羹

2003年5月，许鼓与几个股东合伙，在深圳开了一家1 000多平方米的店——洋洋母婴，就在北京大学深圳医院（深圳最大的医院）旁边。业务模式以店内销售和直接配送为主，附带亲子模式和母婴保健咨询。销售的商品均来自各个知名的生产厂家，汇集了几百类9 000多种商品，各个档次的商品都有。大手笔的投资、强势的介入使其店铺成了深圳最大的母婴用品订购、配送网络。

第一个月持平，第二个月开始盈利，第三个月销售额开始上升……喜人的销售势头本该让许鼓欢欣雀跃，但随着对顾客需求的深入了解，他对增长的数字越来越失去了兴趣，他看到了别人还没看到的问题——服务！专门针对母婴的服务！

看透市场不缺商品缺服务　果断转型孕婴服务

百货专柜、母婴店、保健品营销都有自己很完善的销售渠道，而且消费者也都习惯了商场消费。自己的配送体系大部分商品价格竞争不过大卖场，即便

[①] 钱志新．新商业模式 百佳案例点评［M］．南京：南京大学出版社，2009．

稍微便宜，消费者对少一二元钱也不买账。虽然自己要创立的是市场缺乏的母婴用品零售品牌，但毕竟没有摆脱销售圈子。在母婴市场上，绝大部分商家都是在卖东西，很少把母婴服务当作一门系统的生意在做。而市场缺少的恰恰是对孕婴扎扎实实的生活指导和帮助。

孕婴服务——朝阳产业里尚未被开发的宝藏！有了这个发现，许鼓兴奋不已。他果断决定：砍掉现有的业务模式，放弃已经唾手可得的利润，向母婴一条龙服务商转型。处理全部商品，向裁减的百名员工赔偿一个月工资，卖掉几十台仅用了七个月的配送车……彻底的大转型可谓伤筋动骨，使公司损失了上百万元。但许鼓坚信：有所得必须有所失，眼下失去的会换来明天更辉煌的业绩！

为了强化转型，突出服务核心，许鼓增添的第一个内容就是婴儿游泳。这是典型的服务，因为妈妈们办了卡后，没有有形的商品可以拿走，而是使宝宝们获得了洋洋母婴的专业游泳服务。婴儿游泳主要是指12个月内的婴儿在安全保护措施下，由经过专门培训的人员操作和看护而进行的一项特定的、阶段性的水中早期健康保健活动。新生儿参加游泳训练，有益于提高协调能力，促进骨骼和肌肉以及心、脑、肺的发育。婴儿游泳的益处被越来越多的年轻家长接受。由于婴儿游泳对水温、室温、时间长短等条件要求严格，为保证宝宝的安全，洋洋婴儿游泳健身馆在各个环节严格把关，并且要求每个婴儿游泳时，必须有一位家长和一名服务人员同时看护。专业、安全，使洋洋母婴的婴儿游泳项目大受欢迎。

专业一条龙服务　成就孕婴服务第一品牌

婴儿游泳服务旗开得胜，许鼓信心十足，陆续增加了其他覆盖孕婴生活各方面的服务模块，并在各个模块中着重创造独特的竞争优势。例如，专项检测与测评、妈妈安全卫士系列服务模块、好妈妈MBA（Mother's Best Assistant）学堂等。

传统服务模块陆续走上正轨后，许鼓又思考着更深远的问题——与时俱进，借助现代商业元素促进洋洋母婴的飞跃。他紧锣密鼓地落实无线（远程）资讯服务、手机短信或电子邮件每日指导，吸引潜在客户。无线资讯传播及网络的运用，使更大范围的人群能接受到洋洋母婴的专业生活服务及指导，突破地域束缚，满足了不具备雄厚实力，缺乏专家、实验室、设备等条件的各地分店需求，将洋洋母婴的服务体系拓展得更深远。

与以前从事的大宗货物贸易相比，许鼓坦言："做专业的一条龙母婴服务很辛苦，研发任务太多而且繁重，人才又没有现成的……不过从另一个角度想，这又是一件好事儿，繁琐的母婴服务行业大财团也很难进入，不是随便投钱就可以解决的问题。"如今，洋洋母婴十个模块、数十个类别、上百项具体服务涵盖孕前、孕中、分娩期间、宝宝0~12个月、宝宝12~36个月的几年间，满足特定人群在特殊阶段实实在在的生活需求。"特别的爱给特别的你"使洋洋母婴在孕婴服务市场声名鹊起，成为国内孕婴服务第一品牌。到2006年，洋洋母婴已在深圳、上海、宁波、武汉、成都开设旗舰店或迷你店近十家。

【分析与点评】

随着中国婴儿潮一代陆续进入结婚期、生育期、储蓄期、消费期和社会经济的发展，2000年以来，中国母婴市场的发展异常迅速，给创业者创造了非常好的进入时机。希望自己的孩子可以健康快乐地成长是每个父母的心愿，而中国市场缺乏的正是母婴服务，这就是洋洋母婴用品公司成立的大背景。从销售母婴用品转型孕婴服务——提供专业一条龙服务，洋洋母婴用品公司可谓是对母婴市场的认识越来越深入、透彻，对自身的发展模式也越来越清晰，是一家极具创新力的服务型企业。洋洋母婴从卖产品转为卖服务，抓住了经营的本质：产品只是个平台，服务才是利润的增长点。仅仅提供单项服务还是有限的，为客户提供整体解决方案才是有力的出击。洋洋母婴从成立以来就一直紧跟客户的需求而变，甚至超前客户需求一步，引领客户接受他们的服务，刺激客户消费的欲望。洋洋母婴以其优质专业的服务赢得了客户的信任，成为国内孕婴服务第一品牌。

【创业宝典】

随时留意身边有没有生意可做，才会抓住时机把握升浪起点。着手越快越好。遇到不寻常的事发生时立即想到赚钱，这是生意人应该具备的素质。

——李嘉诚

案例二　豪情激起创业梦[①]

张朝阳于1964年出生于陕西省西安市，1986年毕业于清华大学物理系，同年考取李政道奖学金赴美留学，于1993年年底在美国麻省理工学院（Massachusetts Institute of Technology, MIT）获得博士学位，1994年任MIT亚太地区（中

---

① 郑炳章. 创业研究 创业机会的发现、识别与评价 [M]. 北京：北京理工大学出版社, 2009.

国)联络负责人,1995年年底回国任美国爱思爱高科技有限公司(Images Solutions, Inc., ISI)驻中国首席代表。1996年他创建了爱特信公司,1998年2月25日,爱特信正式推出搜狐产品,并更名为搜狐公司,2000年7月12日,搜狐公司在美国纳斯达克(NASDAQ)成功挂牌上市(NASDAQ:SOHU)。1998年10月,张朝阳被美国《时代周刊》评为"全球50位数字英雄"之一,1999—2001年,张朝阳被《中国青年报》连续三年评为"年度IT(信息科技和产业)十大风云人物"之一,1999年7月被《亚洲周刊》选为封面人物,2001年5月7日,被《财富》杂志评选为全球二十五位企业新星之一,同年,被世界经济论坛评为全球"明日领袖"之一。2005年1月5日,搜狐公司举办的"2005·中国新视角"高峰论坛在北京隆重召开。论坛探讨了2005年中国社会和经济在国际化、未来发展和转型期间的诸多问题。搜狐董事局主席兼首席执行官(Chief Executive Officer,CEO)张朝阳发表了精彩的演讲。

1995年7月,张朝阳突然有了回国创业的强烈念头,美国随处可见的"硅谷"式创业更是激起了他的热情。他清楚地认识到互联网经济极为惊人的商业和社会价值,于是下定了创业的决心。当他看到互联网(Internet)的机遇时,感觉到应该是创业的时候了。张朝阳联系到了ISI公司,想做中国在线(China-Online),用Internet收集和发布中国经济信息,为在美国的中国人或者对中国感兴趣的人服务。ISI总裁当时和张朝阳的想法相近,两人一拍即合,于是融资100万美元。张朝阳1995年年底以ISI公司驻中国首席代表身份,开始用Internet在中国收集和发布经济信息,为华尔街服务。

在ISI的经历,张朝阳觉得中国Internet的市场潜力巨大。1997年1月初,爱特信(ITC)网站正式开通,可是到了年底,第一次融资得来的钱所剩无几,快到了连工资都开不出来的地步。迫不得已,张朝阳向他的投资人发出了紧急求救,三位投资者再次为张朝阳提供了10万美元的"桥式"贷款。1998年2月,张朝阳正式推出了第一家全中文的网上搜索引擎——搜狐。1998年3月,张朝阳获得英特尔(Intel)等两家公司210万美元的投资,他的事业开始蒸蒸日上,1998年9月,搜狐上海分公司成立,1999年6月组建搜狐广州分公司。2000年搜狐在美国纳斯达克(NASDAQ)成功上市,并购了中国最大的年轻人社区网站"中国人"(ChinaRen),网络社区的规模性发展给门户加入了新的内涵,使之成为中国最大的门户网站,奠定了业务迅速走上规模化的基础。

张朝阳不失时机地进行了一连串大手笔的动作,让搜狐出现在更多的地方。他及时判断出短信对互联网的巨大利益,并且尝试着把它作为一个能与互联网紧密结合的产业来运作。2001年耗资百万成就"搜狐手机时尚之旅",张朝阳亲自出现在首席形象代言人的位置上,这在风风雨雨的互联网世界,确实收到了空前的效果,树立了搜狐人的信心。2003年春夏之交,搜狐再次给网络界带来一次惊喜：搜狐登山队攀登珠穆朗玛。在互联网正全面复苏的时候，在非典型肺炎（SARS）肆虐人类的时候，他想证明搜狐的勇气，并宣告搜狐的理想。

2002年7月17日，搜狐率先打破中国互联网的僵局，实现盈利。在面临新浪和网易的竞争、选择搜狐的盈利方式时，张朝阳每天工作八九个小时，周末休息。有时候周末有各种活动，也是跟公司相关的。2003年，搜狐捷报频传，2月25日搜狐推出韩国游戏《骑士》进军网络游戏；在2003年上市公司中国科技人物财富排行榜上张朝阳仅次于丁磊屈居亚军；在胡润制造的2003年中国IT富豪五十强中张朝阳亦名列三甲。

2001年三四月间，搜狐股票率先跌破一美元。那时没人再看好搜狐，媒体和个别网站对搜狐和张朝阳的质疑像子弹一样打在搜狐的脸上，因为一美元的搜狐有要被NASDAQ摘牌的危险。张朝阳说："我还可以用公司的现金回购股票，或者两股并一股、三股并一股。"

不论张朝阳有什么妙计来解困，当时的形势的确非常严峻。张朝阳自己也正是在这种困境下锤炼了自己。张朝阳现在坦然地承认，有一段时间，搜狐的产品其实是愧对大众的。1999—2001年，中国的互联网市场进入高潮时，搜狐这个老牌子其实在原地踏步。用张朝阳自己的话讲，那是一段长征。没有队伍，管理就张朝阳一个人强撑着，董事会也出现了问题。张朝阳描述自己当时的境况是，30%精力应付董事会，40%精力应付媒体，只有另外30%精力用在产品上。张朝阳在极为艰难的处境下，大搞品牌经营，保持了搜狐表面上的风光，使搜狐得以发出持续的声音。2001—2004年，张朝阳号称用"中医的方式"调整好了搜狐的严重问题，一直发展到目前的最佳状态。

张朝阳把自己走出困境并持续快速发展的原因，归结为自己和搜狐公司所具有的较强的反思能力。正是这种反思能力，使张朝阳在初期的失败中很快发现自己的队伍从董事会到管理层都存在"太洋"的毛病。在品牌营销颇有些成绩的状况下，他们检讨自己长于营销，短于产品的毛病。这种痛彻的反思，用张朝阳的话说，就是"跳出自己成长的经历，变成一个全才"。每个人都有自己特殊的成长经历，这必然导致认识上的偏颇，只有不断调整自己，不断用第三只眼睛看自己，对一切都心存敬畏，诚惶诚恐，才能跨越自己的人格障碍，达到宠辱不惊，从而举重若轻。张朝阳告诉记者，在表面的张扬之下，他其实非常谨慎、务实，他并不相信市面上任何主流的说法，只盯着自己的脚下，小心地试探着、实践着、分析着。

【分析与点评】

一、创业者对创业机会识别的作用

（一）警觉性

当中国市场对互联网的概念还是很模糊的时候，张朝阳已经意识到了互联网将是一个全新的理念，它将改变人们的生活方式和工作方式。

张朝阳对机会的警觉还体现在他对互联网理念全新的理解上。首先他告诉人们网络是不能收费的。当时还没有网站，上一个数据库都要收费。现在所有网站都是免费的。其次是推广风险投资的概念，并且用搜狐这个实际的成功的例子来说明它。此前国内也有一些风险投资引进，但搜狐的方式比较正规，而且也很成功，使风险投资的概念深入人心。另外在做网站的方式上，搜狐一开始就把网站当一个品牌来做，而且在理论上、哲学上都给中国网络发展带来了"注意力经济"的概念。同时在如何构筑一个新兴企业的文化、创立新兴公司的管理方法等方面也给中国的互联网提供了宝贵经验。另外，以张朝阳为代表的成功的创业者，给中国的年轻人树立了一种创业致富的新新人类的形象，这在一定时期内会有很大影响。这个意义上，张朝阳是一代青年人的楷模，是个英雄。

（二）个人特质

在张朝阳的成长经历中，1986年是一个分水岭，他考上李政道奖学金，赴美国麻省理工学院学习。张朝阳从小就不安分，爱幻想，不甘落后，对很多东西感兴趣。他学过画画，做过飞机航模，拉过二胡，尤其喜欢看《水浒传》。他喜欢看那些自学成材的故事，读哥德巴赫猜想，并暗暗立下志向，要好好念书，将来出人头地。中学时代，张朝阳的理想是当物理学家，认为只有获得诺贝尔奖，才能成就一番大事业。这是他考取清华大学的直接动力，也是他考取李政道奖学金的直接动力。从陕西西安到北京，从北京到美国，故乡渐行渐远，理想渐行渐近。人生的转折和变化成为一种标志。而今天的张朝阳，就是理想变化的结果。1993年，在麻省理工学院念了几个月的物理学博士后之后，张朝阳突然感到学了很多年的物理学并不太适合自己。"在物理实验中，我发现，我是个操作型的人，特别注重结果，不能容忍搞一套理论，而这套理论要在100年之后才能得到验证。"与此同时，张朝阳看中了和中国有关的商务活动，他很幸运地在麻省理工学院谋得了亚太区中国联络官的角色，这个角色让张朝阳有机会频频回国。

他的出生地西安的传统文化，清华大学的校园文化以及美国的现代西方文化，基本上铸就了张朝阳的精神内核。他的沉默、务实、缓慢与持久、深厚的积淀，得益于西安传统文化；他的新锐、前卫、时尚，得自清华和美国。有过类似经历的人其实很多，但能将两种相矛盾的文化结合得很好，运用得自如，将自己的理性驾驭得如本能一般，这方面，张朝阳的确有过人的本领。正是把这些文化的优势完全用于搜狐的事业，张朝阳创造了一个奇迹，至少就他代表的这一辈人来讲是如此的。东西方文化的结合铸造了张朝阳既务实又富于创新精神的人格特征，人生的辉煌经历也造就了张朝阳超强的自信心，而这种自信心恰好是风险感知的原动力。

（三）认知学习能力

在创业之前，张朝阳主要从事物理学的学习和研究，物理学和商业领域的运作存在巨大的差别。张朝阳在公司治理上没有什么经验，但是他努力学习西方先进的管理经验。2001—2004 年，张朝阳调整好了搜狐的问题，一直发展到今天。张朝阳把自己走出困境并持续快速发展的原因，归结为自己和搜狐公司所具有的较强的反思能力。

二、外部环境对创业机会识别的作用

（一）融资环境

1995 年 7 月，张朝阳联系到了 ISI 公司，想做 China Online，ISI 总裁和张朝阳一拍即合。1995 年年底张朝阳以 ISI 公司驻中国首席代表身份，开始用 Internet 在中国收集和发布经济信息，为华尔街服务。1996 年张朝阳先生在麻省理工学院（MIT）媒体实验室主任尼葛洛庞帝教授和 MIT 斯隆商学院爱德华·罗伯特教授的风险投资支持下创建了爱特信公司。1997 年 1 月初，ITC 网站正式开通，可是到了年底，第一次融资得来的钱所剩无几，张朝阳向他的投资人发出了紧急求救，三位投资者再次为张朝阳提供了 10 万美元的贷款。1998 年 2 月，张朝阳正式推出了第一家全中文的网上搜索引擎——搜狐（SOHU）。1998 年 3 月，张朝阳获得 Intel 等两家公司 210 万美元的投资。

美国社会比较完善的风险投资环境对张朝阳的成功起到非常关键的作用，创业者在创办新企业时，创业资金往往成为一个很大的制约因素，而张朝阳的四次成功融资保障了搜狐公司的飞速发展。

（二）市场环境

1997 年以前高科技对于中国经济来讲，由于消费文化和市场文化的单薄，互联网经济产业根本谈不上成熟，以瀛海威为焦点的中国互联网经济模式雏形，更是如此——不仅业内外人士倍感神秘，连以张树新为核心的职业经理人都为其发展方向感到极度的迷茫。对此，受美国商业文化熏陶了十年且获得了博士学位的张朝阳，不仅没有任何道理看不清中国的商业环境形式，更不可能没有想过立业于中国的艰辛，我们只能说：他对于中国经济长远发展的高度民族责任感，支配了他商业思维启动的行为意识。当然，可能是显意识的，也可能是潜意识的。互联网是一个高风险的产业,即使在搜狐公司状况较好的时候,媒体也称张朝阳是站在"风火轮"上,飞旋着忽上忽下,难以平静。而难得的是,张朝阳对自己的事业有着极为坚定的信心。在最危急的时候,张朝阳也从未丧失信心,他坚信自己从事的网络不是泡沫。他清楚地认识到互联网经济极为惊人的商业和社会价值,于是下定了创业的决心。在 ISI 的经历,张朝阳觉得中国 Internet 的市场潜力巨大。据统计数字显示,中国的互联网用户从 20 万增长到 200 万花了将近 10 年;从 200 万用户到 2 000 万用户,用了大约两年半;从 2 000 万用户到 4 000 万用户只用了不到 1 年。中国正在全速驶入自己的网络时代。2006 年,中国网站总数达到了 62 万个,中国已成为全球第二大互联网用户,仅次于美国。

张朝阳讲道:"互联网可以说是走过了第一个十年,1996 年萌动,到 1997 年开始形成商业模式的探索,到 1998 年、1999 年高潮,这是第一个浪潮,产生了相当多的企业,当然有很多企业失败了。比较幸运能够捷足先登获得资本市场青睐的只有三大门户,稍微晚一些可能机会少一些,但是也能够产生一些企业。经过几年的发展,最初的三大门户形成相当的规模,有了足够的资金在品牌上获得发展。但是网民数量越来越多,每个人上网的各种行为从简单的读新闻到发邮件到多种方式,这是市场上的进展。活下来度过资本严冬的企业现在逐渐融得大量风险资金获得上市,表现出来的就是资本的第二次浪潮,中国互联网企业突然有了很多钱,商业模式比较清晰,但很多方面还需要探索。"

张朝阳创业时所面临的市场是一个存在巨大潜力的市场,他本人的特殊经历使得他对中国的互联网市场有准确而充满自信的预测。在中国这个市场上,顾客的需求虽然是潜在的,但巨大的互联网的理念迟早会影响和改变中国人的生活和工作方式。同时,互联网市场几乎是非竞争性的,几乎没有竞争对手,张朝阳凭借其对互联网的深刻理解和他所带来的先进理念,使得他有充分的信心成为市场的领先者。实践证明张朝阳当时的预测和判断是准确的。

【专家视角】[①]

眼下的中国,就处在一个需要一场伟大商业变革的艰难时刻。内外交迫,过去 30 年的"世界工厂"模式已无法持续下去,风行于家电、IT、汽车等"壳产业"里的低价格、大批量商业哲学已经整体破产,内需时代终于就要来临。可是那些习惯了"为全球制造低附加值产品"的大企业,一时很难转身。引领中国走向下一个 30 年的,将是那些能够创造出新的技术、新的商业模式的新兴

[①] 《创业家》杂志社. 创业的九重修炼 [M]. 北京:机械工业出版社,2011.

企业。已经创业的人在创新，还没有创业的人，正越来越多地投身到创业大潮中来。过去30年，中国人先是劳动者（成就了世界工厂），后是消费者（中国由此成为消费大国），前几年成为投资者（股民最多的国家）。但是，只有当中国人人人都有机会、有勇气变成创业者，中国才能变成一个正常的商业大国，中国人才会建立独立、完整的"商格"，大众才会真正尊重那些成功的创业创富者，创富者才不再生活在莫名的不安之中，社会才会真正和谐。

《创业家》杂志社社长　牛文文

案例三　理发店办成游乐园：大赚小儿理发钱[①]

抓住理发难问题　开办专业儿童理发店

孩子对理发的恐惧是与生俱来的，许多家长都曾有过给孩子理发的经历，理发时孩子哭闹不配合，左右活动，常常会给孩子头部造成一些小的伤害。因此，许多家长一提起给孩子理发，说法大同小异："给孩子理发太难了。"他们最大的愿望就是能让自己的宝贝在理发时不哭不闹。

面对社会和家长的需求，一个以儿童理发为主，婴幼儿纪念品制作、儿童起名、数码摄影为配套服务的"小儿廊"——专业儿童理发连锁机构应运而生。"小儿廊"专业儿童理发店，是专为孩子们提供发型设计、创意编发、形象设计、化妆等多种服务，巧妙地将儿童娱乐和理发结合在一起，凭借其独到的装修、设施和服务，缓解孩子们理发时的恐惧心理，完全解决了国内儿童理发难的问题。

去过"小儿廊"的家长和孩子无一不被理发工作室的独特创意而深深吸引。活泼可爱的店面装修设计让孩子们感觉到这是一个儿童乐园而不是一个理发场所，理发师将自己装扮成各式各样的人物或动物的形象以吸引和接近小朋友在儿童娱乐区自由玩耍。娱乐区滑梯、跷跷板、积木、卡通书籍、益智玩具等应有尽有，孩子们在玩耍中充分放松下来。用吉普车、小轿车、摩托车等造型代替了以往普通的理发椅，孩子们被这里独特的理发椅所吸引，全身心投入到了这些造型各异的"玩具"中，乐在其中。每个理发工位前摆放着的电视机，循环播放着孩子们喜欢的动画片，吸引孩子的注意力，让他们放松对头部的保护。许多家长都说，这里怎么看都不像个理发店，倒成了孩子们玩耍的娱乐天地。难怪孩子来了"小儿廊"一次，就天天吵闹着还要来。

"小儿廊"专业儿童理发店使用的洗发水、儿童洗头宝、理发工具、一次性理发围布、洗手池、躺椅等，所有工具、设施都是儿童专用的，而且都带有保

---

① 钱志新. 新商业模式 百佳案例点评 [M]. 南京：南京大学出版社，2009.

护措施。每次理发开始和结束，相关人员都要对理发工具进行严格、细致的消毒处理。

"小儿廊"采取会员制的经营模式，依据各地消费水平的差异，制订出不同的价格方案，持有"小儿廊"会员卡的顾客，每次来"小儿廊"理发不仅可以得到"小儿廊"免费赠给小朋友的益智玩具，家长还可以凭会员卡登陆"小儿廊"总部专家团队为"小儿廊"会员打造的中国儿童学龄前教育网，查阅儿童教育、心理、健康、美发等知识。

扩大经营范围　创造新的利润增长点

"小儿廊"依托总部的雄厚资金，专业的经营人才对国内儿童消费市场的充分整合，先后推出上门为婴幼儿理发、个性婴幼儿纪念品制作、专业儿童起名苑、儿童数码摄影配套服务，深受年轻父母的喜爱，生意异常火爆。

"小儿廊"婴幼纪念品制作拥有号称婴儿三宝的胎毛笔、胎毛章、脐带章，以及克隆"手足秀"、胎毛画、炫彩手足印、彩色水晶像、水晶玛瑙、杯盘印像等十几个系列近千种产品。"小儿廊"采取直接供货的形式，降低产品成本，利润空间在100%~300%。婴幼儿纪念品是一个朝阳行业，其市场空间之大，发展潜力之深是许多行业不可比拟的。

"小儿廊"基于中国儿童理发这一巨大的空白市场和广阔的发展前景，综合国外儿童理发成功的模式和国内的实践经验，由总部美发专家、儿童心理专家以及营销顾问，编写出小儿廊运营指导手册、员工管理手册、开店指南手册、专业理发技术手册及教学光盘，婴幼儿纪念品专业知识手册等一系列的开店指南手册，让加盟商迅速掌握"小儿廊"成功的经营模式。设立标准店、规模店、旗舰店三个投资级别，加盟商可以根据自身实际情况，选择任一级别加盟，享受灵活的投资空间，还可以垄断经营。为了降低加盟商投资风险，总部决定免收加盟费，按照成本价将开店所需专业器材、婴幼儿纪念品配备到位。同时总部从选址、装修设计、器材安装、人员培训、营运指导、广告策划等全方位提供"保姆式"的服务，让加盟商快速开业，抢占儿童市场第一商机。

虽然小儿廊在全国实行连锁加盟的时间不长，但是短短的两个月已经有几十家加盟商。新颖独特的"小儿廊"被中央电视台、中国教育电视台、四川电视台、山东电视台专题采访报道，同时被搜狐、新浪、网易、TOM（TOM在线，中国无线互联网公司）等20多家网站、媒体争相报道。

【分析与点评】

"小儿廊"细分理发市场，基于中国儿童理发这一巨大的空白市场专门为"小儿"这一特殊的客户群体理发。但理发店的真正盈利点并不在于理发的收费，而主要靠一些附加产品的开发，包括胎毛笔、胎毛章、手足印、水晶像、克隆手足秀等婴幼儿纪念品，还包括上门理发等配套服务项目。只有将企业的经营目标和客户的需求有机结合起来，企业才会有生命力。产品只是载体，附加值在产品之外、产品之上。提高产品附加值的途径可以是创造服务附加值、创造文化附加值、创造附件附加值。附加产品的开发是"小儿廊"得以快速成长的关键因素，孩子是家里的宝贝儿，只要抓住了孩子的需求，孩子的钱还是相对好赚的。当然，竞争会越来越激烈，年轻爸爸妈妈们的要求也越来越高，这就要求经营者不断有新点子、好服务。

【专家视角】[1]

前宏梦卡通CEO王敬在分析体育产业的创业机会时认为，体育用品产业在中国的未来格局一定会由价值导向来决定，现在其市场潜力巨大，但尚未被挖掘。

目前在中国扩张非常迅猛的迪卡侬模式是价值导向型的典型代表，王敬相信未来它会成为体育用品产业最主流的模式。

迪卡侬公司1976年成立于法国，创建初期就开创性地打出了运动用品超市的全新概念。为了真正成为运动用品超市，迪卡侬中心的1 500名专业技术人员每年会推出4 000款新产品，品类涵盖63种运动项目。迪卡侬将运动类型分为7种，针对每一种运动分别推出了相对应的品牌。比如，趣岳（Quechua）是迪卡侬公司山地运动用品品牌，Tribord是迪卡侬公司水上运动用品品牌，Kipsta是迪卡侬公司团队运动用品品牌等。迪卡侬集团现在既是运动用品的设计师和生产商，又是极具规模的全系列运动品连锁商店。

王敬分析，消费者一般分为4种类型。第一种是价格导向，这是纯价格驱动类型；第二种是价值导向，物有所值是满足这一导向的核心因素；第三种是生活方式导向；第四种是独特性导向，这一种主要是指奢侈品或设计师品牌。在这4种类型中，他认为在中国市场，价值导向会是最核心的主流消费者。

"过去20年来，美国消费者的消费倾向逐渐从价值导向走向生活方式导向，因此美国涌现了较多的新业态门店，它们满足了消费者日趋强烈的生活方式需求。但是现在这种消费方式正在发生改变，这根源于近两年的经济危机。美国市场的业态已经出现了从生活方式导向向价值导向回归的趋势。"王敬说。到迪卡侬购物时，可以打篮球、攀岩、玩滑板等，它把市场费用节省下来变成了价格优势，加上这种极受消费者欢迎的店中体验，迪卡侬的影响力得以迅速扩张。迪卡侬模式的最大特点是物品价格便宜，物有所值。迪卡侬在同行业中已经位

---

[1] 《创业家》杂志社. 创业的九重修炼[M]. 北京：机械工业出版社，2011.

列欧洲首位和全球第二位。它在中国开了19家店也都非常成功。王敬分析，中国人对物有所值的要求是最高的。中国消费者还不是那么有钱，购买力也并不是特别高。从某种角度来看，中国的中产阶级消费者现在变得越来越成熟，因此越来越看重物有所值，迪卡侬恰恰抓住了这一点。"迪卡侬这种模式，立足于中国消费者的主流需求（这一主流群体将会变得越来越庞大），所以其潜力非常大。在上海、北京的迪卡侬店里，一到周末就人满为患。这就说明，消费者已经从最初的新鲜、适应进而转化成对它的喜爱。"王敬说。王敬觉得，价值导向这个模式目前还是蓝海，如果未来还有两三个进入者，就会变成主流，在体育用品市场的份额会从现在的不到10%跃升到超过30%。他判断，在中国迪卡侬模式未来会远远超过品牌商。通过王敬的分析，我们可以看出，无论传统行业，还是新兴行业，随着经济和社会的发展，消费者的需求和习惯也在时时改变，只要用心，就能发现新的市场机会。

案例四　顺驰的狂奔之路[①]

2007年1月25日，香港地区上市公司路劲基建（代码为HK1098）发布公告，路劲基建及其伙伴目前再度以13.1亿港元收购增持顺驰中国39.74%股份，最终控股比例达到94.74%，顺驰原股东孙宏斌仅持其余5.26%的股份。此间伴随的，还有一直云山雾罩的顺驰资产状况的水落石出。对于路劲基建来说，虽然收购已经收官，但如何重整顺驰，一切才刚刚开始。

黑马般崛起

顺驰真正成为一家全国性的开发商并露出黑马之相，仅仅在数年之前。2003年9月，经过161轮的激烈争夺，顺驰以5.97亿元的"天价"拿下了石家庄一块起拍价仅2.04亿元的土地，一举成为全国地产界的焦点。此后不到1年的时间里，顺驰一口气杀入全国10多个城市，以高出其他开发商预期很多的价格，总共吃下了800万平方米的土地，其生猛程度无人能及。在苏州的土地拍卖中，另一家开发商为此项目足足准备了1年的时间却被顺驰横刀夺爱，致使那家开发商竟然"有人哭了"。在以"外地公司拿地难"著称的北京，顺驰也在2003年12月拿下了大兴黄村1号地的开发权，耗资9.05亿元，比业界的预期价格高出整整一倍。顺驰为什么会在全国范围采用"不惜代价拿地"的战略，这个北京的项目是最能说明问题的。2003年一整年的时间，顺驰公司董事长荆宏就一直在苦苦寻找一块适合顺驰开发的土地。对于顺驰这样的外地开发商，为了进入北京市场，当时的目标就是寻求收购本地开发商手中的项目，但是这些

[①] 葛清，王小乔. 顺驰：一个地产神话的终结［N］. 南方周末，2006-09-14.

项目却没有一个令顺驰中意的。因为顺驰非常强调速度，要求项目从签订土地出让协议到正式开盘必须在半年内完成。这样的地当然不好找。当机会在年底出现的时候，顺驰几乎是"疯了一样地冲了上去"。大兴黄村的"1号住宅用地"项目是北京市近几年来少有的大盘项目，而且地都已经是"熟地"了，完全符合顺驰的标准。2003年12月8日，顺驰以9.05亿元的"天价"拿下了这块土地，仅地价分摊到可销售面积的成本就高达2 120元/平方米，而当时附近地区商品房的售价也才只有3 000~4 000元/平方米。如此的"不要命"，顺驰其实有自己的算法：按照招标文件，顺驰拍到地的时候只需要首付总价的15%，剩下的款项可以拉长到两年内付清。按照顺驰的计划，拿地之后只需要7个月就可以开盘销售，只要销售形势好，剩下的大部分地价款其实都可以通过销售回款来支付。顺驰的模式与2001年以来国家推行的土地政策和中国相对宽松的信贷环境有关，有先见之明的顺驰董事长孙宏斌在2002年就认为，随着各个城市土地出让程序不断规范，地价将会持续上涨，因此他要不断地获取土地。为了实现扩张之路，孙宏斌首先要打通顺驰的外部融资渠道，解决扩张所需的资金问题。为此，孙宏斌成功地和天津滨海市政及天津信托结成联盟，共同进军国内地产市场。现在顺驰中国旗下的项目，一半以上是顺驰和天津滨海市政的合资公司顺驰滨海所投资。而据天津信托投资部副经理卢金鹏介绍，即使现在顺驰"问题比较多"，天津信托与顺驰的合作项目也一直在继续。同时，孙宏斌在顺驰内部建立了一套严格的资金管理系统。他要求各个项目公司的负责人和财务主管每天晚上10点钟要核对当天账目，即使是周末，也要如此，风雨无阻。他极其坚决地告诫各个项目公司的老总，在顺驰处于大力拓展的阶段，他不能容忍任何项目上趴着闲钱。这个系统将顺驰的资金用到极致，并以滚动开发的方式扩大规模，通过快速运转的方式快速拿到销售回款，然后再去获得土地，进入下一个循环。每个房地产开发项目都要涉及研发、开发、工程、销售四条线，这四条线互相牵制，必须紧密配合才能保证整个项目的周期，这在顺驰内部叫作"四线对表"。任何一个环节出现问题，顺驰都将吃不了兜着走。

扩张之乱

事实上，顺驰的疯狂扩张和孙宏斌追求的"快"带来了致命的三"高"：高土地成本、高人力成本、高财务费用。顺驰所到之处，不仅地价大幅上升，而且人力成本和财务费用也跟着飞涨，内部管理存在巨大隐患。2005年年初，孙宏斌意识到了顺驰的内部管理问题，他进行了人事调整，让财务出身的汪浩担任顺驰董事局主席，但这时已经来不及了。据一位上海顺驰原高管回忆，自2005年年中以后，在顺驰原华东集团的月度会上，顺驰各个公司汇报项目进展以及销售情况的时候，每次得到的信息都是销售状况的恶化和资金的紧张。其中苏州凤凰城项目每个月2亿元的销售回款任务，最差的时候，每个月只能完成1 000多万元，欠苏州市政府的土地款高达10亿元。"快"也会影响房屋质量。苏州凤凰城项目有一期是10月31日开盘，开盘前一天公司领导去现场发现会所的地砖还没铺好，规划的景观也没有。竟然一天晚上找了300个民工，愣是把这些东西都给做好了，草皮实在没有时间铺，就直接扔上去。为了赶在一个时间点前拿到销售许可证，7天就盖了一层楼。同样由于放权，导致项目公司的老总权力过大，结果也滋生了许多腐败现象。南京顺驰一位离职员工告诉记者，越到后期，腐败现象越严重。一个高速公路上的大型广告牌，通常广告投放成本为30万元，但顺驰却可能需要花60万元，当运营部提出质疑时，老总就说，这个地段很重要，一定要拿下来。而且每一个新的老总或副总过来，都会换一个广告公司。就在孙宏斌一味求快时，房地产的冬季来了。这个冬天的第一场寒霜就是2003年央行出台的"121"号文件。其后政府不断给房地产降温，2005年上半年房产新政出台尤为密集，上海等地的住房价格出现惊恐性下跌。由于宏观调控，顺驰分布在全国的部分楼盘，特别是位于调控重灾区长三角的楼盘遭遇了销售不畅、回款不力的困境。2005年11月底发生在上海的退房风潮，也波及了毗邻的苏州。12月底，由于延期交房，在苏州工业园区金鸡湖畔开发的楼盘凤凰城，遭受越来越猛烈的业主退房风暴。2003年10月，顺驰在苏州工业园区以5.9亿元取得金鸡湖地块，开发一个叫湖畔天城的楼盘。2004年1月又通过挂牌以27.2亿元取得凤凰城项目地块。凤凰城退房潮期间，湖畔天城那边也集体拒收房。大规模的退房潮后，余波不断。随着年关的来临，替顺驰承建项目的一些施工单位无法给民工发工资，民工开始围攻各个地方的项目公司，要求给钱回家过年。2005年年底，苏州市当地政府为了缓解和民工的矛盾，政府替顺驰作担保，让有关机构借了3 000万元给顺驰，以归还拖欠民工的工资。但顺驰上海公司就没有这么幸运了，愤怒的民工冲进顺驰上海公司在武夷路上的办公别墅，顺驰的员工被迫从后门逃走。

出售：最后的退路

面对日益恶化的形势，2006年3月，孙宏斌重新担任了顺驰董事局主席，他回来之后立即调整了顺驰中国的管理架构，撤掉各个区域分公司，同时将一些项目转让给自己的合作伙伴。如将无锡的项目作价约9亿元，转让给天津滨海。同时，为了解决资金链的问题，孙宏斌加紧了上市融资的步伐。2005年上半年，顺驰通过香港联交所聆讯准备上市，但最终因市盈率过低，基本无法实现募集资金的目的而放弃。至此，孙宏斌酝酿多年的上市计划宣告流产。上市不成，孙宏斌希望摩根士丹利入股，为此摩根士丹利提出要和顺驰签一份对赌协议，提出摩根士丹利以7.5亿元收购顺驰20%的股权，同时约定，如果明年顺驰的利润率无法上升到某个水平，摩根士丹利在顺驰的股权将上升到40%。孙宏斌同意了这份魔鬼式的对赌协议，但是2005年10月19日，摩根士丹利最终还是放弃，原因是无法接受顺驰利润率过低的现实。"顺驰的利润率太低了，低到连其他房地产商都不敢相信的地步。"一位不愿意透露姓名的知情人士评价说。曾经有媒体报道顺驰的利润率在3%~5%左右，上述人士表示，顺驰某一阶段利润率比这个数字还低。而房地产行业平均的利润率高于15%。在与摩根士丹利谈判的同时，孙宏斌还曾求助于联想投资，但联想方面派人考察了顺驰各地的项目之后，没有施以援手。2005年为了挽救苏州的地产项目，孙宏斌甚至陪着两个山西煤矿的老板来看过地，最后还是没成功。即使在最后对路劲基建的谈判中，顺驰又因同样的原因处于被动。据顺驰内部员工透露，先前有意入股的企业主要有两家，一家是路劲基建，另一家是中海地产，其中中海地产出价高于路劲基建，但是顺驰品牌将来可能会消失。孙宏斌因此最终没有选择中海地产，而选择了路劲基建。路劲基建是一家以经营内地路桥收费为主营业务的香港上市公司，此次入主，与其全面拓展在内地的房地产业务有关。它对孙宏斌承诺顺驰中国的管理模式及团队均不会发生任何变化，所有项目操作仍将沿用顺驰品牌。随着孙宏斌交出的控制权，中国地产界迄今最绚烂的神话也宣告终结。

【分析与点评】[①]

一、顺驰的盈利模式

房地产是典型的资金密集型产业，资金是顺驰的重要经营资源。顺驰的现金流管理是通过调整付款和回款的节奏来平衡现金流。即利用不同项目进程之间的时间差，通过资金在多个项目之间的调配，来防止资金链断裂。顺驰内部称这种资金运作模式为"合理利用应收账款的账期"，即准确计算所有重要的时间节点，尽力做到研发、工程、营销等环节的"无缝衔接"，并采取一致行动。其次，为了减轻现金流的压力，顺驰力图用客户（包括合作伙伴）的钱来做生意，通过对外部资金的运作分散自己的资金压力。其模式从本质上说是IT模式，或者说是分销模式。所谓分销，即制造商通过分销商（代理/经销商）将产品辐射到各零售网点。其特点是投入较少、效率高，对制造商自身人力资源及管理能力的要求较低。分销模式的最重要表现之一就是"市场占有"策略。出身IT行业的孙宏斌对这种模式很有信心且轻车熟路。

曾有财务专家把现金比喻为锅盖，把现金需求比喻为锅。如果你有10个锅，8个锅盖，那么你基本上不用担心锅没有盖子——正常情况下你可以很从容地在锅之间调配盖子。如果是财务高手，能够使公司的现金高效地运转起来，即使

[①] 资料来源于关于"顺驰的狂奔之路"的案例分析，http://www.docin.com/p-58876208.html。

只有6个盖子，也能够玩转起来。对于大公司或业务复杂的公司，财务成本对总成本产生极大的影响，财务管理就非常重要，就好比锅越多，调配盖子的难度就越大。调配得好的公司能够节省的财务成本也就越为可观。在中国，所允许的普遍采用的滚动开发的房地产运营模式，使几乎所有的开发商都精于表演锅和锅盖的游戏。显然，无论顺驰对财务管理如何自信，都无法掩饰用40亿元的盖子应付200亿元的锅的惊险。从后来的情况看，顺驰的资金链秘诀，就是尽量拖延付款时间，同时尽量缩短回款周期。顺驰找借口拖延支付土地出让金，拖欠银行贷款、材料费、工程款、广告费等。显然，顺驰就是靠打擦边球来维系自己的现金流，漠视其中的政策与市场风险，扰乱整个行业的市场秩序。

二、顺驰经营出现风险的原因

应当承认，宏观调控是顺驰溃败的直接诱因，但回顾顺驰的发展历程可以发现，在全国攻城略地的风光背后，顺驰其实早已隐患重重：

（1）绷到极限的资金链。在房地产这个现金至上的行业，顺驰的"天价拿地"可以说给自己埋了一颗定时炸弹。天价拿地使顺驰的现金流绷得过紧，没有缓和的余地，一旦资金链中一个环节发生了障碍，就会给顺驰带来灭顶之灾。

（2）问题百出的项目。在一味追求市场占有的思路下，顺驰对产品重视程度严重不足。顺驰的项目质量差、延期交房、降价以及滞销等问题，使其项目无法按计划销售并获得回款，加剧了资金运转的负担。在顺驰各个项目的操作过程中，还存在不少擦政策"边球"的行为，这些行为一旦被查出，对公司和项目都会产生不小的负面影响。楼盘出现质量问题或延期交房，仅仅是企业问题的缩影。顺驰掌门人孙宏斌曾在公开场合明确表示："我们从一成立起关注的就不是个别项目，而是怎样做好一个企业。"此话听起来像是彰显了把握全局的高度，但对于房地产企业来说，做不好房地产项目，又怎能谈得上是好企业？倘若只是把一个一个的房地产项目当作追求企业发展的工具，企业又如何能得以长久的发展？企业今后打造出来的产品又如何能赢取买房人的信任？做一个好企业，其目光自然不能只盯在某一个项目身上，而做好项目却是做好企业的基础。对于房地产企业来说，楼盘就是其发展的根基。根基不牢，何以求稳？只有踏踏实实、用心做好每一个楼盘，企业才可能长成茁壮的参天大树！

（3）混乱无序的管理。顺驰的管理风格表现了其社会责任感的缺失。部分购房者被迫为顺驰不良的管理方式和用人制度引发的"后果"买单。顺驰管理的规范性太差，受孙宏斌情绪波动影响过大，盲目强调"激情至上"，频繁变动高层人员。顺驰的公司文化是追求激情，做事缺乏规范性、计划性，频繁地开会，缺少合理的监督机制，很多事由集体会议决定，没有具体的责任人。

（4）危险的运营模式。高风险的运营模式势必会给顺驰带来灾难。倘若顺驰能在这四个方面上加以改进，它的发展道路将不会是现在这样。

【创业宝典】 创业者光有激情和创新是不够的,它需要很好的体系、制度、团队以及良好的盈利模式。

——马云

案例五 红高粱挑战麦当劳[①]

麦当劳进入中国市场之后,1997—1998 年,河南郑州以经营传统烩面为主的快餐连锁公司"红高粱"曾红极一时,遍布全国开设快餐分店。当时河南省主要报纸纷纷刊出《"红高粱"红透京城》、《河南"红高粱"对擂美国"麦当劳"》之类的文章。"红高粱"曾在深圳开过若干个分店,引得深圳一家报纸登出《红高粱挑战麦当劳》的文章。文章大意是:代表中国民族快餐业的红高粱将在不久的将来把洋快餐麦当劳赶出中国市场,为民族快餐业大争一口气。在洋快餐进军中国的号角声中,志在创办民族品牌的中式快餐店"红高粱"曾一炮打响,很快红遍半个中国。

然而,寄托着无数国人民族感情的"红高粱"品牌到了 1999 年年底却在一片叹息声中轰然坍塌,而麦当劳和肯德基却依然红火如初。"红高粱"神话的总工程师乔赢从风光无限的大老板沦为令人扼腕的阶下囚。

初涉商海 破解麦当劳

乔赢很小就表现出一种异于常人的禀赋。他自幼酷爱"二胡",在名师的指点下,10 岁就小有名气。12 岁那年,在一个偶然的机会他读到了《回忆马克思和恩格斯》一书,从此迷恋上了一代伟人马克思、恩格斯。凡是马克思、恩格斯喜欢的书、喜欢研究的学科,他都有浓厚的兴趣。这些书对他的人生观、价值观产生了不可估量的影响。

1976 年,年仅 15 岁的乔赢成了一名令人羡慕的军人。服役期间,他继续发奋学习,几乎借阅了团部图书馆里的全部书籍。机遇总是偏爱有准备的人。1980 年,他被选送到解放军坦克学院学习,获取了哲学和经济学双学位。1987 年,他到解放军信息工程学院担任教师。军营生活拴不住乔赢的心,投身经济大潮的欲望时时牵动着他的神经。1990 年,他如愿以偿地转业到郑州"杜康大酒店"任副总经理,随后投奔当时如日中天的商业神话世界——河南省亚细亚集团有限公司。但在那里,他并未得到重用,胸怀大志的乔赢不甘受此冷落,1994 年辞去了工作,勇敢地投入到市场经济的汪洋大海之中。

---

① 张文松,裘晓东,陈永东. 创业学 [M]. 北京:机械工业出版社,2012.

刚刚下海泛舟，他就被北京王府井大街的"麦当劳"中人潮涌动的景象所吸引。他按进店人数和人均消费粗略计算，这个店一天的营业额竟高达20万元。这哪里是快餐店，简单就是一台"超级收款机"！乔赢在震惊之中兴奋不已。

他在那里待了整整一天！此后一年，北京、广州、深圳……凡有麦当劳的地方，都留下过乔赢的身影。他终于破解了"麦当劳"兴旺之谜：一个响当当的品牌，一个营造欢乐气氛的店堂，一套行之有效的操作模式和标准化产品……为什么不能用中式食品制造出同样的效果？他发现，正是这些不同于中国餐馆的管理经营方式，使早就被一些西方人称为"垃圾食品"的餐饮让人趋之若鹜。

在考察麦当劳时，民族自尊心极强的乔赢下定决心，立志创造一个中式快餐品牌，当中国的"麦当劳"。

选中羊肉烩面　创造中国"麦当劳"

很快，乔赢看中中原百姓百吃不厌的羊肉烩面以及当时轰动世界的中国大片《红高粱》。乔赢选中了营养丰富、味道鲜美、亿万河南人百吃不厌的食品——羊肉烩面，这是一个让中外人们难以理解的食品，但这种食品在河南省却独具魅力。位于市中心的老字号"合记羊肉烩面"贵在汤上，这汤是由18种原料精心熬制而成。该馆最善于熬汤的四位师傅，当时仅存一位贴师傅。于是乔赢就将贴师傅请来一起研究开发羊肉烩面快餐。

在一次文艺界名流的聚会上，河南一位雕塑家听闻乔赢正在创办中式名牌快餐，妙手偶得为之取名"红高粱"。闻得此名，周身的热血一下涌到乔赢的脑门，这不正是他昼思夜想、处心积虑想要的名字吗？红高粱，生长在贫瘠的土地上却蕴藏着旺盛的生命力，索取最少，奉献最多，多么确切地代表着中国人埋在心底深处的一种民族精神啊！更重要的是，这个名字与著名导演张艺谋所拍的当时轰动世界的电影同名。善于造势、借势的乔赢终于找到了中式快餐的实与名。1995年他注册成立了河南省红高粱烩面公司，开始打造他的红高粱快餐帝国。

于是，乔赢筹资创办的第一个红高粱快餐店在郑州最繁华的闹市二七广场开业了。自此，"红高粱"在郑州登场亮相。这家以经营烩面为主的小店以麦当劳为样板，店堂明亮，员工统一着装，使用快餐桌椅和收银机，一开张就显示了不同寻常的局面。

这个面积不足100平方米的小餐馆，日营业额从2 000元逐步上升，不久就突破了万元大关，座位每天的周转次数高达22人次。开业仅几个月，"红高粱"已经名利双收。首战告捷后，乔赢又在郑州开了7家"红高粱"分店。对于白手起家的乔赢来说，从开始东借西凑的44万元启动资金滚动到500多万元，时间仅用了短短的8个月。

一炮打响　商业运作创奇迹

在向洋快餐进军中国的号角声中，志在创办民族品牌的中式快餐店"红高粱"一炮打响，很快红遍中国。国内800余家媒体连续报道，国外70余家媒体相继转载，美国三大有线电视网轮番"爆炒"。

滚滚而来的财源远远超出了乔赢的心理预期。此时，一个更大的构思在乔赢心中闪现：创造中国的名牌快餐，要成为中国的快餐大王。为了抢占名牌制高点，乔赢力排众议，在红高粱创立不到一年之际，执意进军北京王府井叫板麦当劳。王府井是中国的商业第一街，发生在这条街上的事情，就是在全中国、全世界关注的事情。麦当劳进军中国第一站首选王府井，看中的就是这一点。乔赢知道中国人有解不开的中国情结，也深谙与媒体的交往之道，他需要更大的出人意料的广告效应。他将"红高粱"安营扎寨到全北京房租最惊人的一个地方：距麦当劳王府井店22米的王府井入口处，日租金为每平方米近7美元。

1996年2月15日，"红高粱"王府井分店开业。仅200平方米140个座位的"红高粱"，规模不足麦当劳的1/3，气魄也略逊一筹，但在吸引食客方面毫不逊色，一样的熙熙攘攘，一样的宾客盈门。这绝非仅仅因为羊肉烩面鲜美可口，更重要的是它调动了中国人的民族情绪。许多京城德高望重的老同志们都到"红高粱"吃饭，他们说"要吃就吃咱中国人的快餐"！乔赢进军王府井的战略，一下把"红高粱"提升到与"麦当劳"对等较真的位置上。一时间，"红高粱挑战麦当劳""大碗面叫板汉堡包""河南小子挑战巨无霸"的新闻也炸开锅。"红高粱"一夜之间名声大噪，乔赢也成为众星捧月的新闻人物。

"挑战麦当劳"这个响亮的口号刺激了人们的胃口："红高粱"店从早到晚都是爆棚满座，要求加盟的来信雪片一样飞来，投资者蜂拥而至……从一定程度上说，"红高粱"品牌塑造是中国餐饮和商业史上的奇迹。

乔赢准确判断出中国已经出现了工业化社会的社会条件和生活方式，现代快餐业在中国已经有了市场需求，并准确地借助20世纪90年代民族主义情绪复苏的"势"，旗帜鲜明地提出了"红高粱挑战麦当劳"的口号，在负债20万元的情况下，用一年多的时间，不到200万的宣传费投入，把红高粱和一碗烩面做成了全国知名品牌，几乎策动了整个媒体为其摇旗呐喊。

1996年10月，美国连锁业协会主席和餐饮协会主席飞抵北京会见乔赢。新加坡、美国、英国、德国等几十个国家和地区邀请"红高粱"，有些还免费提供场地……与那些花几个亿获得中央电视台"标王"的企业相比，"红高粱"的造势效率是前者的几万倍。国内几乎没有几家企业能像"红高粱"一样，花小钱造大势。

急于扩张　企业陷入财务困境

遗憾的是，乔赢在天时地利应有尽有时，在决策上出现了失误，没有把机会转变为踏踏实实的经营，走入连锁误区，造成盲目扩张，最终毁掉了"红高粱"。连锁理论认为，先建一家成功的店铺做样板，然后复制，越多越好经营，越多越好管理。

然而，"红高粱"在郑州走红，靠的是首家采用明亮店堂、快餐桌椅、收款机经营形式；在全国走红，靠的是善于借势，凭借"红高粱叫板麦当劳"的新闻炒作。"红高粱"其实并没有形成真正叫板的实力，它不像麦当劳那样，有着一套标准的操作规范及完整的企业理念和价值观念作为强大的后盾。吹起的气球没有蛊惑住别人，却欺骗了乔赢自己，他以为只要一个一个去克隆，就能赢遍天下。乔赢没有料到，在自己勾勒全国连锁的经营网络时，危机悄然而降。

1996年，乔赢选择了一家承诺3个月内筹资2 000万元，但不求控股的房地产公司作为投资合作伙伴。在得到180万元预付金后，乔赢很快在海南、天津等地选定10个分店，将一年来的300余万元利润投了进去。然而，3个月的期限到了，房地产公司承诺的2 000万元资金却不见踪影。没有后续资金，各地分店处于停顿状态，要钱的电话一个接一个打来，郑州、北京两家直营店赚来的钱和好不容易从银行贷出的100万元填进窟窿，泡都没冒一下就被吸了进去。

缺少资金源的"红高粱"，却在投资上大手大脚，有着惊人的浪费：郑州市建设路"红高粱"店，投资300万元，业内评估价值仅为80万元；海口店，投资280万元，评估价值仅60万元；深圳店，投资500万元，评估价值仅140万元；天津东站店，投资280万元，评估价值仅70万元。不善理财的"红高粱"陷入了财务困境。

非法集资　红高粱连锁梦想破灭

为了解决财务问题，乔赢将自称能帮他渡过难关的弓建军委以副总经理之职，弓建军的锦囊妙计就是一条——集资。最后以乔赢为首的红高粱首脑研究采纳了"高息集资，解决资金危急，挽救民族品牌"的良策。红高粱开始以月息2.5%，年息30%的利率吸收资金。这个诱惑太大了，在高息诱惑下，集资对象突破公司内部员工，扩散到社会各界，有的人甚至托熟人"入会"。

社会资金源源不断地注入，为乔赢筑起了一道强大的经济后盾。拖了10个月、损失1 000余万元的10个"红高粱"分店终于开业。乔赢重新找回当初风光无限的感觉，在全国各地飞来飞去，四处考察市场，并气势磅礴地宣称"哪里有麦当劳，哪里就有红高粱"，"到2000年，要在全世界开2万家连锁店，70%在国内，30%在国外"。

进入1998年，乔赢不再四处奔波建店，原因很简单，他没钱了。"怎么会没钱了呢？"他惊愕地回过头来，开始审视自己种下的一棵棵"红高粱"。这本身便极具讽刺意味，几千万元的资产已经像水一样一瓢一瓢地泼了出去，此时他才关心是否有人为每一瓢水买单。经过资产清点，乔赢发现他在各地兴建的直营店大多负债累累，几近倒闭，企业总负债3 000万元。

焦头烂额之际，河南财经学院一位企业管理专家提出一套卧薪尝胆的方案：收缩战线，放弃半截子工程；避开新闻界，闭门练兵一年；完成新产品研发、服务方式的特色化、中央厨房标准化运作3项任务。然而，仍然沉浸在当中式快餐领袖美妙感觉中的乔赢却一门心思只想做大，拒绝收缩战线。为了"红高粱已不是简单的经济现象，它标志着民族意识的觉醒"这个虚名，他固执地认为只有全线出击，才能形成"红高粱"席卷全国之势，"红高粱"从此失去了重整河山的机会。乔赢并非不识良策，而是有苦难言，此时，高息揽得的资金已经把他紧紧套牢，他根本没有"补课"的时间和力量。昏招过后是险招，他开始用错误弥补错误，用骗钱的办法还钱。

1998年6月，新加坡霸菱亚洲投资公司向名声在外的"红高粱"伸出合作的橄榄枝，提出双方合资在中国香港上市的意向，这对困境中的乔赢来说，无疑是一次极好的机遇。然而，为了让对方多出资金，乔赢再一次自作聪明，在对方来郑州考察时，布置"红高粱品管委"的会员进店免费吃饭，造成生意火爆的假象，同时高薪聘请财务专家制造出20个直营店的假账，企图以此将对方"套牢"，为自己"解套"。然而，假的毕竟是假的，漏洞百出的账表，让对方愤然离去。乔赢已经没有自尊可言，骗不了别人，就骗自己。穷途末路，对哲学有研究的他竟祭起了"五行"的旗帜，把自己的经营宗旨概括为"金木水火土"五个字，那些房租昂贵的直营店，按"五行八卦"的方位布置桌椅，营业面积使用率竟达不到50%。这件事，被许多朋友看作乔赢"没救"的证据。

1998年年底，"红高粱"开始全面崩溃，各地的直营店纷纷倒闭，加盟店纷纷解约，债主纷纷上门。曾经风光无限的乔赢开始害怕见人，于是躲到北京，行踪不定，使出最后一招：赖账！

一直生活在虚幻梦想中的乔赢，改不掉务虚不务实的毛病，1999年以后的媒体上，不甘寂寞、不甘失败的乔赢又开始在媒体上露脸。他宣传自己在酝酿"二次创业"，这次他看中了互联网经济，声称："如果早两年出现电子商务，我的头发就不会白了。我要让新一代中国人用鼠标吃饭！他相信互联网和电子商务给中国餐饮业及中国传统产业带来了前所未有的发展机遇，并宣称红高粱正在向电子商务进军。"

然而，乔赢跳的这支舞遭到了冷场，与第一次造势不同，这次没人为他鼓掌捧场。

1998年5月25日，红高粱停止集资后，6月25日恢复正常兑付，随后又推迟到7月10日，但仍无力兑付。10月8日，乔赢做出最后承诺："1998年12月31日以前兑付本金10%，1999年上半年全部兑付完毕，请大家给我运作的时间和空间。"不久，亚洲金融风暴爆发，红高粱与一家公司的合作化为乌有。兑付无法实现，乔赢又展示了他骗子的一面，一会说钱是现成的，一会说在努力筹资。12月31日下午，乔赢从北京打来电话说"已准备了100万元，但红高粱营业执照过期，账号没有了，无法打款过来"，此时的乔赢俨然成了一个商业骗子。

当天，红高粱二七店被查封，此时红高粱总部已是人去楼空，希望落空的群众终于忍无可忍。1999年年初，化名王涛等的83名群众联名就红高粱非法吸收公众存款的行为向中国人民银行郑州中心支行、郑州市公安局进行举报。郑州市公安局金水分局受命立案侦查。此时的红高粱已经成为一个空壳，车辆、办公用具等值钱的东西早已被法院查封或执行，公司账目一片混乱。经侦查，红高粱通过高息诱骗800多人上当，涉案金额3 100万元，除去还本付息部分外，尚有2 310万元无法归还给集资群众。2000年10月29日深夜，乔赢在北京丽都饭店职工公寓被捕。

2002年6月，"红高粱"总经理乔赢因涉嫌非法吸取公众存款3 153万元，造成2 307万元损失，被河南省郑州市金水区人民检察院依法提起公诉。郑州市金水区人民法院判决认定，乔赢等人未经中国人民银行批准，擅自向社会不特定对象变相吸收存款，数额巨大，其行为已构成非法吸收公众存款罪，判处红高粱总经理乔赢、副总经理弓建军等人有期徒刑4年，并处罚金5万元，两人均表示服从判决不再上诉。风靡一时的河南红高粱快餐连锁有限公司就这样彻底走下了历史舞台。

【分析与点评】[①]

政策与法律是企业的最大风险。企业的经营管理与中医治病很相似。中医治病的基本原理就是使身体周身的经络畅通达到阴阳平衡，企业也是这样。企业通过各个系统的协调和信息畅通达到企业各个方面的有序化。中医认为，人身上有几个生死攸关的穴位，事实上，企业跟人身体一样，也存在着"死穴"。乔赢认为，企业至少有两大"死穴"。第一个死穴就是政策与法律的风险；第二个死穴是投资的风险。

红高粱的投资风险。事实上，第一家红高粱的开设，从投资角度看是非常成功的。由于乔赢坚信他的投资理念——不要等有了钱再开始行动，并且在投资实践中，将此理念绝对化了，后来演绎了一出"骑虎难下"的悲剧。1996年下半年，由于轻信合作伙伴三个月2 000万元投资到位的协议，结果在资金严重不足的情况下，将当时红高粱所赚的全部资金投到10个分店的租金押金上，致

[①] 此文参考：乔赢. 永不言败 我挑战了麦当劳 [M]. 北京：北京大学出版社，2005.

使红高粱完全处在进退两难的危险境地。当时还有位非常关心红高粱的银行领导告诫乔赢说:"乔赢,现在如果红高粱失败了,全国老百姓的唾沫都会把你淹死!"骑虎难下的乔赢心中只有一个信念,红高粱不能倒下,必须不顾一切地保住这个民族企业的品牌。

生意是追求利润,不是追求规模。红高粱经营的第一年,特别流行一个观点,叫作"零利润经营",意思是,做企业先不要把利润放在第一位,要迅速扩张,把企业规模做大,不要怕负债,要造声势,要做个知名品牌,然后,卖股权,成为上市公司。1997年时,乔赢不仅接受了这种观点,还认为获得了经商的"密宗"。当经营遇到困难时,甚至不赚钱时,乔赢的指导思想就是"零利润"策略。公司计划3年不要利润,先要规模和品牌,后求利润,结果3年下来一败涂地。红高粱的教训证明:"零利润"经营观念,对初创时期的企业,对初级阶段的中式快餐业是不适合的,甚至是有害的。企业必须依据自身的能力,在起步阶段,应采取区域性连锁模式,缩短战线,把有限的资源集中在一个地区,以"利润"为目标,而不是追求"规模"。

不尊重理财"金律",导致企业财务恶化。无论你是经营一个快餐店,还是经营一个大的连锁集团,不是该不该懂一些财务管理的问题,而是必须精通财务管理。乔赢在财务管理上吃尽了苦头。比如,财务管理中有一个"金律":不能把短期借款用于企业的长期投资。然而1997年以后,红高粱的固定资产,大部分来自流动负债,短期借款。加之四面投资,财务管理跟不上,总部现金流量(即营运资金)减少,利息负担加重,最后导致企业运作失灵。

连锁理论的误区导致企业失败。迄今为止,商界对连锁发展的问题,存在着相当大的误区。这个"误区"就发生在经营者太相信"连锁理论"了,而连锁理论又太缺少可操作性了。1998年,乔赢认识一位建筑设计师,跟他聊天的过程中,乔赢问他:你们搞建筑设计的,必须要遵循什么原理?他说,必须遵循一个基本原理:地基决定层高。谁违背这个规律,谁就会失败。他这一句话启发了乔赢,乔赢想搞连锁业不就是像盖房子一样吗?连锁业本身就是一座"大厦",要想稳定必须要遵循建筑学的法则——地基的承载力决定层高。那么连锁企业的地基是什么呢?不就是连锁体系的"结构"吗?一般来讲是四大结构:资金结构、技术结构、管理结构和营销结构,而且是结构决定连锁的规模(店数)和速度。违背这个原则,连锁大厦就要倒塌,企业就会失败,就要亏损。

品牌"速成论"观念导致企业畸形发展。在打造企业知名度方面,红高粱是成功的。但是乔赢犯了一个错误,就是把知名度与名牌混为一谈了。另外,还有一个观念支配着他,认为只要是名牌,就一定能赚钱。有了这个观念以后,就过分注重了知名度的炒作,而忽视了太多的东西,尤其在管理功夫问题和企业效益问题上，缺少高度重视。事实上，名牌背后是无数次的失败。名牌背后是功夫，是从无数次失败中站起来的功夫。

品牌"万能论"对经营有害。过分夸大品牌的作用，认为只要品牌好，就能赚钱，致使企业犯了品牌"万能论"的错误。比如麦当劳在扬州开店就不那么成功，1997年下半年，乔赢专程到扬州考察了那家麦当劳分店。那个店的硬件或软件都是一流的，可就是没有生意。

现代企业需要"四套马车"。现代企业要想成功需要有四套马车的"合力"共同起作用。创业家（企业的设计者、信息的制造者、品牌的打造者）；金融家（资本运营师，融资、投资、资本买卖、首次公开募股）；职业经理（企业的管理、营运、市场的营销，利润的创造者）；技术总监。这四种人，缺少哪一种，都很难取得成功。

失败的老板大多身患"多动症"。在下中国象棋时，我们体会最多的是，动"老将"是忌讳，这个原则对经营企业也有启发。作为企业总经理，必须要处理好动和静的关系，固然不能总在办公室里不动，不了解基层，不做调查研究，也不能经常在外，没时间坐下来认真思考。公司老总经常外出会造成恶性循环，使企业问题大幅度增加。

西式快餐和中式快餐说的不是同一种语言。深圳红高粱刚开业时，生意非常火爆，大大影响了麦当劳的生意。麦当劳店经理到红高粱餐厅考察后，决定辞去麦当劳餐厅经理职务，来红高粱工作。然而他上任三个月后，餐厅的销售额不仅没有提升，反而大幅度下降。经了解，乔赢发现问题出在中西式快餐管理方式和管理理念的冲突上。麦当劳式的哲学和他们的语言符号与中式快餐的哲学和语言符号迥然不同。麦当劳走的是完全工业化的道路，他的产品组合选择的是"单一化"原则。产品单一化道路不符合今天的市场和消费者的要求。可是，完全多样化的道路又不便于快餐企业的连锁经营和发展。

【创业宝典】

对所有创业者来说，永远告诉自己一句话：从创业的第一天起，你每天要面对的是困难和失败，而不是成功。我最困难的时候还没有到，但有一天一定会到。任何困难都必须你自己去面对。创业者就是面对困难。

——马云

案例思考

1. 如何发现与识别商机?
2. 怎样才能将创新或创意变成商机?
3. 创业风险来自哪里,如何防范?
4. 成功商业模式的核心要素有哪些?
5. 创业企业在供应链管理中可以创新的商业模式有哪些?

三、实训活动

(一)实训目标

1. 理解沟通的重要性,体会沟通与合作的技巧。
2. 理解创意转化为创业机会的过程。
3. 体验创业机会分析的内容、过程与步骤。

(二)实训活动

实训活动一 撕纸游戏

1. 目的

理解和体会沟通的重要性。同样的指令,不同的人有不同的理解,执行起来便会有不同的结果。

2. 材料和道具

A4 复印纸(每个学生两张)。

3. 场地

室内。

4. 游戏方法

(1)游戏要求:事先给所有的学生发一张 A4 的纸,要求学生按照教师的指令去做,所有学生都不能发声(可以要求学生闭上眼睛)。

（2）教师指令：
①把纸按顺时针方向旋转180度；
②把纸对折；
③重复1；
④重复2；
⑤把纸按顺时针方向旋转90度；
⑥在纸的右上角撕去一个1厘米左右见方的正方形；
⑦重复步骤5；
⑧在纸的左上角撕去一个1厘米左右半径的四分之一圆；
⑨然后请大家睁开眼睛，展开手中的纸，教师检查，引导学生探询结果不一致的原因；
⑩教师让学生睁大眼睛跟着他再做一遍这个游戏。只不过这次允许学生在做的过程中向教师发问，并提出自己的一些疑问及不清楚的地方。譬如对折是横折还是竖折，折过后的开口朝哪个方向等。在此基础上做完所有的过程，然后要求学生将纸打开。将教师手中的纸所打开的图形与学生手中的图形作比照，会发现图形不一致的现象还是存在，只不过较上次少了许多。

5．讨论
（1）完成第一步之后讨论：为什么会有这么多不同的结果？
（2）完成第二步之后讨论：为什么还会有误差？

实训活动二　沟通游戏

1．目的
（1）理解和体会沟通的重要性；
（2）理解沟通中信息解码及信息反馈对沟通效果的影响；
（3）强化沟通能力培养意识。
2．实训要求
（1）教师将事先准备好的12个判断题的题目口述给学生，其间不能重复。然后口述一个跟题目相关的故事情节，让学生根据故事情节快速回答12个判断题。
（2）学生完成上面的题目后，教师再将刚刚做过的题目发给学生，让学生认真分析故事情节，然后重新进行判断，提醒学生不要受第一次答案的影响。
（3）教师公布答案。
（4）进行游戏总结。

3. 判断题

题　目　　　　　　　　　　　　　　备选答案

（1）店主将店堂内的灯关掉后，一男子到达。

　　　　　　　　　　　　　　　　　T 正确　F 错误　? 不知道

（2）抢劫者是一男子。　　　　　　T 正确　F 错误　? 不知道

（3）来的那个男子没有索要钱款。　T 正确　F 错误　? 不知道

（4）打开收银机的那个男子是店主。T 正确　F 错误　? 不知道

（5）店主倒出收银机中的东西后逃离。T 正确　F 错误　? 不知道

（6）故事中提到了收银机，但没说里面
　　 具体有多少钱。　　　　　　　T 正确　F 错误　? 不知道

（7）抢劫者向店主索要钱款。　　　T 正确　F 错误　? 不知道

（8）索要钱款的男子倒出收银机中的东西后，
　　 急忙离开。　　　　　　　　　T 正确　F 错误　? 不知道

（9）抢劫者打开了收银机。　　　　T 正确　F 错误　? 不知道

（10）店堂灯关掉后，一个男子来了。T 正确　F 错误　? 不知道

（11）抢劫者没有把钱随身带走。　 T 正确　F 错误　? 不知道

（12）故事涉及三个人物：店主、一个索要
　　　钱款的男子以及一个警察。　T 正确　F 错误　? 不知道

4. 故事情节：商店打烊时

某商人刚关上店里的灯，一男子来到店堂并索要钱款，店主打开收银机，收银机内的东西被倒了出来而那个男子逃走了，一位警察很快接到报案。

5. 答案

（1）店主将店堂内的灯关掉后，一男子到达。? 商人不等于店主

（2）抢劫者是一男子。　　　　　　? 索要钱款不一定是抢劫

（3）来的那个男子没有索要钱款。　F

（4）打开收银机的那个男子是店主。? 店主不一定是男的

（5）店主倒出收银机中的东西后逃离。?

（6）故事中提到了收银机，但没说里面　T
　　 具体有多少钱。

（7）抢劫者向店主索要钱款。　　　?

（8）索要钱款的男子倒出收银机中的东西后，?
　　 急忙离开。

（9）抢劫者打开了收银机。　　　　F

（10）店堂灯关掉后，一个男子来了。T

（11）抢劫者没有把钱随身带走。　 ?

(12) 故事涉及三个人物：店主、一个索要　　？钱款的男子以及一个警察。

实训活动三　强渡金沙江

1. 模拟背景

生活在云南边陲金沙江边的一个少数民族，每年春江水暖的时候，都要举行声势浩荡的传统渡江比赛，有趣的是他们的渡江工具并不是"船"而是"桥"，而且除了渡江速度外，桥的美观度、比赛选手的配合熟练程度等都是决定胜负的重要因素，在他们朴素的民间游戏中，包含着丰富的团队管理思想。

2. 实训目的

(1) 体验统一的目标和行为规范对于团队绩效的重要性；
(2) 领导能力和创新精神的训练；
(3) 练习"分析、目标、战略、计划、分工"的工作程序；
(4) 强化团队沟通意识和团队合作意识。

3. 实训内容

分组：所有参赛人员每10人为一组，按照龙、虎、狮、豹等命名。

任务：每组按照组织者事先提供的各种原材料和工具（纸板箱、封箱带、百得胶等），自行设计、制作两座相同的桥，并以这两座桥作为"渡江"工具，渡过规定宽度的"金沙江"。其中，所用原材料和工具较少、制作时间较短、"渡江"速度较快、桥身强度及美观度较高、计划性较好、队员的分工配合较优的组获得优胜。

渡江要求：同组的10个人全部站在A桥上，然后把B桥移到A桥前，10个人再全部转移到B桥上，如此不断前进。过程中桥不能塌陷，任何人不得从桥上下来。

实训活动四　龙马传奇

1. 模拟背景

一个阳光灿烂的季节，一群来自现代化都市的职业探险家走入一片陌生而美丽的土地：四周群山环抱，草木茂盛，眼前是一望无际的湖水……他们向往湖中那座神秘的小岛，他们要在岛上燃起炊烟，支起帐篷，享受沉静在湖光山色中的生活，但是，他们首先必须抓紧时间，在天黑以前用有限的原材料和工具扎一只竹筏，作为登岛的交通工具。

2. 实训目的

(1) 体验统一的目标和价值观对于团队绩效的重要性；

（2）练习"分析、目标、战略、计划、分工"的工作程序；

（3）培养员工团队沟通和合作技巧。

3. 实训内容

同舟共济：各小组按照组织者事先提供的原始竹料、木板、绳子等，自行设计、制作一只竹筏，并用自制的竹筏划过规定的航道。所用原材料和工具较少、制作及划行速度较快、失误（有人落水）较少的队获胜。

旷野炊烟：架起土式的烧烤炉，让肉香在傍晚的空气中弥漫。

安营扎寨：两人帐篷、三人帐篷、四人帐篷，像一簇簇鲜花散落在青青的草地上。

篝火燃情：当篝火照亮夜空的时候，也照亮了每个人的心灵，所有的激情都在释放、燃烧。

实训活动五　创业机会分析[①]

1. 创意背景

家电产品早已进入人们的日常生活，但作为特殊的消费群体，学生却无法享受这一便利。高校宿舍内大功率电器的禁止使用，每年高校内由于使用违章电器造成的血案历历在目，然而学生市场对一般性家用电器有一定的渴求。我们由此产生灵感，同时，结合"低碳"主义以及契合今年世界环境日"多个物种，一个星球，一个未来"的主题，诞生了我们的无须用电、安全实用、健康节能的洗衣产品。

2. 创意产品——迷你脚踏洗衣机（图3.2）

图3.2　迷你脚踏洗衣机图示

---

① 本实训题目系根据市场营销大赛南京审计学院校内选拔赛参赛作品编写。

本产品分三部分。第一部分为脚踏车部分：由座椅、踏板、测速器组成（图3.3）。测试器用来显示骑行速度和时间，方便计算洗衣时间。第二部分为纽带部分：由变速器和链条组成的变速器有两个齿轮，一个是连接第一部分的一般齿轮，另外一个是连接第三部分（洗衣机）的变速齿轮（图3.4）。采用变速自行车的变速原理，消费者可以通过开关调整齿轮的大小，从而使脚踏部分的齿轮直径与洗衣部分齿轮的直径的比例改变，对消费者起到不同的锻炼作用。第三部分为洗衣部分：由洗衣功能和脱水功能结合（图3.5）。

图3.3 脚踏车结构图

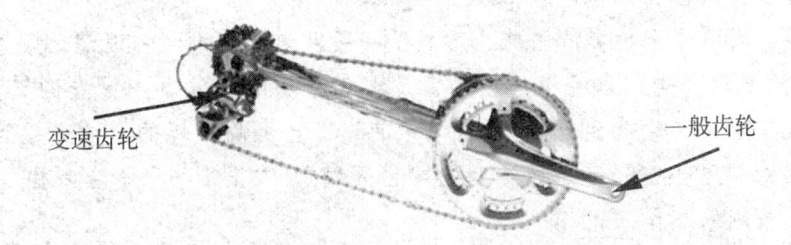

图3.4 纽带结构图

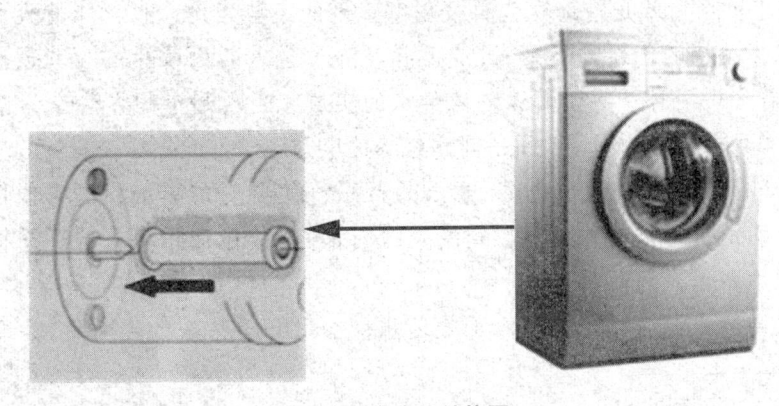

图3.5 洗衣机结构图

3. 实训目标

（1）理解创意转化为创业机会的过程；

（2）体验创业机会分析的内容、过程与步骤；

（3）培养学生分析目标市场的能力；

（4）培养学生团队合作的精神。

4. 实训要求

每5个学生分为一个小组，对迷你脚踏洗衣机的目标顾客及创业可行性进行分析，在此基础上分析该创业项目的机会与风险，并撰写分析报告。

四、深度思考

（一）孙子兵法解读创意经济[①]

"创意经济"已不再仅仅是一个理念，而是有着巨大效益的经济现实。据有关资料显示，全世界创意经济每天创造220亿美元的产值。众多创意产品、营销、服务，吸引了全世界的眼球，形成了一股巨大的创意经济浪潮，席卷世界。

"创意策划"是创意经济的核心，是现代市场激烈竞争中爆发的智慧凝聚，是当代最有效的"商战武器"。它成功地使许多已濒临绝境的企业起死回生；把默默无闻的"丑小鸭"变成了行业的"白天鹅"。"王老吉""金六福"的品牌就是创意策划的杰作。

现代科学技术是创意经济的载体和平台，是创意经济发展的助推器。"超女""网络歌曲"就是借助现代科技创意策划的经典案例，也意味着大胆的创意冲击传统，独特的创新挑战平庸，"品牌经济"进入新的阶段——"创意经济时代"。请看——用孙子兵法解读创意经济的实质、表现形态和方法论。

一、"兵者，诡道也。"——创意经济的实质

孙子曰："兵者，诡道也。"意思是行军打仗要变幻莫测，真真假假，虚虚实实，这就是行军打仗的创意，是战争的创意。"故能而示之不能，用而示之不用，近而示之远，远而示之近。"

创意经济的灵魂和核心内涵正是创意，借用孙子兵法的这句话："商者，创

[①] 刘平."孙子兵法"解读"创意经济"[J]. 市场营销导刊，2006（6）.

意也。"从工业经济时代到品牌经济、创意经济时代,创意已成为新经济发展的引擎。

1. 创意,"商战的灵魂"

创意策划最大的魅力也许就是,它往往有一种化腐朽为神奇的力量,能够创造奇迹,海南"博鳌"就是被创造的奇迹。达沃斯因世界经济论坛而知名,戛纳因国际电影节而知名,而中国海南的一个鲜为人知的小渔村——博鳌则因亚洲论坛而闻名世界。

被誉为"创意产业之父"的国际创意产业著名专家约翰·霍金斯指出:"创意就是用不同的视角或方法来看待问题,以一种自己感兴趣的方式来看待问题,而不管规则是怎么说的或者别人又是怎么说的。""我之所以会投身于创意和创意经济,那是因为我坚信创意想象是我们人类所拥有的最重要的东西,我们可以和别人分享我们的创意想象,也正是这一创意想象引领着世界经济和技术的发展。"

创新离不开创意,而创意产业的诞生和创意经济的发展也离不开创新。研究显示,创意产业在全球范围内的出现与现代科技的高速发展是密不可分的,创意是让科技走向市场的催化剂,科技和创意结合的部分是创意经济最好的增长点;科技和文化的结合是创意产业核心的东西,把科技当作手段,以内容撬动消费者的心灵。

胡戈《一个馒头引发的血案》、湖南台"超级女声"风暴、网络歌曲颠覆传统的"造星模式"等,都是经典的创意杰作,其背后却又都离不开现代科技的发展和支持。这些创意事件和现象风靡全国,不仅标志着创意经济时代的到来,也预示着品牌营销的新形态。有人预言,互联网将成为下一波创意产业和创意经济最大的平台。

2. "创产","创意战场"的支撑

"创产"即"创意产业",这个概念最早起源于20世纪90年代初的澳大利亚。创意产业是创意经济的支撑产业,但不是全部,主要指源于个人创造性、技能与才干,通过开发和运用知识产权创造财富的产业,包括广告、建筑、艺术、工艺、设计、时装、出版、研发、电影录像、电视广播、交互式休闲软件、音乐、表演艺术、摄影、软件、电脑服务等。这个清单是大多数国家都接受和认可的,其中所涉及的产业大多以艺术为基础。

然而,"创意战场"不只属于某些特定的产业,而是一个广泛的概念,涉及各行各业。一些产业貌似与创意"绝缘",但是,如果你试着以创新的视角来看待和探索这些产业,你将会发现,创意与这些产业也有着天然的内在联系。实际上,我们进入的是以品牌营销为特征的创意经济时代,应该用更加开放的心态和眼光来界定和理解"创意产业"和"创意经济"。

二、"出其不意、攻其不备。"——创意经济的表现形态

"出其不意,攻其不备"的实质就是"出奇制胜",这是创意营销的最好写照。创意经济的核心就是创意策划与创意营销。我们需要技术创新,更需要营销创新。

1. "以正合,以奇胜","二张"挺进电影圈

孙子曰:"凡战者,以正合,以奇胜。"大凡用兵作战,都是以正兵迎敌,以奇兵取胜。张艺谋、张伟平联手在中国电影界缔造的神话正是"以正兵迎敌,以奇兵取胜"的典范。张艺谋拍出顶级影片此为"正",张伟平策划创意营销此为"奇"。

作为张艺谋电影制片人的张伟平,在导演了一次次富有创意的电影营销后开始慢慢地从幕后走向台前。人们开始认识到,支持张艺谋以及他的电影始终走在中国电影前列的最大后盾是张伟平成功的商业运作,可以说张伟平是张艺谋电影品牌的缔造者。

在中国电影产业链还不是很成熟的情况下,没有票房,就意味着无法收回电影投资。在《千里走单骑》的首映礼上,张艺谋说:"我是种萝卜的,而张伟平是卖萝卜的,但是现在萝卜不好卖。"这位中国最牛导演的这句话,道出了中国电影市场一个真实的现状。

因为受到电视、盗版数字多功能光盘(Digital Versatile Disc,DVD)、网络,还有居高不下的电影门票价格,以及美国大片等因素的影响,遭遇重重围攻的国产电影几乎被中国观众遗忘了,即便是像张艺谋这样顶级导演的影片,也很难轻易把观众请进影院,他们宁愿选择在家里观看DVD。

因此,有人说中国不缺乏有创意的电影,但是缺乏有胆识的投资者和有创意的电影营销者。在电影市场遭遇电视、网络、新媒体的冲击下,很大程度上,"卖萝卜"的能力高低决定着一部影片票房的高低。

张伟平在商业运作上的成功,固然有资金作为坚强后盾的外因,但最核心的因素还是张伟平不断创新的营销策略。张伟平不重复自己,也不模仿别人,即便是一个普通的新闻发布会,张伟平也能搞出很多的花样。

正是基于对中国电影市场的深刻认识,张伟平才不按常规出牌,他对电影宣传的大投入和那些屡屡创新的营销手段,不论是国际上,还是国内都是少见的。

张伟平清楚地认识到,如果省了后期营销的3 000万元,那么前期的3个亿很可能就打了水漂,在这方面,张伟平真正体现出了一个商人的精明和智慧。他非常清楚地知道后期宣传的投入对于影片票房的意义,"在目前中国的电影市场环境中,一个影片票房的保证,可以说70%靠宣传营销,而影片本身只占30%"。

事实证明了,张伟平每次大手笔和富有创意的营销宣传都为高票房提供了一种保障。在电影营销方面张伟平不仅表现出超乎常人的魄力,也体现了他非凡的商业智慧。

有人总结,张伟平投资的《英雄》开创了中国电影史上四个第一:音像版权拍卖1 780万元天价,而此前的纪录不过一二十万;选择中国盗版策源地深圳首映并展开午夜禁盗版行动,打了一场漂亮的阻击战;投入2 000多万元在人民大会堂举办盛大的首映式和包公务机在全国巡回宣传;创造了中国电影史上2.5亿元的票房奇迹。

2."上兵伐谋",蓝猫"突出重围"

孙子曰:"故上兵伐谋,其次伐交,其次伐兵,其下攻城。"最好的用兵是以谋略取胜。在国内动漫市场大有被境外动漫"全面占领"的情况下,一部地道的国产系列动画片《蓝猫淘气3 000问》,通过成功的市场运作,成为"上兵伐谋"以谋略制胜的榜样。

作为创意产业重要组成部分的动漫产业,被国际市场公认为全球最炙手可热的朝阳产业,2005年全球动漫产业的产值达到了2 500亿美元。

然而,面对如此巨大的动漫市场,国内生产动画作品的百余家动漫企业中,却几乎没有盈利的。中国最老牌的动漫生产机构——上海美术电影制片厂虽然生产了诸如《大闹天宫》、《哪吒闹海》等多部深受好评的动画电影,但其掌门人却坦言,美影厂并不愿意多做动画,因为"做一部亏一部"。

三辰卡通集团凭借"蓝猫"形象授权开发动漫衍生产品的运作模式,在国内动漫市场大有被境外动漫"全面占领"的情况下脱颖而出,彻底改变了业内对国产动画片不懂市场商业运作的成见。

目前,蓝猫的持有人三辰公司已拥有16大类,6 600多品种的衍生产品,产品拥有包括美国在内的15个国家的海外版权,还有广告、品牌图书及光盘等多个盈利点。

按照三辰卡通集团董事长孙文华的阐述:"我们通过艺术生产流水线和现代产业供应链的对接,规模化制作生产,借助电视播出和版权输出,创造形象和品牌影响力,用文化品牌整合产业,逐步打造一条以动漫形象为龙头、跨行业的艺术形象——品牌商标生产供应——整合营销的产业生态链。"

三辰集团利用"蓝猫"这一品牌,先后开发了一系列衍生品,其中包括影碟光盘(Video Compact Disc,VCD)、图书、文具、钟表、服装、鞋帽、自行车等。最高峰时,蓝猫的衍生产品达到17个大类,6 600多种,全国专卖店有2 400家,产业销售收入超过20亿元,是其投资成本的22倍。

马克思说:从产品到商品,是惊险的一跃。而"蓝猫"通过一系列以谋略为核心的商业运作,已经成为率先完成这"惊险一跃"的国产动漫片的品牌代表。

3."完胜",盖茨缔造"微软帝国"

孙子曰:"凡用兵之法,全国为上,破国次之,全军为上,破军次之。""是故百战百胜,非善之善者也;不战而屈人之兵,善之善者也。"用兵打仗,要以能完整地占有敌国领土为上策,以完整地降服敌国军队为上策;通过进攻使敌国受到破坏,通过打仗击溃敌国军队便略逊一筹了;所以说,百战百胜并不是最好的,不通过兵刃交锋就能使敌降服才是最好的。

微软通过"借力使力、创意营销"奠定了其在电脑操作系统的霸主地位,微机预装操作系统市场无敌手,因此大家自觉不自觉地都得用其操作系统。微软成了"不战而屈人之兵"的带有垄断特征的"全国为上"的典范,也造就了比尔·盖茨。

在20世纪70年代中期,微软使用"借船出海"的策略,借力国际商业机器公司(International Business Machines Corporation,IBM)使美国微软公司提供的磁盘操作系统(Microsoft Disk Operating System,MS-DOS)成为了微机操作系统的标准,奠定了其在软件领域的领导地位。微软之所以能在三个操作系统中脱颖而出,在于微软与其他两家供应商不同,在获得为IBM个人电脑(IBM Personal Computer,IBMPC)提供操作系统的时候,提供给IBM非常优厚的条件,即一次缴付低廉的权利金。

因此,IBM拥有了促销MS-DOS的动力。微软的策略不是直接从IBM处赚钱,而是借IBM将其操作系统推向市场后,从制造与IBMPC相兼容的厂商身上赚取授权使用MS-DOS的利润。因为,在微软与IBM的交易中,IBM可以免费在其个人电脑(PC)上预装微软的操作系统,但却没有独家使用权。

微软在磁盘操作系统(DOS)上获得空前成功后,又乘胜前进,在20世纪90年代中推出了划时代的视窗操作系统(Windows),并接连于1995年、1998年、2000年推出了新的视窗操作系统。至此,微软将微机操作系统市场一网打尽,在软件领域的霸主地位更是没人可以撼动了。

然而,使用鼠标的视窗技术最先却不是微软发明的,但把该技术引入微机领域,推向广大客户的却是微软。所以说,微软的成功不仅仅表现在技术能力上,更多地表现在创意营销战略和策略上。

4."避实而击虚",书写"戴尔奇迹"

孙子曰:"夫兵形像水,水之形,避高而趋下;兵之形,避实而击虚。"用兵的规律是避开敌军的坚实之处,攻击其空虚之处。"善攻者,敌不知其所守。"善于进攻的人,能做到使敌军不知道该从哪里加强防守。

戴尔就是"避实而击虚"的"善攻者",他发现了传统电脑分销模式在流通渠道成本居高不下的软肋，故其避开了通行的电脑分销模式而采用"零库存运行模式"的电脑直销，高周转、低成本，是侧翼战的典范。至今，电脑直销仍为其独享的有力武器，为戴尔赚取着巨额利润。

戴尔公司的迅速崛起并不是依靠领先的技术，它依靠的是一种观念、一种商业模式，更加难能可贵的是，这是一个并不被普遍看好的模式。实际上，戴尔公司从诞生之日起，就一直被各种非议所包围，但是戴尔却不为所动，而是抓住市场新苗头，预测市场变化，引导新的需求，正所谓取人之弃，独得其利。

如此，戴尔公司从一家名不见经传的小公司不断发展壮大，现已成为PC界举足轻重的新盟主，它的实力已与康柏公司（COMPAQ）、IBM这些业界元老们难分伯仲。戴尔风暴已席卷整个电脑业，它的PC、服务器、工作站源源不断地运往福特、波音以及像德意志银行这样的超级集团。这要归功于低价直销的经营策略。

戴尔取得今天的成就，与那些神奇的软件和芯片并无太大联系，关键在于戴尔敢于逆流而上，取人之异，独享其利。按照戴尔的话说就是我们从事的工作是为了降低传播技术的成本。直销本身并不是什么创新，但实行电脑直销却是个了不起的创举。

如同沃尔顿把沃尔玛超市开到乡村一样，沃尔顿之所以被称为天才，在于他知道如何有条不紊地建立市场基础，处处从小事做起；而戴尔的过人之处正在于他知道沃尔顿的原则同样也能在电脑业所向披靡。戴尔对市场的每一丝动向都有敏锐的洞悉，是他创造了戴尔公司经营模式的要素，追求着"零库存运行模式"。

综上案例，可以看出创意策划与创意营销是缔造品牌的重要推手，是创意经济的核心动力和主要表现形态。

三、"知己知彼、百战不殆。"——创意经济的方法论

孙子曰："知彼知己者，百战不殆；不知彼而知己，一胜一负；不知彼，不知己，每战必殆。"就是既要了解自己，也要了解敌人，在此基础上才能"出其不意""百战百胜"，这也是创意经济、创意策划和品牌树立的方法论。请看忽视"知彼知己"的两个典型反例。

1. "闭关锁国"，索尼营销的无创意失败

孙子曰："势者，因利而制权也。"就是说，有利的客观形势也是人们从有利的原则出发，根据实际情况，采取机动灵活的举措造成的。然而，索尼墨守成规，孤芳自赏，成了"不知彼、不知己"不能因势利导的失败者。

20世纪70年代中后期，盒式磁带录像机（Video Cassette Recorder，VCR）规格争霸战中索尼公司的盒式视频录像机（Betamax，亦写作β-max，BETA）制式输给了日本胜利者公司（Victor Company of Japan, Limited, JVC）的家用录

像系统（Video Home System，VHS）制式。日本 JVC 公司成为正循环下的胜利者，消费者选择了相容性；而索尼成为坐拥独门技术的失败者，即使 Betamax（BETA）的技术较为优异。

JVC 在与索尼的竞争中，主动开放技术，使得使用 JVCVHS 制式的节目内容越来越多，而节目越多就促使越多的人购买 VHS 制式的 VCR，如此形成了正循环。索尼 BETA 制式虽然品质更好，也深受专业人士的青睐，但由于索尼封闭技术，依此制式制作的节目内容就少，使用的人也就更少了，进入了负循环，成了曲高和寡、自娱自乐的"艺术品""欣赏品"。索尼从而彻底丢失了家用录像机市场。

2."不知彼"创意失败，IBM 痛失微机市场

孙子曰："不知彼而知己，一胜一负。"不了解敌方情况，只了解自己情况，便会有时胜利，有时失败。在商战中如此，失败是必然，成功是侥幸。

毋庸置疑，IBM 兼容机已经是电脑世界的主流，然而 IBM 公司本身却被排斥在外，多么具有嘲讽意义的事实。IBM 成了太过相信自己而忽视外部环境力量的反面典范。

20 世纪 80 年代初，IBM 开始涉足 PC 市场。为了在一年内使产品上市，IBM 前所未有地采用了开放式设计的决定。这个决定使得其他厂商也能生产。由于 IBM 的名气及采用了开放式设计，正循环开始驱动 PC 市场。

长达数年之久，企业界所使用的 PC 有一半以上是 IBM 生产制造的，其余则是和 IBM 相容的产品。后来，几乎所有具有竞争力的非 IBM 兼容机都销声匿迹了。IBM 制定了产业标准。1984 年 IBM 也创下了单年利润最高的世界纪录——66 亿美元。

然而，当 IBM 推出个人电脑时，从未想到 PC 的销售会挑战自己的传统业务市场。为了不让 PC 侵蚀自己原有的小型机市场，IBM 在其个人电脑功能迅速增加、展现威力时，反而抑制其发展，故意拖延推出 386 个人电脑。结果，康柏第一个推出 386 微机。这个举动让康柏赢得了威信和领导地位。

如果 IBM 这时奋起直追，策略正确的话，仍可以反败为胜。然而，太强的优越感，使 IBM 高估了自己的能力与影响力，忽视了兼容性和市场的力量，犯了一个更大、更致命的错误。

这就是 IBM "别出心裁"打算发展不同的电脑硬件系统和彼此互异的操作系统，迫使竞争者退出市场，或者支付高昂的权利金。换言之，这个计划的主旨就是淘汰 IBM 兼容机。1987 年，IBM 推出了具有新颖微通道技术的 PS/2 个人电脑。

IBM 以为它的大旗一挥，消费者一定会趋之若鹜。然而，IBM 打错了算盘，当消费者发现基于 PS/2（Personal System 2，个人系统 2，电脑上较早使用的接

口之一）的配套设备和应用软件还太少时，消费者抛弃了 IBM，选择的是 IBM 兼容机（虽然不是 IBM 制造），而不是 PS/2（虽然是 IBM 制造）。

这对 IBM 造成的最大损失不是投入的巨额研究经费，而是从此失掉了个人电脑的控制权。20 世纪 90 年代，虽然 IBM 意识到了这一点，重回 IBM 兼容机的轨道，但已经时过境迁。即便费了九牛二虎之力，IBM 却始终无法重拾领导地位，更不用说霸主地位了。最后，不得已 IBM 将 PC 业务出售。这就是 2005 年年初轰动全球的联想收购 IBMPC 业务的大型并购案。

即使像 IBM 这样的超级霸主，也不可能逆势而为，犯了"不知彼创意"这样严重的战略错误。IBM 作为 IBMPC 兼容机的发明者落到如此下场，的确引人深思。

（二）全球最成功的四大商业模式[①]

1. 盖茨的商业模式

盖茨是一个天才，在 1977 年他 21 岁的时候创办了微软公司。1986 年 3 月微软上市，他 30 岁时，就成了亿万美元富翁！

但他为什么一个人能赚这么多钱？

其实，盖茨的亿万财富并不是说他已经实现了这么多的盈利收入，而是在他公司上市后，股票市场对微软未来的收入非常看好，所以愿意给微软的股票很高的价格。也就是说，盖茨今天的财富更多的是反映微软未来的收入，反映微软未来能赚多少钱，是股市帮助盖茨把未来的收入提前变现，他今天的财富不是靠过去已赚的收入累计起来，而是未来收入的提前累计。所以，是股市帮了他的忙，是股市非常看好微软的未来。

那么，为什么微软会这么赚钱？它跟别的公司有什么差别？原因当然很多。第一个原因是软件商业模式的特点。比如像大家喜欢用的 Windows，每多卖一份 Windows 系统软件，其价格是 260 美元，其成本对微软公司来说接近零，也就是说，这 260 美元是纯利润。世界上今天有 6 亿多的电脑用户，哪怕中间只有一亿人付这个价钱，这也是 260 亿美元的收入！你说，这么大数量的销售市场，同时每卖一份软件的边际成本又几乎为零，这种商业模式怎么不赚钱呀！

边际成本是什么意思？是说，你已经投入了开发成本、广告成本，为了再多卖一份产品，你还要付出多少成本。比如，你们可能觉得丰田公司造一种车会卖很多钱，但是，你要知道，每辆车的制造成本会很高，而且每辆车的成本

[①] 资料来源于《全球最成功的 4 大商业模式分析》，世界经理人互动社区，http://www.ceconlinebbs.com/FORUM_POST_900001_900003_944252_0.HTM。

基本一样。也就是说，为了多卖一辆车，丰田必须买这些汽车部件，比如发动机、车身、轮胎、方向盘等，这些部件一样也不能少。况且他们要付工人工资、退休金以及其他福利，所以每辆车的边际成本很高。丰田汽车公司的利润空间永远无法跟微软相比。这就是为什么大家喜欢微软的股票，喜欢盖茨创办的公司，而不会太热爱汽车公司股票。

是呀，这也是为什么人们开餐馆开了几千年，但没有人开出一个亿万富翁来。实际上，农业的利润空间更小。因为每亩（1亩≈666.67平方米，全书同）地需要的资源投入和劳动投入都是一样的，边际成本是常数，没有规模效应，不要说跟微软的商业模式比要差很多，就算跟汽车公司比也差很多。原因是通过机械化生产，丰田公司能利用规模生产减少每辆车的制造成本。所以，农业远不如工业，而工业又不如微软这样的行业。这就是为什么西方国家通过工业革命在过去250年领先中国，而今天美国又通过像微软这样的行业领先世界所有其他国家，超过包括工业革命的发源地——英国。

当然，类似微软这样的商业模式越来越多，比如，网络游戏。中国的陈天桥先生创办盛大网游，他的特点也是"零边际成本"，一旦互联网游戏软件已开发好，多一个客户对盛大的成本是零，所以来自千百万个新客户的付费都是净利润，你说那不赚吗？基金管理业也是基本如此，像我们的对冲基金公司有10个工作人员，只要所管理的资金在一亿美元至几十亿美元之间，我们不用增加太多费用开支，收入的边际成本也几乎为零。

2. 为什么星巴克会这么成功？

如果微软产品的边际成本几乎是零，而餐馆、制造公司等的运营成本、材料成本很高，那为什么还有人去开餐馆，建制造公司呢？这些公司还存在并且有人继续在开新的，这本身不就说明还能赚钱吗？

的确是这样，各个行业都可以有赚钱机会，关键还得看有没有办法降低成本，或者巧妙地创新商业模式。比如说，我们经常去的星巴克咖啡店，你不是也喜欢那里吗？本来，咖啡先起源于10世纪的埃塞俄比亚，随后传入中东，到16世纪由威尼斯商人带入意大利，经过英国东印度公司的海外贸易于17世纪初传入英国、荷兰等其他西欧国家，并立即成为西欧的时尚饮料。到1675年，仅英国就有3 000多家咖啡馆，那时的英国移民也把咖啡带到北美，在17世纪末，纽约、波士顿等地也到处是咖啡馆。你看，咖啡馆在西方、在美国已开了300多年，其数量早已成千上万，有许多人都尝试过开咖啡馆，也赚过钱，像这么老的行业，谁会想到还会有创造亿万富翁的机会呢？

但是，这并没阻挡美国人——霍华德·舒尔茨（Howard Schultz）通过开咖啡馆成为亿万富翁，更确切地说他的财富是13亿美元！他于1985年成立今天的星巴克公司的前身，到今天星巴克的市值是254亿美元，短短21年就创造这种奇迹，而且是在有300多年的老行业里创造这种奇迹！像星巴克这样既没有新科技，又是一个老掉牙的行业，怎么还有机会呢？

首先在于规模，星巴克今天有许多家分店，遍及全球，这是星巴克跟微软、谷歌类似的地方，都有广大的消费者群体。星巴克在全球各地一周销售4 000多万杯咖啡饮料，每月销售差不多两亿杯，按每杯3美元算，仅咖啡销售就是每月6亿美元！这是过去300多年没有人做到的，过去没有咖啡馆公司做出这种规模，是史无前例！

为什么星巴克的品牌这么好，世界各地的人都愿意去，而且愿意为星巴克咖啡付这么高的价格？他们是不是靠花很多钱做广告？

的确，几乎所有公司品牌都靠花大量资金做广告，依此在消费者群体中建立信任和形象，像衣服、食物品牌都这样。做市场营销研究的人得出的结论是，一般的人在看到一种品牌两三次之后才会愿意掏钱买它，才会信任它，所以广告费的投入极为关键。但是，到目前为止，星巴克没有花过一分钱做广告，可它的品牌却是全球咖啡行业最响的，这是星巴克最大的成功妙诀所在。正因为它不花钱做广告也能有最好的品牌，它每卖出一杯咖啡的边际成本就很低，赚钱的空间就大了。

为什么星巴克不用花钱做广告就能建立顶尖品牌呢？三方面因素带给星巴克优势。第一，从一开始，星巴克就只选择在最繁忙的市区交叉路口开咖啡店，虽然这些地段租金很高，但非常醒目的位置给星巴克做了最好的广告，过路来往的人不可能不看到招牌门面，看的次数多了，品牌信任自然就来了。当然，这一点可能早就是常识，从前人们就知道，没有太多特殊的。

所以，更重要的是第二个因素，那就是全球化、全球范围内的人口流动，为星巴克这样的品牌连锁店带来空前的机会。但有一点很关键，就是人们在各地、各国间的流动要具规模，要频繁，也就是空运、高速公路等交通网必须很发达，跨国间的旅游方便容易。否则，这种跨地区、跨国间的品牌协同效果就很差，这就是为什么在全球化于20世纪80年代重新启动之前，即使有人想象霍华德·舒尔茨先生这样去创办全球连锁咖啡馆，也难成功。是全球化带来的跨国人口流动造就了星巴克，为星巴克节省许多广告开支。有了星巴克这种规模的全球咖啡馆之后，以往传统的咖啡馆日子就不好过了，它们正在被逐步淘汰。

"第三个因素是星巴克在纳斯达克上市，1992年它的股票正式上市交易，也就是说，我们都可以通过买股票成为星巴克股东。许多人认为，向大众发行自己公司的股票只是一个融资事件，如果我的公司不需要资金，好像就不必上市。——实际上，远不是这样，让公司股票上市除了融资之外，另一个同样重要的效果是巩固公司的品牌，增加公司的知名度。在1992年上市之前，星巴克只是在美国西海岸有一定的知名度，其他地方的人不知道有这么一个咖啡馆公司，更不知道它的咖啡如何。但是，在准备上市的过程中，美国大大小小媒体都在报道星巴克这个公司，介绍它的咖啡如何好。这就好了，连没喝过星巴克咖啡的人都好奇了，也想去找找试试，一下把星巴克咖啡变成时尚品了。股票上市之后，股价一天天涨，这本身又使星巴克成为新闻，使更多人对星巴克好奇。就这样，虽然星巴克没花钱做广告，其效果却胜过广告。"

3. 沃尔玛的成功模式

沃尔玛（Wal-Mart）是另一个有意思的财富故事。过去近20年里，沃尔玛公司创始人——沃尔顿（Samuel Walton）家族的财富一直排第一，远远超过比尔·盖茨和其他家族。比如，在2006年美国《福布斯》财富榜上，沃尔顿家族单个成员分别排第六、七、八、十和十一位，每位的财富均超过150亿美元，五位共有786亿美元，而单人排第一的比尔·盖茨有530亿美元。这种故事，这么大的财富数字，不是神话又是什么呢？

为什么沃尔顿家族能有这么多财富？沃尔玛只是开平价超市连锁店，在这种传统行业里，怎么可能比微软更赚钱？

从表面看，沃尔玛超市好像跟其他连锁店没区别。沃尔玛的口号是"天天平价"，以高质量、低价格把别的商店挤掉。如果沃尔玛的价格总比别人低，那沃尔玛靠什么赚钱呢？我们以前讲过，微软每卖一份软件的边际成本几乎为零，但批发商没那么幸运，卖出的每件物品的成本不可能接近零。比如，他们肯定要花钱进货，还要雇佣员工，支付运货成本，还有商场的租金，等等。所以，沃尔玛的商业性质跟微软不可能相同，赚钱的模式自然不一样。因此，为了做到"天天平价"，同时又能盈利，沃尔玛必须在成本上下功夫，要最大限度地压成本，这样才可让消费者得到好处。但问题是如何压低成本？

"沃尔玛的最大特点是大批量采购货物，而且是直接从厂商采购，避开批发商。由于采购量巨大，它能把厂商的出货价格杀到最低。沃尔玛在全球有5 000多家巨型超市，每周有一亿多顾客光顾其商店，2006年的销售额是3 388亿美元，相当于整个中国农、林、牧、副、渔业一年的收入。这几千家超市的货物由总公司统一采购，比如像鞋、衣服，只要沃尔玛决定从哪家制鞋厂进货，那就是一年几亿双鞋的订单，这家制鞋公司就不用找别的客户了，只为沃尔玛生产就够它发展增长了。正因为这样，沃尔玛就有充分的砍价能力，以最便宜的价格直接从厂商进货，不仅给沃尔玛很大的盈利空间，而且也让它有能力以低价跟别人竞争。所以，大批量从厂商直接采购，避开批发商，是沃尔玛压低成本、提高利润的主要策略。"

如果我们看看沃尔玛的背景，或许能更好理解。沃尔玛的创始人沃尔顿先生于1918年出生在俄克拉荷马州的农村，从小放牛养马，挤牛奶，养兔子卖，养鸽子卖。中学、大学时期，他在餐馆、商店打工，自己赚钱上学。他的家境极普通。大学毕业后，他在一家连锁商店工作过两年，1941—1945 年当兵。1945 年至 1962 年间，在阿肯色州的农村，他通过加盟"Ben Franklin"品牌开过多家连锁店，当时让他极其痛苦的问题有两个：一是他必须付很高的批发价进货，他的规模太小，没办法，只好忍受批发价，得不到出厂价；二是像阿肯色州的乡村这种边远的地方，人口少，市场小，没有批发商愿意往那里送货，沃尔顿自己必须想法安排货运，让成本升高。

就以今天中国农村的情况为例，农村人口稀少，收入又低，不仅银行和保险公司不愿意去，就连一般的平价超市也觉得那里没油水。结果，收入低的农村反而得不到廉价商品。当时，美国农村也如此，一般认为，在人口少于 5 万的乡镇开平价商场，是不会盈利的，所以，那时的连锁超市都集中在城市，在那里互相竞争砍价，避开乡村。也恰恰因为是这样，沃尔顿先生反倒觉得乡村才有机会，因为那里竞争少，只要价格足够低，即可赢得市场。

1962 年，在阿肯色州的一个小镇，沃尔顿开了第一家"沃尔玛超市"，以"天天平价"为基本立足点。随即，沃尔玛开始在其他小镇扩张。他只选那些没人去、人口在 5 000 至 25 000 之间的乡镇。那些小地方，不仅没有竞争，而且每开一家"沃尔玛超市"，当地人马上会知晓，不需要花钱做广告。这当然节省成本，也是沃尔玛的另一个成功秘诀。到 1969 年，沃尔玛共开了 18 家规模相当大的分店，全部在人口低于 25 000 的小镇。到 20 世纪 90 年代，沃尔玛有三分之一的超市都在这种没有竞争的小镇，在那里，它有相当强的定价权。有了这种优势作后盾，沃尔玛相对于对手的竞争力就强了。

既然没有批发商愿意送货到阿肯色州的乡村，1964 年开始，沃尔顿只好建自己的物流库存中心。虽然这是被迫的，但意外的收获是沃尔玛从此可以避开中间批发商，直接跟生产厂商谈价。也就是说，沃尔玛从厂商进货到自己的物流中心，然后再运到各分店。随着沃尔玛规模的增大，它的砍价能力也大幅度提高，使沃尔玛的竞争能力越来越强。在这些大规模扩张中，沃尔玛的钱从哪里来？如果没有钱，它怎么能到处开新店呢？

这就得靠资本市场帮忙了。也就是说，看到沃尔玛的增长前景、竞争能力这么强，沃尔玛公司的股份自然有很多人想要，愿出价购买。为了得到更多资金进行扩张，沃尔玛于 1972 年在纽约证券交易所上市，向大众投资者发行新股。从此以后，股票市场就成了沃尔玛增长的资金来源。

"沃尔玛带来的几乎是一场批发业革命，给消费者大众巨大好处，但也逼着许多人另谋职业，去其他行业重新找到优势和特长。这就是奥地利经济学家熊彼特所讲的'创造性破坏'（Creative Destruction）。也就是说，沃尔顿把千千万万个小规模杂货店挤垮，这当然是一种破坏，破坏了原来以低价格、低效率著称的批发业秩序。按一般的理解，'破坏'是一个贬义词，可是，沃尔玛的破坏是一种'创造性破坏',是褒义的,因为由沃尔玛取代千千万万家杂货店之后,社会效率提高了,数亿家庭的生活费用被降低了。这不是对社会的创造性贡献,是什么呢?"

4. 戴尔的成功秘诀

1962年后,沃尔玛从根本上改变了美国批发业,也改变了美国人的日常生活。但是,就像美国所有的行业一样,有竞争就有不断地创新。1984年,又一种新商业模式出现,这次的创新者是当年才19岁的迈克尔·戴尔,他是如此成功,连续多年在《福布斯》财富榜上排名前十位,2006年的财富为155亿美元,排名第九。

戴尔的故事非常有意思,而且他的商业模式跟微软、星巴克、沃尔玛都不同。从某种意义上,那也是时势造英雄,只不过是戴尔有商业天赋,优先于别人抓住了商机。今天,个人电脑家家有,人人有,你可能觉得人类自古就如此,可实际上其历史很短。电脑本身起源于第二次世界大战,起初只是专业用的电脑,没有大众化的个人或家庭电脑。1977年,苹果公司推出一种基于视窗界面的电脑,大大提高其可用性,便于普及,成为第一代个人电脑。1981年,IBM也进入个人电脑市场,推出第一代IBM个人电脑。由于IBM是计算机行业的龙头,历来以制造大型计算机而出名,它的进入即标志个人电脑走上正式舞台。当时,IBM的个人电脑商业模式是自己设计、制造,部分产品由自己的销售团队直销给大公司客户,但更多的是通过批发渠道向中小企业或个人用户销售。不过,IBM公司太大,大型计算机是主业,对个人电脑的推销力度总有限,难以二者兼顾。相比之下,1982年新成立的康柏克计算机公司则没有历史包袱,只从事个人电脑的制造和销售,轻装上阵,很快赶上IBM的个人电脑销售量,成为该行业的老大。

但是,由于IBM和康柏克公司都是通过批发店销售电脑,这种商业模式成本很高。第一,从组装电脑到销售,到拿到现金,这中间的时间太长。也就是说,IBM造好电脑后,先在公司仓库放着,再运到各地商店,由于商店收货后往往不能马上卖掉,要租地方保管。不仅库存空间需要付成本,而且要用大量流动资金支持货物的储备,资本成本不低。第二,电脑技术变化很快,库存时间越长,技术过时的可能性越高,折价和报损的程度会很高,这又使成本增加。第三,由于是通过商店销售,店面本身又需要成本,所以,电脑制造商需要给代理商不低的分成佣金。结果,不仅IBM、康柏克的盈利空间受限,而且使电脑价格太高,不利于个人电脑需求的增长。

戴尔电脑公司的机会就是这么来的。戴尔出生在德克萨斯州,出于好奇,15岁时买了台苹果电脑,搬回家拆了再装,试试自己能否再装好,结果试成了。没想到的是,那次经历铺下了致富之路。1983年,戴尔18岁,德克萨斯州立大学一年级学生。那年,他成立自己的公司,白天上学,晚上与周末帮其他公司更新个人电脑操作系统,随着业务的扩展,他开始雇用员工。到1985年,在他还是大学二年级学生时,他公司收入已是600万美元。

"也是在1985年,戴尔看到IBM、康柏克的商业模式过于呆板,不能根据客户的需要组装电脑,不同用户的需要显然不同,但IBM、康柏克不能为多数用户量体裁衣。同时,他们的商业模式又使资金周转速度太慢,库存电脑太久、太多,占用太多批发店面,成本过高。那年,戴尔将公司改做电脑,他的模式是'先拿到客户订单,收到钱,再组装电脑,然后发货'。也就是说,你先打电话下订单,告诉你所要的电脑速度、存储器大小等,交好钱,然后戴尔电脑公司才开始装,装后寄到你家里。这样,戴尔不需要太多流动资金,没有库存,没有批发店面成本,更没有电脑技术过时的风险,因此也没有价格风险。既有满足用户需求的灵活性,又大大降低成本,这使戴尔有很大的砍价空间,即使他卖的电脑比IBM、康柏克的便宜很多,戴尔电脑公司照样能盈利,而IBM、康柏克却可能亏损。你说,有了这种'定制加直销'模式,戴尔不胜出才怪呢,是不是?"

看来戴尔跟沃尔玛、星巴克、微软一样,都是除了创新以外,在成本上下功夫,甚至创新就是为降低成本。降低成本是企业经营的核心之一。要么有技术优势,要么有成本优势,当然最好二者都有。有意思的是,虽然戴尔的电脑业务于1985年才开始,到年底,他的销售额已达7 000万美元,1990年的销售为5亿美元。到1999年,戴尔电脑超过IBM、康柏克、惠普成为最大的个人电脑商。对于客户而言,他们不仅可以根据个人需要定制电脑,戴尔的价格也最低,而且一有问题,还能直接跟制造商交涉,而不是与批发商打交道,这很有吸引力。

"戴尔的'定制加直销'非常成功。比如,在20世纪90年代中期,它的平均库存时间在6~13天,而竞争对手的库存时间为75~100天。电脑淘汰速度、降价速度一直很快,这种库存时间优势对戴尔的成功极为关键。"

戴尔的"定制加直销"模式还有其他优势。实际上,它特别像中国的房地产模式,开发商在盖楼房之前,就把房子预售给客户,先得到房价,然后再用这些钱盖房。这样,不仅开发商自己不需多少本钱,而且拿到这些售价后,可以把钱存在银行先赚利息,或者作别的投资,大大提高利润空间。戴尔在大学时,没有本钱就能开公司,道理也在此。

第四章 创业资源

学习目标

通过本章知识点的学习，了解创业过程中的资源需求、创业资源种类和资源获取方法；通过案例学习理解创业资金筹募渠道和风险、创业资源整合的途径；通过实训活动，体会团队合作价值，训练团队合作精神，掌握团队合作基本技巧，同时掌握创业融资计划编制技能、创造性整合资源的途径和创业资源管理的技巧；通过深度思考正确理解创业资源整合的价值和意义。

一、本章知识点

（一）创业资源

1. 创业资源的内涵与种类

创业资源是指企业创立以及成长过程中所需要的能够实现创业目标的各种要素组合。创业资源包括有形资源和无形资源。有形资源是指具有物质形态、其价值可用货币度量的资源，是一种简单资源。它以产权为基础，以有形实物为其主要特征，主要包括实物资产和资金。无形资源是指具有非物质形态，价值难以用货币精确度量的资源，是一种复杂资源。它以知识为基础，以非有形实物为其主要特征,主要包括社会资本、技术及专业人才。

2. 创业资源与一般商业资源的异同

不同的创业活动具有不同的创业资源需求,创业者应该据创业活动的需要,认识不同类型创业活动的资源需求差异,获取创业企业发展所必需的资源,并且对自身所拥有的资源进行合理开发和利用,以满足不同创业企业的具体需要。

创业资源与一般商业资源不同,创业资源比一般商业资源更加有限,创业资源获取以非市场途径居多,创业资源难以模仿,难以替代。

3. 社会资本、资金、技术及专业人才在创业中的作用

社会资本能为新创建的企业提供竞争优势,为创业者提供关键性资源,影响创业决策,提高资源的利用效率。如果创业者具有特殊的社会资本,就更容易取得其他企业或组织的信任,增强组织绩效,有助于创业者实现外部交易的内部化,同时节省大量的审查、谈判、监督等交易成本。因此,社会资本在创业中发挥着主体培养、事业依托、物质保证、精神推动的作用。

创业离不开资金的支持,雄厚的资金实力是企业创业、发展、壮大的坚实后盾,其作用如同水、粮食之于人体一样。没有资金(自有、融资等)就无法创业,无法设立企业,无法推动创业起步项目。

在创业初期,创业技术是关键资源之一,创业技术不仅是决定创业产品的市场竞争力和获利能力的根本因素;同时,创业技术核心与否决定了所需创业资本的大小。

专业人才是创业过程中的重要因素,由各种人才组成的一个创业团队对保证创业过程顺利进行具有重要作用。

4. 影响创业资源获取的因素

影响资源获取的因素包括创业者拥有的创业网络、创业者特质以及初始资源。

创业网络是创业者所拥有的各种社会关系,包括创业者的个体网络以及创业企业的组织关系网络。创业网络有三种类型,即社会网络、支持性网络以及公司间网络。

创业者特质包括创业者风险承担性、成就需求和内控源。

初始资源包括创业者受教育程度和经验。

5. 创业资源获取的途径与技能

创业资源获取的途径包括市场途径和非市场途径。创业资源获取的市场途径是通过资金杠杆购买外部资源,利用市场上同样或类似资产的近期交易价格,经过直接比较或类比分析来估测资产价值,用市场交易手段获取资源。创业资源获取的非市场途径主要包括资源吸引和资源积累。

不同的创业活动具有不同的创业资源需求。创业资源包括有形资源和无形

资源，无形资源往往是撬动有形资源的重要杠杆。创业资源获取途径包括市场途径和非市场途径。创业资源获取的关键往往取决于软实力。

（二）创业融资

1. 创业融资分析

创业融资是创业管理的关键内容，是获取创业资源这一阶段中的一项重要内容。

创业融资通常不是一次性融资，是伴随着创业企业成长的多次融资，各阶段融资侧重点和要求也不尽相同。

创业融资难是创业资源获取过程中需要解决的一个关键问题。

2. 创业所需资金的测算

正确测算创业所需资金有利于确定筹资数额，科学选择资本结构，降低资金成本。创业所需资金的测算主要包括种子期的资金测算、创业期的启动资金测算和成长期后的资金需求测算三部分。

种子期的资金测算：种子期资金需求较少，所需资金主要包括技术开发费、市场调研费和创意可行性论证费等。其中技术开发费测算可以实验、产品试制实际费用支出为依据进行测算。市场调研费和创意论证费可以采取向专业调研机构询价的方式进行测算。

创业期的启动资金测算：创办企业时所需的资金主要由设备、建筑、预付款、经营周转资金和存货等占用资金构成。第一，创业者要根据创业企业种类、规模大小、经营地点、竞争对手等情况分别列示公司运营所需的设备、建筑物、办公用品的详细项目和数量，根据市场价格进行固定资产资金需要量测算。第二，列示所需存货数量，根据市场价格测算流动资产资金需要量。第三，将启动费用按项目进行细致分类，包括注册费用、房租、人员工资、日常经营周转费、税金、保险费等，按照当前市场价进行计算汇总测算总体费用支出的资金需要量。第四，考虑到存在许多不可预知因素，为确保费用估算的准确度，创业者可以将每项实际费用多估算出一部分，以应对可能出现的意外支出需要。第五，合计测算出所需启动资金的总额并进行复查。

成长期后的资金需求测算：成长期乃至成熟期后，企业已经进入运营阶段，因此资金需要量的测算可以采用营业收入比例法进行。

3. 创业融资渠道

目前，创业融资的主要渠道包括自我融资、亲朋好友融资、天使投资、商业银行贷款、担保机构融资和政府创业扶持基金融资等。其中自我资金、亲朋好友融资、天使资金属于私人资本融资渠道；商业银行贷款、担保机构融资、创业投资资金、政府的扶持资金等属于机构融资渠道。

自我融资：创业具有高风险，因此创业者并不愿意将自己的资金投入到创业过程中。但创业者不投入自己的资金，对外部融资不利，外部投资者要求创业者投资全部的可用资产。因此，最终创业者投入多少个人资金取决于创业者与外部投资者谈判时的谈判地位。

亲朋好友融资：新创建的企业早期需要的资金量少且具有高度的不确定性，对银行等金融机构缺乏吸引力，这使得亲朋好友融资成为创业者此时可选的主要融资渠道之一。家庭或朋友除直接提供资金外，更多的是为贷款提供担保。

天使投资：天使投资起源于纽约百老汇，是自由投资者或非正式机构对有创意的创业项目或小型初创企业进行的一次性的前期投资，是一种非组织化的创业投资渠道。天使投资具有直接向企业进行权益投资，不仅提供现金，还提供专业知识和社会资源方面的支持，程序简单、短时期内资金就可到位等特征。

商业银行贷款：商业银行贷款在创业者中往往是首选的外源融资渠道。目前，银行贷款主要有四种形式，即抵押贷款、信用贷款、担保贷款和贴现贷款。

担保机构融资：从20世纪20年代起，许多国家为了支持本国中小企业的发展，先后成立了为中小企业提供融资担保的信用机构。设立的主要目的在于解决银行贷款难的问题。我国近年来在这一方面也作出了许多有益的尝试，建立了一批信用担保机构，为创业企业提供了资金融通的渠道。

政府创业扶持基金融资：在国家提出建设创新型社会的经济发展理念的引导下，我国已出台若干政策，鼓励创业，设立了科技型中小企业技术创新基金。各地设立了若干"孵化器"，提供融资。

风险投资：风险投资起源于15世纪的英国、葡萄牙和西班牙。它是一种股权投资，采取由职业金融家群体募集社会资金，形成风险创业投资基金，再由专家管理投入到新兴的、迅速发展的、有巨大竞争潜力的风险企业中的方式进行运作。

除了以上七种常见创业融资渠道外，典当融资、设备融资租赁、孵化器融资、集群融资、供应链融资等也是创业企业可加以利用的融资渠道。

4. 创业融资的选择策略

为确保创业融资成功，为创业活动提供资金保障，创业融资前须做好充分准备。

首先要建立个人信用，其次要积累社会资本，再次要写作创业计划书，最后要测算不同阶段的资金需求量。

在选择创业融资渠道时，须遵循融资成本与融资收益相适应、融资渠道与创业企业发展不同时期相适应、融资期限相匹配三个原则。

创业者在制定具体的融资渠道策略时，可以采取依创业企业生命周期分阶段、分批注入策略。在创业企业种子期，更多采取自我融资，随着创业企业进入成长期后，越来越多地使用机构融资渠道，特别是当创业企业进入成熟期后，可以采用上市、发行债券等这样的金融工具进行融资。创业融资渠道的选择不是单一的行为，是综合考虑不同阶段特点和发展需求后的一种组合。

（三）创业资源管理

1. 不同类型资源的开发

创业者所能掌握和整合到的资源，以及对资源的利用能力很大程度上决定了他们是否可以成功地开发出机会，进而推动创业活动向前发展。因此，创业者整合创业资源的能力显得至关重要。如果创业者可以借助自身的创造性，用有限的资源创造尽可能大的价值，并能积极设法开发和整合各类外部资源，就能在资源有限的情况下，充分发挥资源整合效应，产生"1＋1＋1＞3"的效果，实现创业的成功。

2. 有限资源的创造性利用

如果创业者能够积极开发现有资源、有限资源，进行创造性利用，便可抓住机遇成为成功者。因此，有限资源的创造性利用是指利用手头现有资源直接做事。

在有限资源的创造性利用和整合过程中，创业者需要注意做好以下四项工作，以实现资源整合的最佳效果。第一，尽可能多地发现和确定可供整合的资源提供者；第二，认真分析识别潜在资源提供者的利益，明确共同利益所在；第三，努力形成让对方先赢、自己再赢的整合机制，形成共赢机制；第四，加强沟通。

3. 创业资源开发的推进方法

成功的创业者在其开发创业资源的过程中都表现出一些独特的创业行为，为有效推进创业资源开发，以下三种常用创业资源开发的推进方法值得借鉴。

方法一，依靠自有资源，"步步为营"。

方法二，资源约束下的"创造性拼凑"策略。

方法三，发挥资源的杠杆效应。

大多数创业者难以整合到充足的创业所需的资源。开发创业资源是有效利用创业资源的重要途径。开发创业资源表现为一些独特的创业行为。

二、教学案例

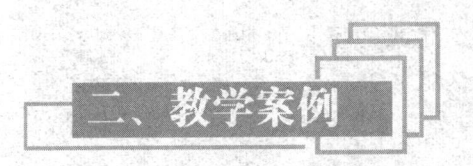

案例一 "空手套白狼"

故事一[①]

一位优秀的商人杰克，有一天与儿子交谈。

杰克：我已经决定好了一位女孩子，我要你娶她。

儿子：我自己要娶的新娘我自己决定。

杰克：但我说的这个女孩可是比尔·盖茨的女儿哦。

儿子：哇！那样的话……

在一个聚会上，杰克走向了比尔·盖茨。

杰克：我来帮你的女儿介绍个好丈夫。

比尔：我女儿还不想嫁人呢。

杰克：但我说的这个年轻人可是世界银行的副总裁哦。

比尔：哇！那这样的话……

接着，杰克去见世界银行的总裁。

杰克：我想介绍一位年轻人来当贵行的副总裁。

总裁：我们已经有很多副总裁了，够多了。

杰克：但我说的这位年轻人可是比尔·盖茨的女婿哦。

总裁：哇！那这样的话……

最后，杰克的儿子娶了比尔·盖茨的女儿，又当上了世界银行的副总裁。

故事二：借力修天桥[②]

国际商场是天津市第一家上市公司，邻南京路。南京路是一条十分繁忙的主干道，对面就是繁华的商业街。在国际商场开业时，门口并没有过街天桥，行人穿越南京路很不方便，也不安全。应该修天桥！估计经过那里的人都会产生这样的想法，但政府一直没有行动。

有一天，一位年轻人没有认为这是政府该干的事情。他找到政府商量，提出用自己的钱修天桥，但政府要允许他在天桥上挂广告牌。

不花钱还让老百姓高兴，政府觉得不错，就同意了。这个年轻人拿到政府批文，立即想到找可口可乐那样的大公司洽谈广告业务。

[①] 作者不详. 一位优秀的商人杰克 [EB/OL]. [2006-04-29]. http://club.1688.com/threadview/20212392.html.

[②] 张玉利. 创造性地整合资源 [EB/OL]. [2008-07-06]. http://www.chinavalue.net/.

在这样繁华的街道上立广告牌,这是大公司求之不得的事情。很快,这个年轻人从大公司那里拿到广告的定金。他用这笔钱修建了天桥还略有剩余。天桥修建好了,广告也挂上了,年轻人从大公司那里拿到余款,获得了第一桶金。

【分析与点评】[①]

案例一的两个小故事都告诉我们,对于一个初创业的创业者而言,人际关系对创业成功起着关键的推动作用,对创业其他资源起着重要的整合作用。如何建立和积累自己的社会关系网络,形成强大的社会资本对创业成功至关重要。虽然,资源匮乏、难以融资以及难以吸揽人才等问题对创业者来讲经常是普遍现象。但是,正如哈佛商学院教授斯蒂文森先生对创业的定义所描述的:创业是不拘泥于当前资源条件的限制下对机会的追寻,将不同的资源组合以利用和开发机会并创造价值的过程。创业要求创业者要创造性地挖掘和整合资源。也许大家会对案例一中提到的两个故事有疑问,可能觉得这两个故事不具有代表性,如果故事二中这个小伙子不认识政府的官员,政府会信他吗?能给他批文吗?那么,我们不妨逆向思考一下这个问题:这小伙子为什么会认识政府官员?如何让政府官员相信他的呢?如果我是他,我应该怎么做?

那么我们再来看中央电视台《财富故事会》栏目曾经报道的一个故事,也许答案就在其中。

2004年,一场突发事件造成了珠海金正集团一个很大的灾难。原珠海金正电子有限公司董事长万平,由于涉嫌挪用巨额资金而在山西被捕,金正集团陷入混乱。金正集团当时共欠下货款2.7亿元人民币,300多家供应商(债权人)轮番前来讨债。董事会决定召回集团董事、上海分公司经理田家俊主持大局。为了保证金正集团不被供应商一哄而上,田家俊主动出击,会同银行法院,将公司的部分不动产、非流动库存进行保护性查封。公司是保住了,但是,供应商的债务总要还,手中没有钱的田家俊决定召开全体供应商大会,寻求解决问题的办法。接着,田家俊力排众议,于2004年7月29日主持召开了金正集团供应商大会,向300多家供应商坦诚地介绍了公司的实际情况,大会非常成功。就在这个会上,田家俊又组织300多家供应商成立了金正集团供应商管理委员会。这个管理委员会代表300多家债权人,请供应商监督企业,和金正集团协调,进行债务处理。这次大会和会后的监督管理委员会让供应商和金正集团化敌为友,空前团结。但是恢复生产却面临资金困境,为了解决恢复生产资金问题,田家俊想到了向供应商借钱。田家俊解释:"你欠我的钱凭啥还叫我给你钱,挣了钱再还我呢?用我的钱挣的钱还我的钱。但是事实上,没有你的钱挣钱,还不了

[①] 本文参考张玉利《创造性地整合资源》,价值中国网,2008-07-06。

你的钱,反过来看,企业有可能垮下去以后你将什么也看不见。我提供平台,提供机会呀,您投资呀。"思路清晰后,他决定先攻破一个供应商的心理防线,他找到了毛绪兵,毛绪兵在金正集团还欠自己货款400万的情况下,又借给了金正集团260万。

田家俊的具体做法是,给毛绪兵一个专用账号,让毛绪兵管理新借给金正集团的资金。当资金变成产品以后,就管住产品。开始是资金,后来变成产品,仍由毛绪兵管,金正收到货款给了毛绪兵,毛绪兵再发货,发货时毛绪兵签字。金正集团对销售代理商来讲,是先收钱后发货,所以金正集团的货款收到,其实是收在毛绪兵的账号上,毛绪兵再把货发出去。这样,金正集团的资金和物流就可以流动起来了。

实际上,毛绪兵很清楚金正集团陷入危机的真正原因,而且田家俊的借钱方案听起来合情合理,充分地考虑到了供应商的权利和利益,再加上对田家俊本人的信任。因此,很快就把260万元又借给了金正集团。随后,毛绪兵自己也加入了金正集团,并出任采购部的经理。

毛绪兵投入了260万,其他供应商也开始投资。不然,如何恢复生产?什么时候债务才能清还?于是,越来越多的供应商加入了融资队伍之中。资金是有了,但是,此时金正集团的生产线已经被查封半年,处于瘫痪状态,田家俊如何才能恢复生产呢?

田家俊又想出一招"品牌输出":金正公司不能生产,就叫别人来生产,由别的厂商替金正集团加工,金正集团给他们品牌承包。金正集团选择了佳彩公司。当时开发部、销售部、生产管理部门、品质部门全部开赴佳彩。品牌输出短短的一年时间,毛绪兵他们的欠款不仅全部收回,金正集团的生产也开始恢复正常运转。这个时候,田家俊又把金正集团的品牌收了回来。

从前述案例和以上这个故事我们可以看出:

(1) 杰克创造性地建立了一个强大的社会关系网络,成功推销了自己的儿子;修天桥的小伙子寻求潜在资源提供者,找到了政府、愿意做广告的大公司;田家俊则找到了供应商、法院、有生产闲置能力的佳彩公司等。他们都尽可能多地发现和确定可供整合的资源提供者,有效获取了最有价值的创业资源。

(2) 修天桥的故事中,修天桥的小伙子想赚钱,政府希望有政绩,大公司想在黄金地段做广告。在金正集团的故事中,供应商希望要回来钱,金正集团要摆脱困境,恢复生产。表面上看,各自的目的不同,利益诉求也不同,但存在联系,正像田家俊对供应商所说的,没有你的钱挣钱,还不了你的钱,反过来看,企业有可能垮下去以后你将什么也看不见。一旦不同诉求的组织或个人之间存在共同利益,或建立起紧密的利益联系,就成为利益相关者。因此,他们最终都成功取得了各自所需资源的重要原因是他们认真分析了潜在资源提供者的利益并寻找到共同利益所在。

（3）为什么修天桥的小伙子成功了，田家俊说服了供应商，我想关键还在于一点：主人公想到的是让对方先赢，以此换取对方的信任。修天桥的小伙子明确告诉政府，自己出钱修天桥还不标明是自己建的，政府不花钱还让老百姓高兴。田家俊给毛绪兵一个专用账号，让毛绪兵自己管理他新借给金正公司的钱，生产出产品赚了钱后首先还欠毛绪兵的债务。值得注意的是，毛绪兵并不是很放心，毛绪兵居然加入金正集团，出任采购部经理。同样，金正集团选择了佳彩公司也并不单纯是"品牌输出"，田家俊把开发部、销售部、生产管理部门、品质部门的人马全部开赴佳彩。这让我想起老洛克菲勒的一句名言，建立在商业基础上的友谊永远比建立在友谊基础上的商业更重要。

（4）不管是修天桥的小伙子还是田家俊，具有较强的沟通能力都是他们成功的关键因素，尽管故事中没有详细描述，但我们可以想象他们必定是通过自己出色的谈判能力和沟通技巧获得了对方的认可。

综上所述，资源的种类很多，有有形资源，也有无形资源；有物质资源，也有非物质资源。对于创业者来说，自身所具备的知识、社会关系网络、专长、组织领导才能、沟通能力、对市场和顾客需求的洞察能力等都可能成为有助于其创业成功的重要资源。合理地运用这些资源，创业者有可能成功地整合到资金、人力和物力，进而为创业活动奠定基础。

资源流动是经济全球化的重要特征，资源整合可以突破空间、组织和制度等方面的限制，而在更加广阔的范围内开展，这也是创业活动活跃的重要原因。要成功地整合资源，创业者必须要有创新的思维，要兼顾各方面利益相关者的利益，达到多赢、共赢的境界。

【创业宝典】

1. 成功其实是指一个人能实现自己有价值的理想，是一个人对社会起了怎样的作用。其实我们身边有很多年轻人都是成功的。当然创业成功的毕竟是少数，但创业不要只看结果，我觉得创业过程本身就是一种财富。

2. 创业的动机很重要，不能赶时髦，但必须要有热情。"老老实实做人，认认真真做事。"

3. 一个人想成功的话，一定要找到自己最想做的事，当然这也是你能干的事，这样你就能够每天都有热情地去工作。

【名人创业小故事】[①]

故事1：著名的汽车大王福特自幼帮父亲在农场干活，他12岁时，就在头脑中构想出一种能够在路上行走的机器，这种机器可以代替牲口和人力。当时他的父亲要求他必须在农场当助手，可是他坚信自己可以成为一名出色的机械师。于是，他用一年的时间完成了别人要三年才能完成的机械训练，随后又花两年时间研究蒸气原理，试图实现他的目标，然而却没成功。随后他又投入到汽油机的研究上，每天都梦想着制造出一部汽车。其创意被大发明家爱迪生赏识，邀请他到底特律担任工程师。经过十年的辛苦努力，在29岁时，福特成功地制造出第一部汽车引擎。今日的美国，平均每个家庭都拥有一部以上的汽车；后来底特律成为美国最大的工业城市之一。当然，底特律也曾是福特的财富之都。

哲理赏析：人人都可以成功，人人都可以创造奇迹。现实生活中有很多人却没能成功，没有创造奇迹，原因有三：其一有的人想都不敢想；其二有的人虽然想了却不一定去做；其三有的人想了，也做了，却没能坚持到底。必须承认，福特是一个敢想也敢做的热血青年，最可贵的是，他还能做到坚持不懈。《增广贤文》有语：十年寒窗无人问，一举成名天下知。能在为学之路上勤学苦练坚持达十年之久的人，也一定能学业有成，卓尔不群。（坚持不懈是成功的秘诀。）

故事2：罗杰·罗尔斯出生于美国纽约的贫民窟。那里环境肮脏，充满暴力，是偷渡者和流浪汉的聚集地。因此，罗杰·罗尔斯从小就受到了不良影响，读小学时经常逃学，打架，偷窃。一天，当他从窗台上跳下，伸着小手走向讲台时，校长皮尔保罗将他逮个正着。出乎意料的是校长没有批评他，反而说："我一看你修长的小拇指就知道，将来你一定会是纽约州的州长。"当时的罗尔斯大吃一惊，因为在他不长的人生经历中只有奶奶让他振奋过一次，说他可以成为五吨重的小船的船长。他记下了校长的话并坚信这是真的。从那天起，"纽约州州长"就像一面旗帜在他心里高高飘扬。罗尔斯的衣服不再沾满泥土，罗尔斯的语言不再肮脏难听，罗尔斯的行动不再拖沓。在此后的40多年间，他没有一天不按州长的身份要求自己。51岁那年，他终于成了纽约州的州长。

哲理赏析：信念是一面旗帜，这面旗帜任何人都可以免费获得。也许，在成长道路上，我们缺乏的不是机遇，也不是聪明才智，而是信心、信念。不要怀疑自己，要相信你一定行！记住——天生其人有其才，天生汝才必有用！

故事3：有这样一个真实的故事：一个乞丐在地铁出口卖铅笔。这时过来了

[①] 资料来源于《名人创业小故事》，http://www.795.com.cn/wz/77927.html。

一位富商,他向乞丐的破瓷碗里投了几枚硬币便匆匆离去。过了一会儿,商人回来取铅笔,对乞丐说:"对不起,我忘了拿铅笔,我们都是商人。"几年后,这位商人参加一次高级酒会,一位衣冠楚楚的先生向他敬酒致谢并告知说,他就是当初卖铅笔的乞丐。生活的改变,得益于富商的那句话:你我都是商人。

哲理赏析:设想,如果乞丐一直没能遇到这样一位商人,自己一直未能觉醒,一直就甘心做一名乞丐,也许,他的人生就少了一份成功。因此,自己要能给自己定位:你认为自己只能做乞丐,当然你就只能做乞丐;你认为自己也可以成为富商,当然你就得往这个方向去努力,从而就具备了这种可能。朋友,这对你有何启发呢?

案例二 蒙牛借力做"世界牛"[①]

4岁的蒙牛与10岁的伊利站在了势均力敌的位置:同属中国奶业四强,2003年蒙牛向三甲进军。在液态奶市场,蒙牛占有率第一,伊利第二;冰淇淋市场,伊利第一,蒙牛第二。

蒙牛与伊利,两家奶业巨头同处西北边陲重镇呼和浩特,尽管蒙牛的诞生比伊利晚10多年,但蒙牛还是在短短的4年内奇迹般地成长壮大,从进入市场时在同行业排行第1 116位,到2002年以1 947.31%的成长速度被商界誉为"成长冠军",站到了与伊利相提并论的位置。

4岁蒙牛,是如何后来居上的?又是如何从后来居上的角色成长为中国乳业老大的挑战者的?

虚拟联合 借力社会资本

蒙牛自诞生起,老总牛根生就非常注重借助外部力量发展壮大。

传统思维是先建工厂,后建市场;蒙牛是逆向思维——"先建市场,后建工厂"。于是,"虚拟联合"诞生了:1999年,蒙牛把区内外8个中小型乳品企业变为自己的生产车间,盘活了7.8亿元资产,经营了冰淇淋、液态奶、粉状奶3个系列40多个品种的产品,使蒙牛产品很快打入全国市场,当年销售收入达到4 365万元。半年时间,蒙牛在中国乳品企业销售收入排行榜中,由千名之末蹿升至第119位。"蒙牛现象",一时成为经济界备受瞩目的一个亮点。

牛根生说,在计划经济下,企业就是生产车间的同义语,而当今做企业,可以先建市场,后建工厂。像这样,一个品牌拥有者,运用自己的品牌优势、市场优势、科技优势,将许多个企业联合到自己的名下,只进行资本运营,不发生资金转移,这种联合方式就是"虚拟联合"。

---

① 李志刚."蒙牛"要做"世界牛"[J]. 中国经贸,2004 (12).

2000年,蒙牛一面扩展"虚拟组织",一面杀了个"回马枪",创立自己的"根据地",高起点建起了具有国际先进水平的17条冰淇淋全自动生产流水线和22条液体无菌奶生产流水线。

蒙牛有了自己的工厂后,"虚拟联合"不仅没有收缩,反而进一步延伸。当时参与公司原料、产品运输的600多辆运货车、奶罐车、冷藏车,为公司收购原奶的500多个奶站及配套设施,近10万平方米的员工宿舍,合起来总价值约5亿元。这些没有一处是蒙牛自己掏钱做的,均由社会投资完成。通过经济杠杆的调控,蒙牛整合了大量的社会资源,把传统的"体内循环"变成"体外循环",把传统的"企业办社会"变作"社会办企业"。

1999年,蒙牛实现销售收入4 365万元,居全国同行业第119位。

2000年,蒙牛实现销售收入2.94亿元,是1999年的6.7倍,销售额居全国同业第11位。

2001年,蒙牛实现销售收入8.5亿元,是2000年的3倍,销售额居全国同业第5位。2002年,蒙牛实现销售收入20亿元,销售额居全国同业第4位。

2002年12月,摩根士坦利等三家国际投资公司联合对蒙牛投资2 600万美元,这是目前中国乳业接受的最大一笔国际投资。

经济界人士说,如果不是"先建市场,后建工厂",蒙牛产品的问世至少要晚一年;如果不用经济杠杆撬动社会资金,蒙牛的发展速度至少减慢一半;如果不引入国际资本,蒙牛的国际化至少要晚几年。

品牌和产品　从借势到抢势

牛根生是一个非常讲究策略的人。在蒙牛羽翼未丰的时候,他暂时收起了自己的野心。

从品牌上,甘当老二,依附于伊利,借势于伊利。蒙牛巧妙地通过"甘当内蒙古第二品牌"的品牌宣传和"中国乳都"等概念的提出,叫响了蒙牛自己的品牌。

创内蒙古乳业第二品牌的创意是这样诞生的:内蒙古乳业第一品牌是伊利,这事世人皆知。可是,内蒙古乳业第二品牌是谁?没人知道。如果蒙牛一出世就提出"创第二品牌",这就等于把所有其他竞争对手都甩到了后边,一起步就"加塞"到了第二名的位置。这个创意加上蒙牛的实力,蒙牛一下子就站到了巨人的肩膀上,这光沾大了,势借巧了。

蒙牛在宣传上一开始就与伊利联系在一起,他们的第一块广告牌子上写的是"做内蒙古第二品牌";在冰淇淋的包装上,他们打出了"为民族工业争气,向伊利学习"的字样。把蒙牛与伊利绑在了一起,既借道伊利之名,提高了蒙牛品牌,使双方利益具备了一定的共同点,又使伊利这个行业老大投鼠忌器,避免了其可能的报复性市场手段。因为此时伊利任何报复性的市场手段,都可能造成一荣俱荣，一损俱损。由于牛根生与蒙牛骨干力量全是从伊利出来的，所以提起伊利董事长郑俊怀，牛根生至今仍言必称"我们领导"，显示了对伊利极大的尊重。

在牛根生看来，一个品牌并不单单是一种产品的问题，而是一个地域的问题，内蒙古就是一个大品牌。为扩大蒙牛品牌美誉度，蒙牛还提出了建设"中国乳都"的概念。呼和浩特的奶源在全国最优，人均牛奶拥有量也居全国第一，2001年6月，蒙牛以"我们共同的品牌——中国乳都 呼和浩特"为主题，在呼和浩特的主要街道高密度投放灯箱广告。从此，"中国乳都"概念被政府官员和媒体频频引用，得到政府和民众的支持。

对于蒙牛的举动，伊利也只能表现得极为乐观：既然你蒙牛是要做大内蒙奶这块大蛋糕，我又何乐而不为呢？而牛根生从一开始就将蒙牛定位于乳品市场的建设者，努力做大行业蛋糕，而不是现有市场份额的掠夺者。他有一句名言：提倡全民喝奶，但你不一定喝蒙牛奶，只要你喝奶就行。

在产品上，一开始蒙牛采取了避实就虚的策略，老大的主力产品是高端的利乐纸盒包装（利乐包），蒙牛就生产低一个档次的利乐枕塑料袋包装；老大的主战场在一线大市场，蒙牛就从二、三线市场做起，俨然一个跟随者的角色。

蒙牛在蓄自己的力量，等待着"牛气冲天"的那一天。

2001年7月10日，离揭晓2008年奥运会主办城市还差三天，蒙牛宣布，一旦北京申办成功，蒙牛捐款1 000万，是国内第一个向奥组委而不是申奥委捐款的企业；2003年3月份伊拉克战争爆发后，蒙牛第一个在央视做字幕广告；"非典"疫情暴发后，蒙牛是国内第一个捐款、捐物的企业，并以1 000多万元的捐赠拔得了头筹……这一系列敢为人先、敢为第一的举动，好像是在向世人显示蒙牛要树立中国乳业第一品牌的决心。

2003年，蒙牛已成为不仅包括利乐枕，还包括利乐包的液态奶全球产销量第一的品牌；其产品在国内许多城市已坐上领头羊位子。在今天的冷饮和乳品市场上，蒙牛已是伊利的强劲对手，两家企业的产品形式、价格、市场定位都有很大的趋同性，你推"四个圈"、我就来个"随便"，彼此之间早已展开了正面的竞争。

有人问牛根生现在是不是想做"老大"，牛根生说："老大是所有人都想争取的。我们现在考虑的是哪个时间实现销售额一百亿美金的事。"

【分析与点评】[①]

从以上蒙牛发展的历程看，牛根生和他的创业团队把一个一无奶源、二无

---

① 本文参考《蒙牛传奇：借力打力》，博亚和讯网，www.boyar.cn，2010-06-29。

工厂、三无市场的"三无企业"发展成了年销售额达 21 亿元的大型企业。成功的核心因素之一就是借力。

逆向经营。面对困境，公司董事会在创业之初就确定了"先建市场，后建工厂"的发展战略，并通过"借鸡生蛋"迅速做大企业。

虚拟联合。蒙牛与当地政府协商，让他们组织建奶站，与蒙牛签订常年供应合同。蒙牛品牌的影响和从不拖欠资金的信誉使当地政府放心，奶站是当地人自己出钱建的，自然尽心尽力，质量、数量都有保证，这样就形成了双赢。

统一战线。蒙牛一直宣扬和伊利是兄弟，应相互促进，共建"中国乳都"的形象概念。

国际化之梦。借助摩根士丹利、鼎晖、英联三大国际财团，蒙牛一直在寻找和搭建向国际化发展的平台。

牛根生就是这样用别人的钱干自己的事，用智慧、灵活的战略、战术创造了奶制品世界的神话。

如果从创业资源的角度考察蒙牛成长初期的关键资源是什么。答案是奶源、工厂和市场。那么蒙牛又是怎样整合资源的呢？主要通过四种手段实现：第一，通过造势和品牌打开国内市场；第二，通过品牌、市场和技术换取乳品厂的合作；第三，通过虚拟联合获得稳定奶源；第四，依托产业链赢得巨额风险投资。

【创业宝典】

1. 做人如水，做事如山。

2. 光有奋斗精神是不够的，还需要脚踏实地一步一步地去做。要先分析自己的现状，分析自己现在处于什么位置，到底具备什么样的能力，这也是一种科学精神。你给自己定了目标，你还要知道怎么样去一步一步地实现这个目标。从某种意义上说，树立具体目标和脚踏实地地去做同等重要。

3. 生活中其实没有绝境。绝境在于你自己的心没有打开。你把自己的心封闭起来，使它陷于一片黑暗，你的生活怎么可能有光明！封闭的心，如同没有窗户的房间，你会处在永恒的黑暗中。但实际上四周只是一层纸，一捅就破，外面则是一片光辉灿烂的天空。

【评价自己的资源】[①]

据权威部门统计,私人创业真正成功率还不到15%,60%是处于不盈利、不亏本的消耗人生、磨炼自己的状态,有25%是彻底做不下去宣告失败。每一个创业者都怀抱着创业成功的梦想在这条荆棘满布的道路上奋斗。如何让自己的创业之路更为顺利,专家指出寻求和获取技术、人际、资金等资源是创业成功的起点和关键。那么,你知道你拥有的资源是否足够吗?看看专业机构对创业资源的评分标准吧。

1. 自己的知识圈子(20分,以所在的圈子专家级别标准为100分折算)

一些大学教授、培训教师、记者、演员、作家,他们绝大部分是从自己的知识圈子走向创业成功的。成龙、周星驰等人都是从自己大半生的演艺生涯成功地步入导演的创业道路。有一些大学教授、培训师是根据自己在专业知识行业里的地位和影响力成功地走向职业培训业的创业道路。陈安之就是个很好的例子。类似的创业成功的案例还很多,当然也有很多人的创业走向失败。在演艺圈子里有不少人依仗自己充裕的资金开创了餐饮公司,虽然在很大程度上,名气起到了招揽客户的作用,但还是因为与自己的知识圈跨越太大,不能有效管理而导致血本无归。

2. 自己的技术圈子(30分,以所在的圈子专家级别标准为100分折算)

在中国20世纪90年代初,国家开始大力鼓励个人创业,一大批专业技术人员从稳定的技术岗位走向了创业的道路,尤其在沿海一带,这样的例子更是举不胜举。一时间,很多建筑人才创办了装潢公司、建筑设计公司,律师创办了律师事务所,财务人员就创办会计师事务所,服装师就开服装店,厨师就开餐饮店,甚至一些下岗工人做保姆时间做长了也有了经验,就开办家政公司等。这就是创业的基础圈子。一般新型的技术人员创业成功率比较高,技术越是发展到普及程度,创业的成功率就越低。在20世纪90年代初,开广告公司的基本个个成功,就是因为那时候广告业技术刚刚兴起,而市场的需求却是远远高于市场的供应。而现在步入广告行业创业的新企业成功率还不到20%,类似的行业还有房产行业、建筑行业、网络行业、餐饮行业、服装行业、职业中介行业等。所以现在在这些热门行业有一技之长的朋友要创业就需要认真考量一下自己的其他圈子的资源,只有在几个圈子拥有多元化的优势才能有成功的创业机会。

[①] 资料来源于《创业前先看看你的资源够不够》,经理人网,http://www.sino-manager.com/2009514_5109.html,2009-05-14。

3. 自己的人际圈子（30分，以可利用关系80人计100分折算）

这类圈子里创业的人成功率一般比较高，而且比较轻松。据统计，所谓的暴发户绝大部分都是属于这类圈子创业成功的案例。有很多人利用自己的家族资源、关系等优势创业走向成功。

4. 自己的经济圈子（20分，以所创业的行业及拟定规模的最大需要投资款数为100分折算）

没钱的人用身体和脑子赚钱，有钱的人用钱赚钱。要做一名成功的商人一定要学会用钱赚钱。其实这个圈子创业成功率也是非常高的，但是这个圈子走向创业的却不是很多，因为很多人在创业的问题上把这个圈子作为附属条件，总是捆绑在其他的圈子上，重点依附于其他的圈子创业，结果导致失败的比比皆是。笔者就经常遇到很多的朋友、陌生人谈到自己这几年有一点积蓄想找些投资，自己创业。可是由于技术力量不够、综合能力不强而没有头绪，即使匆忙地走向创业的道路，结果还是竹篮打水一场空，赔了夫人又折兵。现在有很多的金融投资渠道，如股票、资金、国债、高利贷、黄金、房产等，有很多人利用自己的经济优势抓住正确投资信息而发家致富。笔者在多年的研究分析中发现，利用自己的资金投资成功的渠道基本上有两种。第一种是自己创业，利用其他的圈子优势，又有足够的资金优势作为互补，锦上添花，自然成功胜算很高。这种创业的人一定要把握好一个投资比例，就是自己其他圈子的能力与你投入资金的比例是否吻合。第二种就是利用自己的资金优势参与金融投资，找理财行家帮助理财投资，或者嫁接于别人的投资事业从事融资投资。现在有很多风险投资公司，也有很多风险投资个人就成功做到了这点。

案例三　小小书签赚三十六万[①]

作家王朔的新书《我的千岁寒》在面世之前，用"万人瞩目"来形容一点儿不过。可是，您可能会奇怪地看到以下内容：

"尽阅千岁寒，眼镜要保健"，宝岛眼镜温馨提示：爱眼护眼小常识……

《我的千岁寒》读者，立刻获得金山毒霸一个月的免费试用时间……

王朔这是写的什么东西啊？这不都是广告么？您可别误会，这些东西的确会出现在《我的千岁寒》里，但却不是王朔写的。这是一个叫做司新颖[②]的人，

---

① 尹代文. 小小书签赚三十六万［EB//OL］.［2007-03-22］. http://www.luckup.net/show.aspx?cid=23&id=12417.

② 司新颖简介：男，笔名老猫，专栏作家，媒体策划人。2003年由京华出版社出版专栏作品集《幸福不怀好意》，作品还有随笔诗集《珍爱阳光》、小说《痛苦缓期执行》。现任诺贝国际传媒公司出品人，以三张小书签先赚得60万，并开创了以分类最细的媒体——图书为载体的诺贝书媒公司，经营图书广告业务，为图书出版业的营销增加了新的盈利点。

带着他创办的一家名为"诺贝国际"公司的主打项目"诺贝书媒",往书签上印的广告,而这些书签,则被夹进了王朔的书中。

"我自己也是写过书的人,肯定不会把这事给做恶心了,我们上的广告都会是对读者有用的产品,设计美观。像这次宝岛眼镜的广告,书签的正面背景是一段铁轨,上面压着王朔书中的精彩语录,下方写着'品味生活:一本好书,一段旅程——宝岛眼镜',其实就是一个很艺术的形象广告;背面印的'宝岛眼镜温馨提示',则是一些爱眼小常识内容,因为看书多的人一般眼睛都不好,眼睛好的看书时也应该注意眼睛的休息……"

王朔新书还没正式发行,但司新颖靠着书中的三张小小书签,就已经先赚了几十万了。"我们下一本是《姚明传》,现在就已经卖了上百万了,广告客户已经有了四家,除了书签以外,可能还会出加页,有个银行还准备要加腰封。"

掌握80%的畅销书资源

当记者走进北京西直门西环广场的诺贝国际传媒总裁办时,司新颖正在跟一个客户打电话:"排在前面的出版商我们基本上都已经签订了独家的排他协议,您要是觉得安妮宝贝分量不够重的话,您觉得刘若英怎么样?她写的《下楼谈恋爱》这种书是比较火的。体育明星和经管类的明星,您知道孙正义吧,《孙正义传》您觉得适合么?或者是惠普前CEO(首席执行官)写的《我在惠普的日子》,类似于这种书,您觉得跟您的用户群契合么?"

听到司新颖亲自向客户进行推销,记者不由惊讶于他手上名人资源的丰富。

"诺贝国际现在掌握了中国80%的畅销书资源,已经跟10家全国知名的大型出版机构签好了协议。"司新颖嘿嘿一笑:"韩寒、姚明、王朔、郭敬明、安妮宝贝的新书现在全部在我们手里。除了王朔,4月份,美国新闻周刊首席记者布鲁克·拉尔墨写的《姚明传》将发行,5月份是韩寒的《光荣日》,紧接着是安妮宝贝的一本书,书名现在我都还不知道。"

司新颖向记者介绍,作家跟出版机构签完版权协议以后,以往并不介入图书的运营,而出版机构也是维持着多年一成不变的盈利模式:出书、卖书;投入、产出。不是没有人想过利用图书载体进行增值,但是他们往往是有资源的不专业,有专业的又没资源。诺贝国际与出版机构签订了独家经营代理合同。司新颖介绍:"我们这叫给图书延伸一米,所得利润我们和出版机构分享,他们拓展了盈利空间,我们得到了盈利平台,所以很多出版机构愿意跟我们合作。"

以书为媒,作为一个崭新的媒体形式,在说服广告客户的过程中,竟然也是出奇的顺利。"我们都很纳闷,现在跟我们合作成功的客户没有任何一家是超过15分钟的。"诺贝传媒向客户提案的所有幻灯片都不会超过10页,为的就是"把客户在15分钟之内搞定"。司新颖将这15分钟又分解成三个5分钟:"第一个5分钟客户知道我们在干嘛,第二个5分钟知道品牌怎么和书媒更好地合作,第三个5分钟就谈价格。"司新颖一边说，一边挥舞着手上的成品书签，对已经合作书媒推广的银行、眼药水、数码商等如数家珍。

书媒是分类最细的媒体

听完上面一则故事，或许您会觉得司新颖的成功来得太容易了。但是为了这看似容易的成功，他已经悄悄地付出了两年时间准备，如果算上他之前在传媒和IT（信息技术）作为市场职业经理人的经历，也可以说得上是十年磨一剑了。

司新颖做过报纸总编，做过电视节目总策划，写过专栏，出过书，现在还是搜狐的所谓博客名人……用他博客里面的话来描述是："猫猫她爸，专栏作家，傻大笨粗，基本文化。"可就是这个自认为"傻大笨粗"的人，早在2003年，就已经让小小的书签，给他挣回来过一部1万多元的组合音响。那时司新颖的小说《痛苦缓期执行》将由中国青年出版社出版，为全球知名音响厂商做市场的朱星海找到他，问："你的书发行量不小，读者群又是特定那群人，有没有一个合适的方式把我的产品和你的书结合起来？"

"我当时没有多想，就说那就加个书签吧，把你们的音响印到上面。"司新颖介绍道，"当时也没有什么商业意识，就是想着要帮朋友一个忙。"没想到后来音响公司还付了酬劳——一套组合音响。司新颖一算，乖乖，稿费才1万多块钱，小书签换回来的音响市价却比稿费还要高。

"虽然大家看的是我的书，但我书里面这么一个小小的纸片，创造的价值却比我的书还大，并且潜在价值更大，这是不是可以打破传统图书出版的盈利模式呢？"司新颖当时就和铁哥们儿，也是榕树下出版的总经理路金波商量。他们发现，不但国内就是国际上也没有这种在书里面做广告的模式。"我就纳闷：为什么没有人做呢，我也做过媒体，报纸杂志都是靠发行和广告两条腿盈利，为什么书就不可以呢？要是给书引入一些画龙点睛的广告，说不定还可以把书价给降下来呢。"

司新颖越琢磨越觉得这是个好点子："我做过近10年传媒，一直在想什么样的东西能够更有效地到达用户群那里而不产生浪费。"他对记者说起了他对书籍市场的理解："大众媒体针对大众，即使是有了频道或者版面分类，也无法知道你的读者是到底是谁，会不会认真看。但是书就不一样了，书是迄今为止我见过分类最细、最全的媒体，光小说就分爱情小说、文艺小说、商战小说、官场小说、战争小说……少儿读物也分为学龄前儿童读物，5~7岁读物，7~9岁读物……什么样的书有什么样的读者，这样我们就可以依靠书的分类找到他相应的读者群，而这个读者群恰恰正是商品和厂家要的用户群！"

"所以我就有了'以书为媒'，做书籍广告的想法。"司新颖从2004年便开始进行筹划，他知道这个已经不是创意这么简单了，因为这是创业。他说自己的价值是因为自己是个"狙击手","一发子弹撂倒一个客户"。而他并不是大张旗鼓地冒进,而是一家一家地去找知名的出版机构,介绍他的想法和项目,并且跟出版机构签独家的、排他的协议。"如果不是王朔这本书把我们抖出来,我们也就是羞答答的玫瑰静悄悄地开。"

"我们的目标是要把中国出畅销书的出版社全签下来,现在已经签了10家大型出版社了,这样别人想模仿的时候就只有去签小单位,但那样他的书出版量就会很少,我的书一起手就能够印出10万、100万册,别人只能出一两万册,别人就没有办法和我竞争。"司新颖自信地说道。

2006年6月,万事俱备、只欠东风的司新颖,联合几个重要合伙人,创立了诺贝国际传媒集团。

我们一小步,出版业一大步

司新颖介绍,今后他们准备在一本书里放一系列的书签,用封套封好,因为现在出的书都是软精装——也就是塑封的。"这样书签就不会掉出来",系列的书签正面都会用作家书中的精彩语录来组成,"这样大家会留下来,还会多次传播"。同时,他也在积极开发腰封、前置加页等位置的广告,"做到极限的时候,我们会做成一加一,像咖啡伴侣一样,而且将来要营造营销平台,逐渐增加新的盈利砝码"。

万一读者对广告讨厌时怎么办?司新颖表示会最大限度地避免这种情况:"我们只会在书中放两种广告:一种是跟目标读者高度相关的广告,比如做菜的书里面放食用油、抽油烟机;另一种就是能够让读者得到实惠的广告,比如最近他们正在和某知名洗发水厂商联系,在书的后面加一小袋洗发水的免费试用装。"

去年上海传力主动找上门来,要在女性书籍中夹带著名化妆品的广告,这将是一个数百万元的组合投放计划。司新颖对于2007年的市场很有信心,每个月都有一本畅销主打,其他作为辅助。"现在我们控制的(2007年)畅销书资源是2 000万册,今年的经营目标是1 500万,明年便可翻番。""我用传统媒体的特质,做了一个IT业高暴发、高增长的回报率的项目,关键是我们的团队运营成本还极低,但却有着稳定的高回报率。"

现在,已经有风险投资正在和诺贝国际接触,希望投资"中国最大的精准直达媒体群"。"现在小钱对于诺贝国际没有任何意义,我们现在的盈利态势不会低于一家知名网站。融资是因为我要迅速做大,这不单纯是一个广告推广形式,而是一个巨大的精专传媒平台,下一步我要走向亚洲,走向世界!比如说华晨汽车出口到德国,我就希望有一天能够在德文书籍中有一张印有华晨汽车的书签,这个作品来自诺贝国际!全世界所有看《哈利·波特》的读者们,都将看到诺贝国际的书签!"

"如果说一个馒头引发了一场血案的话，那么一个小小的书签，将引发中国出版业的一次重大变革，这个重大变革就是：打破图书传统盈利模式，增加传媒矩阵增值服务——我为诺贝，尚未有尔！"司新颖和他的团队要做传媒"诺贝尔"。

【分析与点评】

小小的书签，甚至快被人们遗忘的一个读书工具却将一个产业推向了一个全新的发展空间，既保留了图书业的本色，又增加了广告对图书价值的增值拓展，打破了单纯利用图书做广告的低品位运作模式，为作者、出版商、广告商和读者四方搭建了一个多赢的合作平台，实现了一个产业的全面提升。在这个案例中，充分体现了对现有资源的整合利用。正如司新颖提到的："不是没有人想过利用图书载体进行增值，但是他们往往是有资源的不专业，有专业的又没资源。"别人在想到这个创意的同时，却发现他所拥有的资源总是欠缺一些其他资源的支撑。司新颖恰恰做了这个整合者，将有专业的、有资源的整合在一起，形成了合力。同时，不得不看到司新颖自身拥有的庞大的著名作家群和其作品这些强大的资源也是最终促成成功的重要因素之一。这也意味着，如果缺乏这些关键资源，整合的难度将会很大。那么，这样庞大的、优质的作家资源如何形成？毫无疑问，社会资本在这里发挥了重要的作用。没有大量人脉关系的积累，没有庞大的社会关系网络，要形成这样独一无二的资源绝非易事。

【创业宝典】

1. 虽然每个人的天赋有差别，但作为一个年轻人，首先要有理想和目标。尤其是年轻人，无论是工作单位怎么变动，重要的是要怀抱理想，而且决不放弃努力。

2. 一定要珍惜在校的学习机会，所学的知识未必都能在未来的工作中派上用场，但如果能有意识地掌握一种思考方法，在今后会非常有用。

【用智慧赚钱的犹太人】[①]

中国太平洋建设集团董事局主席严介和在 2005 年胡润百富榜从排名第 66 位跃居到第 2 位，成为财富增长最快的人。他曾语出惊人："我觉得中国遍地是黄金，想怎么赚就怎么赚，不过经商靠的是智慧。"

用智慧赚钱有一个更加典型的例子。第 25 届奥运会在西班牙巴塞罗那举行，该市一家电器商店老板在奥运会召开前宣称："如果西班牙运动员在本届奥运会上得到的金牌总数超过 10 枚，那么顾客自 6 月 3 日到 7 月 24 日，凡在本商店购买电器，就都可以得到退还的全额货款。"这个消息轰动了巴塞罗那全市，甚至西班牙各地都知道了这件事。显而易见，大家此时在这家电器商店买电器，就等于抓住了一次可能得到全额退款的机会。于是，人们争先恐后地到那里购买电器。一时间，顾客云集，虽然店里的电器价格较贵，但商店的销售量还是猛增。

然而人们梦想的事情发生了。才到 7 月 4 日，西班牙的运动员就获得了 10 金 1 银，正好超过了该商店老板承诺的退款底线。此时距 7 月 24 日还有 20 天的时间。如果以前购买电器的退款已成定局，那么在后 20 天内购买的电器无疑也得退款，于是人们比以前更加卖力地抢购该商店的电器。眼看老板要亏死了，但别急，老板是一位充满智慧的人。他在发布广告之前，他先去保险公司投了专项保险。保险公司的体育专家仔细分析了西班牙往届奥运会，西班牙得到的金牌数最多也没超过 5 枚，一致认为不可能超过 10 枚金牌，于是接受了这个保险。这位老板这一次可以说是赢定了。西班牙运动员在本届奥运会上得到的金牌总数超过了 10 枚，电器商店要退的货款，届时将全部由保险公司赔偿。

犹太人被誉为最会做生意的人，他们在孩子小的时候就会教育：要用智慧赚钱，当别人说一加一等于二的时候，你应该想到大于三。一天，一位犹太人父亲问儿子一磅铜的价格是多少。儿子答 35 美分。父亲说："对，整个得克萨斯州都知道每磅铜的价格是 35 美分，但作为犹太人的儿子，应该说成是 3.5 美元，你试着把一磅铜做成门把看看。" 20 年后，父亲死了，儿子独自经营铜器店。他做过铜鼓，做过瑞士钟表晒上的簧片，做过奥运会的奖牌，他曾把一磅铜卖到 3 500 美元，这时他已是麦考尔公司的董事长了。世界上所有富翁都是最会用智慧赚钱的，你就是把他变成穷光蛋，他很快又会是富翁，因为他失去资金，失去厂房，但他还有智慧。

[①] 王日强. 用智慧赚钱：无法偷走的财富 [EB/OL]. [2013-08-03]. http://wclub.1688.com/forum/index.html.

洛克菲勒曾放言:"如果把我所有财产都抢走,并将我扔到沙漠上,只要有一支驼队经过,我很快就会富起来。"让我们再来看看脑白金和黄金搭档的热销,史玉柱的东山再起告诉我们,只要把脑子用活,失败了还会成功,再赚钱是不成问题的。我们许多人用体力赚钱,不少人用技术赚钱,很少人用知识赚钱,极少人是用智慧赚钱的。在财富时代,智慧的人太少,有智慧又能抓住商机的人更是凤毛麟角。只要我们开动脑筋,发挥智慧,就可以把握机会,成为财富的主人。

案例四　创业资源整合[①]

创业资源整合一:人脉资源

1. 整合人脉资源,分享成功快乐

广州华工百川自控科技有限公司于2000年12月18日正式挂牌成立,是由华南理工大学科技园有限公司与广州市"金鼎奖"获得者张海、马铁军共同发起,由华南理工大学控股的一间从事计算机过程智能控制装备及高分子特种材料生产的高新技术企业。

华工百川主要从事橡塑机械及自动控制成套设备、计算机信息系统、特种高分子材料制品、工程塑料等的研制与生产。它技术力量雄厚,依托华南理工大学,集中了橡胶加工工艺、工业自动化控制、高分子材料、应用数学、机械设计等学科优势,在工业自动控制、数学模型、计算机集成、新材料开发等方面颇有建树,拥有各种专利技术14项。

案例启示: 资源是创业必不可少的关键元素,创业者整合资源能力的大小基本上决定了创业的成败。你整合资源能力强,整合到大量的人脉资源就可以整合吸引到人才、资本、技术等,创业就会变得很容易。快乐整合人脉资源,快乐创业,快乐分享,华工百川的张海为我们上了很有价值的一堂课。

创业者整合资源的能力其实与创业者的素质、管理能力、企业研发能力等都是相通的,因而创业者应该注重资源整合能力的提升。其中人脉资源整合是重中之重,人脉资源的整合在某种程度上来说就是做人,做一个让他人快乐同时也让自己获益的人。广州华工百川自控科技有限公司成功的原因就在于此,整合人脉资源,分享成功快乐。

需要注意的是,人脉资源的整合一定要整合健康的人脉资源,以自身的人格魅力来积聚,酒肉、投机、侥幸得来的不会长久,为此创业者自身的素质、

[①] 资料来源于《创业资源整合》,wangyan1088的博客——天生我材必有用,http://bbs.ednchina.com/BLOG_wangyan1088_127222-HTM。,2007-11-12。

人格、品质需要不断提升。

但如何建立更广泛的人际关系以获得更多的资源呢？关键是创业者将所有创业者联合起来的同时，也应将每个人的社交圈同时整合到健康创业人脉资源平台中来，成为健康创业人脉资源平台的一部分，从而形成一个遍及创业者的人脉资源平台，并且充分共享。

2. 精心设计"创业"，有效整合人脉资源

北京六合万通微电子技术有限公司是由留学归国人员团队于2001年创立的一家专业从事无线通信大规模集成电路设计及系统开发的高新技术企业。公司的主要业务为无线局域网（WLAN）系列芯片以及第三代移动通信（W－CD-MA）芯片的设计及相关系统的开发销售。

六合万通是中国宽带无线（IP）标准工作组和信息设备资源共享协调服务标准工作组（IGRS、闪联）的成员之一，独立承担国家科技部863计划项目。六合万通凭借无线通信领域的技术实力和先进的集成电路设计技术，先后与索尼、安捷伦、中国网通、冲电气、富士通、朗弗宽频微电子等国际知名企业建立了长期技术战略合作关系，为宽带无线通信及3G通信系统提供核心芯片和系统解决方案。

案例启示：整合资源要"有的放矢"，毕竟人的时间和精力有限。有效地整合人脉等资源就可以为创业精心"设计"了，精致而全面的"设计"就会产生北京六合万通"我们很顺利"的效果。六合万通成功的做法、成功的案例值得我们仔细学习、研究、借鉴。

关于人脉资源需要特别注意的有：①长期投资性：平时要注意人脉资源的积累，不要事到临头才去找人帮忙，在公司做业务也一样，现在不是你的客户，明天就可能成为你的客户，因而你必须从现在开始建立联系，人脉资源的形成需要花很多时间和精力，这也是一种投资。②可维护性和可拓展性：人脉资源是可以通过合作、交流、关心、帮助、友情、亲情等进行维护，并会不断巩固，当然如果不去维护就会变得疏远，所以人脉资源需要经常性地维护，同时在维护中可以不断地拓展新的人脉关系。③有限性和随机性：每个人一生中能认识多少人？包括老师、同学、亲戚、同事、朋友、客户等，一般不超过500人，而能够真正帮助自己的一般不会超过50人，所以每个人的人脉资源都是有限的，你的发展同样也会受到你的人脉资源的限制。同时，你所认识的可能没有能力帮助你，有能力帮助你的，你可能不认识，所以在客观上就需要你不断认识更多的人，但是每个人的能力又是有限的，又不可能认识所有那些潜在的帮助者。④辐射性：你的朋友帮不了你，但是你朋友的朋友可以帮你。

创业资源整合二——人才资源

1. 人才资源整合的"链式反应"

上海中科合臣股份有限公司是2000年9月29日，由上海中科合臣化学公司作为主发起人，联合上海联和投资有限公司、上海科技投资公司和上海市普陀区国有资产经营有限公司等法人单位及5名自然人共同发起设立的股份有限公司。第一大股东上海中科合臣化学公司的前身成立于1959年，是曾经为我国"二弹一星"的研制做出重要贡献的中国科学院有机化学研究所的实验工厂；1985年成为独立经营的企业法人；2003年6月，在上海证券交易所挂牌上市。中科合臣作为中国科学院有机化学领域的科研生产基地，主要从事医药中间体、农药中间体及有机新材料等精细化工品的研制、生产和销售。

案例启示：把人才战略作为企业发展的重点，求才、爱才、育才、重才，用事业发展吸纳高科技人才，用高科技人才牵引高新技术产品开发，从而形成了一支支撑企业发展的高素质的优秀人才队伍是中科合臣成功的秘诀。因此，中小企业应根据自身发展，建立起一套人才资源规划体系：①中小企业要增强自己的核心竞争力，做到小而精；中小企业要利用自身优势，将优势发挥到极致，这是中小企业活得更好的一大法宝。要做精、做细，突出自己的优势，才会置于不败之地。②建立起完善的激励体系，精神上的、物质上的；用奖惩制度去激发员工的潜能，让员工的潜能发挥到极致。③建立起培训机制，培养人才，同时也让人才在企业里发挥其最大的潜能为企业做出贡献。④善待员工，让员工有一种家的感觉；善待员工，是留住人才的唯一法宝。这种善待，不仅是指给予人才精神的满足，适当地也要配以物质利益。⑤要量才而用，用人的长处，控制人的短处，不要为了节省开支而凑合。⑥分工尽可能明确，但可根据职务的重要与否适当地兼职。⑦引入外部力量，如培训班等来协助你快速找到自己所需要的人才。

2. 整合人才资源，保持创新能力

上海神开科技工程有限公司成立于1993年，是以研究、开发、制造石油勘探仪器为主的高新技术企业，民营股份制性质，同时以60%控股上海神开石油化工设备有限公司。公司的主要产品是：录井仪器、钻井仪表、采油仪表、防喷器及控制系统、油品分析仪、新型钻采工具、录井技术服务等。目前，公司已发展成为国内最大的石油勘探录井仪器研制生产厂家。公司已经开发研制生产SK系列产品九大类近百个品种，每年都有10多种新产品推向市场。其中综合录井仪销售量占国内市场份额的50%以上，其先进性和可靠性在国内享有盛誉。同时公司积极向国外拓展，目前产品已进入中东、中亚、南美、蒙古、苏丹、印尼等国家和地区。

案例启示：上海神开总经理李芳英和我们的创业者都明白这样的道理：人

才是创新之源,人才是企业最核心的竞争力。现代企业的竞争,归根结底是人才的竞争。当前许多企业正处在发展变革的重要关头,要想在激烈的市场竞争中取胜,就必须提升人力资源的价值。

但要吸引、留住人才,也并非易事,必须在尊重人才的价值上下功夫。一是用好人才。按照人才的才能和特长,安排适当的领导岗位,聘任技术职务,使人才有价值"认可感"、受"信任感"。二是给任务,压担子,让人才攻关键,解难题,使人才有"成就感"。三是表彰奖励有重大贡献的人才,使人才有"光荣感"。四是待遇从优,使人才有"幸福感""满足感"。

对中小企业而言,人才是可遇而不可求的。社会上的人才是很多,但适合公司发展的并不多。因此选择任用人才的关键在于用那些有潜力并且有强烈事业心、对公司事业有认同感的人才。中小企业整合人才资源最后落实在了培养人才方面,同时要千方百计留住公司的骨干人才。

人才资源整合的另一条途径是充分利用"外脑",如科研院所、大专院校等。

创业资源整合三——技术资源

1. 技术资源的取得应与科研院所合作

1989年桂林广陆数字测控股份有限公司前身桂林广陆量具厂建立,2001年整体变更为股份制公司,科技人员约占现有员工的25%,注册资本为2 210万元人民币。公司主要生产四大类产品:电子数显卡尺系列产品(通用和专用)、电子数显千分尺系列产品,电子数显指示表系列产品以及其他智能化、数字化精密仪器仪表系列产品。公司的生产规模已达30万套,90%以上的产品出口到欧美等30多个国家和地区,国内市场占有率达50%以上,产量、出口量、销售量每年以30%以上的速度增长,居国内同行业前列。桂林广陆目前是全国生产测量范围在500MM以上的专用(非标产品)电子数显量具量仪的主要厂家。公司为国家机电产品出口生产基地,拥有自营进出口权,被中国银行评为AA级信用单位,是全国数显协会理事长单位。

案例启示:创业企业成功的关键是首先寻找成功的创业技术。其原因有三:一是创业技术是决定创业产品的市场竞争力和获利能力的根本因素。二是创业技术核心与否决定了所需创业资本的大小。对于在技术上非根本创新的创业企业来说,创业资本只要保持较小的规模便可维持企业的正常运营。三是从创业阶段来说,由于企业规模较小,因此管理及对人才的需求度不像成长期那样高,创业者的企业家意识和素质是创业阶段最关键的创业人才和创业管理资源。

做成功企业的核心是要有好的产品,而企业的产品必须做到专业化,这非常重要。要做到产品专一,在同一领域内做到最专,技术上要一直领先。一个企业，特别是中小企业没有实力一直保持这样的技术优势，那中小企业该如何突破技术这个发展瓶颈呢？桂林广陆启示我们必须整合企业之外的技术资源，尽可能地与科研院所、大专院校合作，因为那里有技术前沿人才，而且科研院所大专院校的人才也很愿意把自己的技术资源转化为产品，实现技术成果的转化。

2. 技术资源整合是为了技术的不断创新

浙江新和成股份有限公司是一家由1988年负10万元发展到现在正10亿元的高科技、高成长、高效益的国家重点民营高新技术企业。现有总资产15亿元，净资产10亿元，年销售额超10亿元。公司主要从事药品、保健品、医药中间体、香精香料、食品添加剂、饲料添加剂等系列50多个产品的生产和销售，已成为国内最大的饲料、添加剂生产企业，世界第三大维生素E、维生素A生产基地，拥有自主知识产权的新产品乙氧甲叉产量已多年雄踞世界第一。2004年6月，浙江新和成在深交所中小企业板块中拔得头筹，成为令人瞩目的中小企业第一股而载入史册。

案例启示： 技术资源的主要来源是人才资源，重视技术资源的整合同时也就是注重人才资源的整合。技术资源的整合，不仅要整合、积聚企业内部的技术资源，还要整合外部的可资利用的技术资源。整合技术资源只是起点，技术资源整合是为了技术的不断创新，自主研发并拥有自主知识产权，保持技术的领先，占领市场，壮大企业。

创业资源整合四——资产资源

1. 创业与资产资源共舞

杭州中正生物认证技术有限公司是国内著名的生物识别设备供应商和技术方案提供商，拥有自主知识产权的指纹识别算法和多项国家专利，以其强大的技术实力，将指纹识别技术成功应用于电子政务、信息安全、银行金融和门禁门锁等领域。

1996年中正公司指纹核心技术原创者邱柏云先生（现任中正公司执行董事、首席科学家）研制出国际上首块拥有自主知识产权的MS2000指纹识别模块。2000年3月，邱先生与另外四位志同道合的创业者一起正式成立了杭州中正生物认证技术有限公司，以嵌入式指纹识别技术为主要研究开发方向，在中美两国同时申请"指纹硬盘"的发明专利。

案例启示： 整合资产资源，不仅仅是解决"钱"的问题，更重要的是看战略投资者还能为企业带来什么其他的资源，比如政府背景、行业背景、市场影响力、营销支撑等，亦即整合资产资源时要充分考虑资产资源能否带来更多的其他资源。但最为关键的是，选择的战略投资者要与企业当前阶段的发展目标相吻合。

企业与金融资本的整合方式可分为债务融资和股权融资两大类。对于创业企业来说，由于它们缺乏可抵押资产，它们进行债务融资困难重重，因此股权融资是创业企业与金融资本整合的现实选择，而一个高效的资本市场是创业企业进行股权融资的必要条件。

2．民营资产资源的活力

1995年苏州有线电厂与国外一家企业合资，研发局域程控交换机，很多人加入了新的合资公司，而选择留下来的一部分主要科研人员成立了民营股份制高科技企业苏州科达通信技术发展有限公司，致力于通信技术与产品的研发、生产、销售、系统集成及一体化服务，是专业的通信产品及解决方案制造者、提供者、服务者。

2000年，科达果断地进行改制，引进了大量的民营资本，同时进行机构改革，以全新的面貌在市场风浪中搏击。科达综合复用系统这张大"网"现已占据了国内最大的市场份额。

案例启示：从科达的案例中，我们看到民营资本的强大活力，此外资本市场在创业企业资源整合中的作用主要体现在：资本市场保证了企业股权的流动性，为企业资源整合提供了便利的通道。在资本市场中，资源的优化配置是通过股权的交换来实现的。由于资本市场的每一个参与者都希望自己所拥有的资源价值最大化，因此通过反复的交易，可以使其资源得到充分利用，其价值得到充分体现，进而达到资源的价值最大化。

但如何整合资产资源，引进外来资本呢？首先要对准备引入的资产资源有个整体性了解。在初步确定投资意向之后，创业企业就可以根据实际情况，在众多的意向投资者中选择钟情目标。在接触之前，一定要认真了解一下这些投资者的基本情况，如资质情况、业绩情况、提供的增值服务情况等。在与投资者的接触面谈前，企业自身应准备好必要的文件资料：公司背景、所需金额及用途、公司组织机构、市场情况、产品情况、生产状况、财务状况、前景预测和风险因素等。在多次谈判过程中，将会一直围绕企业的发展前景、新项目的想象空间、经营计划和如何控制风险等重点问题进行。在签订的合同书中，创业企业和投资人双方必须明确下面两个基本问题：一是双方的出资数额与股份分配，其中包括对投资企业的技术开发设想和最初研究成果的股份评定；二是创建企业的人员构成和双方各自担任的职务。

创业资源整合五——行业资源

1．他山之石，可以攻玉

上海交大昂立股份有限公司是集现代生物和医药制品研制生产、营销于一体的高科技股份制企业，由上海交通大学、上海大众交通（集团）股份有限公司、上海茸北工贸实业总公司等9家股东单位于1997年共同发起设立，注册资金为1.5亿元。2001年7月昂立成为国内保健品行中第一家上市公司，注册资金增至2亿元，净资产增至9亿元。上市使公司打通了资本渠道，迅速扩大企业的规模，实现产业的多元化经营，组建以若干个产业组成的产业群。

从1990年的几十名员工、36万元资本起家的校办企业，到注册资本1.5亿元、连续三年居全国保健品市场销量榜首的行业巨人，昂立的业绩令人瞩目。昂立遵循以技术为依托、以产品为载体、以科普为先导、以营销为龙头的发展战略，形成了强有力的全国营销网络。设有上海交大昂立生物医药研究所，拥有由生物、医学、营养卫生等领域一流专家教授组成的专家委员会。

案例启示：企业要想发展、壮大，就应该尽可能整合各种资源，采取各种合法手段积极务实地做好自己的这份事业。昂立这个案例告诉我们整合行业内竞争对手资源的重要性，"把竞争对手转变为合作伙伴"。市场竞争没有永远的对手，也没有永远的伙伴，更没有敌人。凡以为有敌人的竞争者，大多是竞争中的失败者。创业企业不可避免地存在诸多方面的不足。因此，同行之间或者产业上下游之间的创业企业通过策略联盟或股权置换等种种方式整合资源，使人力资源、研发能力、市场渠道、客户资源等方面实现优势互补，对内相互支持，对外协同竞争。这种方式往往是几家创业企业作为核心，同时带动一批创业企业，形成利益共同体。

2. 行业资源与技术优势的组合

1984年，山东大学电子系的4位教师组成的电子系统（ES）研制组成功地为济南供电局开发出国内第一套基于通用微机系统的电网调度自动化主站系统ES100。1989年2月成立山东大学威海分校电子系统实验所，开始专业从事电力调度自动化系统的研究、开发、生产和推广工作。1994年，山东大学威海分校电子系统实验所法人与原实验所员工共同出资，在济南高新技术开发区注册成立了济南高新开发区集成电子系统实验所，完全按照有限责任公司模式运作。

2000年8月，公司进行股份制改造，吸收山东电力集团公司的投资，成立山东鲁能积成电子股份有限公司，打破了原积成电子自我滚动发展的模式，开始走产品运营与资本运营相结合的发展道路。目前，鲁能积成电子成为国内电力系统自动化领域的知名企业。

案例启示：与行业内优质资源的结合，道理好讲，做起来却还必须具备许多条件，比如自身在优质社会资源面前的质量、分量。对企业而言，自身的建设是年年、月月、日日的必修课。自身的问题解决了，还要具备对优质资源的发现和把握，这需要强烈的市场意识和眼光，必须是"1+1>2"的做法和方式；否则，结合有了，却可能离失败近了。具备上述两点后，创业团队在对行业内优质社会资源的整合中，一定要懂得基于企业利益基础之上的放弃，以企业利益为第一利益，合作是双赢的，但任何优质的资源进来，是需要自身付出代价的。这里的代价在某一刻，容易被人误以为是失去和损失，这里还需要具备长期的战略发展眼光。很多小企业长不大，追根究底，是一次又一次地放弃了合作的机会，个人或少数人的单打独斗，是无法在现代市场中取胜的。积成电子在高速发展的关键时刻的合作，可谓是通过行业资源整合，与行业内优质社会资源结合并求得成功的经典个案。

整合行业资源，了解掌握该行业各种关系网，比如业内竞争对手、供货商、经销商、客户、行业管理部门等。昂立整合的是竞争对手的资源，鲁能积成电子整合业内资源是为了与大客户的合作能够使开发出来的产品更具有针对性和实用性，可以在第一时间了解客户的需求，并且能提供中试基地。行业资源不仅仅只有这些，技研机构、行业协会、行业杂志、行业展会、业内研讨会、专业书籍等资源都需要创业者平时加以关注，发掘其价值，为企业成长服务。

创业资源整合六——政府资源

1. 启明星辰获得政府的支持

北京启明星辰信息技术有限公司成立于1996年，是一家由中国留学生创立的、拥有自主知识产权的网络安全高科技企业。启明星辰公司几年来始终坚持技术创新，确保技术水平与国际同步，先后承担国家863项目、计委产业化项目等国家级、省部级重点信息安全科研项目40多项。目前启明星辰公司拥有包括积极防御实验室、北京研发中心、上海研发中心、国内首家网络安全博士后工作站、CERT小组在内的100余人的技术力量，是国内实力最为雄厚的网络安全科研队伍之一。

案例启示：政府资源对创业者而言是不可多得的成功创业的助推器。政府资源亦即各项优惠扶持政策，包括：

财政扶持政策：中央财政预算设立中小企业科目，安排扶持中小企业发展专项资金；地方政府根据实际情况为中小企业提供财政支持。

融资政策：人民银行加强信贷政策指导，改善中小企业融资环境；鼓励商业银行调整信贷结构，加大对中小企业的信贷支持。各商业银行在其业务范围内提高对中小企业的融资比例，扩展服务领域。国家政策性金融机构采取多种形式为中小企业提供金融服务。县级以上人民政府和有关部门推进和组织建立中小企业信用担保体系，推动中小企业的信用担保。

税收政策：国务院和省级人民政府对符合下列条件之一的中小企业，在一定期限内给予税收优惠：一是由失业人员开办、初期经营困难的；二是吸纳社会再就业人员比例较高的；三是设立在少数民族地区、边远地区和贫困地区的；

四是从事高科技产品的研究开发的；五是从事资源综合利用和环保产业的；六是国家产业政策规定需要扶持的。

科技政策：国家制定政策鼓励中小企业按照市场需要，开发新产品，采用先进的技术、生产工艺和设备，提高产品质量。国家实施了一系列的科技计划，包括科技攻关计划、星火计划、重点新产品计划、"863"计划、科技型中小企业技术创新基金。

产业政策：对我国境内新办软件生产企业、集成电路设计企业和生产线宽小于0.8微米（含0.8微米）的集成电路生产企业，经认定后，自开始获利年度起，第1年和第2年免征企业所得税，第3年至第5年减半征收企业所得税……

中介服务政策：政府有关部门在规划、用地、财政等方面提供政策支持，推进建立各类技术服务机构，建立生产力促进中心和科技企业孵化基地。国家鼓励社会各方面力量建立健全培训、信息、咨询、人才交流、信用担保、市场开拓等服务体系。

创业扶持政策：政府有关部门在城乡建设规划中合理安排必要的场地和设施，支持创办中小企业；地方政府应为创业人员提供工商、财税、融资、劳动用工、社会保障等方面的政策咨询和信息服务；国家鼓励引进国外资金、先进技术和管理经验，创办中外合资（合作）企业；鼓励依法以工业产权或者非专利技术等投资参与创办中小企业。为促进中小企业发展，科技部及地方政府大力发展科技创业服务中心即企业孵化器，为创业提供全方位的服务，并实行优惠政策鼓励其为中小企业提供良好的创业服务。

对外经济技术合作与交流政策：政府有关部门和机构为中小企业提供指导和帮助，促进中小企业产品出口。国家制定政策，鼓励符合条件的中小企业到境外投资，开拓国际市场。国家有关政策性金融机构应当通过开展进出口信贷、出口信用保险等业务，支持中小企业开拓国外市场。

政府采购政策：政府采购应优先安排向中小企业购买商品或者服务。政府是最大的消费者，各级政府每年要采购大量的商品和服务。你要注意政府采购信息，向当地政府采购管理机构了解政府采购如何向中小企业倾斜。

了解政府扶持政策，整合政府资源的方式途径：

一是上政府官网查询。现在政府一发布政策就组织其上网，并印发政府公报。你要注意定期到政府公共服务网上浏览检索，看看是否有新政策出台或者有否项目申报通知。

二是委托政策服务公司提供政策咨询。政策服务公司比较关注政策变化，与政府有关部门关系密切，不仅了解政策，也知道如何帮助你享受政策。寻求政策服务公司帮助，需要支付一定的中介费，但对你来讲还是很合算的。

三是注意与有关部门保持密切的沟通。每一家企业都要与一些政府部门打交道，你也不例外，要注意配合你经常打交道的政府部门的工作，并注意定期向这些部门咨询政策。与政府部门保持密切的关系，你可以用足、用好政府政策，寻求更快的发展。

四是条件允许的话，可指定专人负责有关政策信息的收集。你要让每位员工了解并注意收集与其工作有关的政策信息，及时跟踪政策的变化。特别是在有疑问时，一定要咨询清楚，并及时解决，千万不要把今天的问题留到明天。

创业资源整合七——信息资源

整合信息资源抓住成功创业机遇

西安恩科网络技术有限公司1998年成立于西安高新技术产业开发区，是陕西省首批通过"双软"认定的优秀留学生高新技术企业。公司现有员工95名，注册资金1 100万元。公司专业从事互联网应用软件及应用支撑软件开发、技术服务和系统集成。

公司自成立以来，一直致力于基于互联网的政务信息化、企业信息化、门户网站与信息流管理系统等应用软件及为以上应用提供的底层支撑软件的开发。近年来，公司已承担了300多家企业、政府、机构等各类客户的信息化建设项目。公司已开发形成了一系列拥有自主知识产权的软件产品，其中有平台先锋（互联网维护管理平台）、互联网应用开发平台、企业/机构信息门户系统、网络办公与信息管理软件、网站远程自助建设与维护管理系统、基于web的广域分布式企业销售管理系统等。

案例启示：我们从工业化时代走向信息时代，随着信息技术的发展，信息与日常生活、工作越来越密不可分，最直接的体现就是信息量陡然增大，信息流转加快，但也同时带来了一个问题，就是信息爆炸。各种信息充斥在我们周围，创业者如何在最有效的时间内获得最有效的内外部信息，抓住成功创业的机遇却往往成了一个难题。

所谓天时地利，很多时候不是它们不出现，而是当它们出现时，你能否发现并把握。对于创业者来说，这点更显得尤为重要。正如西安恩科网络技术有限公司创始人陈健所说："创业要抓住机遇。"这就是"人和"的力量。西安恩科的成功给予我们诸多启示。

创业企业信息化的最高层次是决策，它具有前瞻性。企业在做决策时，关心的问题是来自包括竞争对手、政府、行业、合作伙伴、客户等在内的周边环境的变化。在对变化的预测、分析的基础上做出尽可能合理的决策，这个层次上的企业信息化通常针对创业以及高层管理所遇到的问题。

对创业者而言，信息是不对称的，了解分析包括竞争对手、政府、行业、合作伙伴、客户等在内的周边环境的变化信息,我们才能做到"知己知彼,百战不殆",才能做到"有的放矢"集中精力、财力、人力抓住转瞬即逝的成功机遇。

另外,对于信息资源,整合当然包含有管理的内涵,既要整合好企业外部的资源,即要抓住企业好的发展机遇,又要整合好企业内部的信息资源,进行信息资源的规划。信息资源规划即是通过建立全企业的信息资源管理基础标准,根据需求分析建立集成化信息系统的功能模型、数据模型和系统体系结构模型,然后再实施通信计算机网络工程、数据库工程和应用软件工程的一个系统化的企业信息化解决方案,以使企业高质量、高效率地建立高水平的现代信息网络,实现信息化建设的跨越式发展。

【分析与点评】

整合人脉资源分享成功快乐

69岁只剩稀疏白发的张海教授认为:"任何东西都要懂得分享,这样才能有更多的朋友、更多的人脉资源可以利用,进而创业才能够得心应手。"

对张海教授和华工百川而言,整合与分享似乎成了他们品尝成功快乐的理由。张教授作为技术带头人,作为华工工业装备与控制工程学院轻工机械与控制工程研究所副所长,他有效地整合了各方面的人脉资源;校方、科技园以及华工百川的经营管理团队都在整合与分享的企业文化下达成了共同理念。华工百川在竞争中处于十分有利的位置:技术上有保障,支持上有靠山,经营上有团队,广州的政策支持又十分到位。

分享带来的人脉资源,对人脉资源有效整合产生的巨大生产能量,都给华工百川带来了企业的高速健康发展机遇。未来的经济结构,必将建立在双赢、多赢的格局中,对我们的科技创业企业和科技创业者而言,知道并努力地实践这些,定将成为其成功的重要方式和途径。

精心设计"创业"有效整合人脉资源

六合万通董事长寿国梁用18年时间在自己喜欢和擅长的专业领域聚集了大量的人脉资源来通过六合万通实现其价值。在寿国梁看来,聚集了大量人脉资源就意味着找到了资本、技术与产品、渠道等各种创业资源。

拥有如此多的可以利用的人脉资源以及其派生的各种资源,寿国梁有条件把自己理解的创业设计得精致而全面。也正因为如此,当绝大多数创业者都能讲出一大把血泪辛酸史时,寿国梁只有淡淡的五个字:"我们很顺利"。

让我们惊讶的是,六合万通从一开始创业,就整合到了让人羡慕的人脉资源,聚集组合成了一个梦幻般的团队,想想就知道,这样一个团队推进的创业,会产生怎样的效果和影响。寿国梁说：我们创业团队都是留日归来的学子，都有着共同的创业情结和目标。还有一个重要的原因就是，公司几位创始人都是当初寿国梁主政日本鹰山公司时招聘来的，在运作公司和技术上，大家各有所长，通过多年的学习和工作，已经走过磨合期。

六合万通这样的创始人和团队走到一起就是一个积聚人脉资源的过程。

人才资源整合的"链式反应"

8年前，中科合臣处在一盘散沙的状态，到了濒临破产的边缘。直面市场经济下的困境，1996年，公司领导层毅然决定，引进人才，发挥人才资源的积聚效应，重振中科合臣的昔日雄风。公司首先邀请精于医药、农药等科研产品开发的姜标从美国杜邦公司新药研究中试基地回来担任科研和产品开发的副总经理。姜标临危受命，凭借自己在这一领域多年研究的积累和对国际市场的了解，很快就组建起公司的医药、农药开发基地，并开发、生产出可供出口的高品质的医药和农药中间体。1998年，以姜标为核心的项目组仅用一年时间就开发出两类高科技医药中间体（其中一类为"02A"，是艾滋病鸡尾酒疗法三种药品的重要中间体，中科合臣是全球第一家实现工业化生产的企业，质量至今仍为世界第一），创造了800多万美元的产值，为中科合臣带来了巨大的经济效益。

在中科合臣，这被称为"姜标现象"，即"引进一个人才，带动一个产业"。基于"姜标现象"的样板效应，中科合臣加快了顶尖人才的引进步伐，加大了人才资源整合的力度。几年来，中科合臣先后引进11名硕士、6名博士和5名博士后，整个专业技术人员数量占到职工总数的30%左右。在这支可观的专业技术队伍中，涌现了一批"姜标式"的人物，开发了一批高质量的高科技产品。

中科合臣成功的关键在于引进培养了以姜标为代表的一批具有专业知识的高层次、复合型科技领军人才。从而中科合臣工程中心从无到有，组建起一支完整的科研开发队伍，建立了一套完整的、均衡发展的产业化体系，并开发出一系列高科技产品，挽救了企业并使之走上了高新技术产业化之路。至此，人才产生的"链式反应"已充分显现出来。

整合人才资源保持创新能力

上海神开总经理李芳英认为神开在建立技术创新体系中，人才是第一位的。企业要想保持持久的创新能力，必须有优秀的人才资源作为后盾，有效地整合石油人才资源。她亲自抓公司的人力资源建设，注重人才的培养与吸收，建立了举贤纳才、尽最大努力整合人才资源的用人机制。身为总经理的她亲自到人才市场去招聘、面试，上油田招聘专业技术人才。目前，神开员工中具有大专以上学历的占71.4%，其中具有中高级技术职称的占38%，技术开发人员占职工总数的32%，神开的技术研究力量在国内录井仪生产企业里的实力是最为雄厚的。为充分调动科技人员的积极性、创造性，神开公司采取了一系列有效的措施，制定了《科技人员奖励办法》，使项目与效益挂钩，工资奖金向科技人员倾斜，极大地激发了科研人员的积极性和创造性，营造了良好的创新、创业氛围，每年都有新产品推向市场，使神开始终走在同行业的前面。

技术资源的取得应与科研院所合作

桂林广陆从无到有，从原先年产值约200万元的小企业做大做强，公司董事长兼总经理彭朋感慨地说，这一切成就的取得都离不开技术资源的整合，以高新技术改造传统产业，以信息化推动产业化，探索产学研结合的新道路。

桂林广陆在建设一支139人的专业技术人员队伍的同时，还主要采取了"请进来，走出去"的方针，整合科研院所大专院校的各种技术资源。目前，桂林广陆已与中国计量学院，航天部303所、101所，合肥微机所，桂林电子工业学院，广西电子研究所，上海交大，哈工大等10多家院校、研究所有着密切的合作联系。桂林广陆根据市场需要，已投资研发新型电涡流传感器及防水型电子数显长尺研制，以及新型电感式传感器及高精度电子测量显示仪等科研课题。

整合不是最终的目标，整合是为了创新，为了进行国产化自主研发并拥有自主知识产权。"为打破外国的技术垄断，我们对该核心部件进行了多年的攻关研发，在1996年获得成功，并取得国家专利。在此基础上，又研发出高精度容栅角位移传感器，主要用于对角度的精密测量。"彭朋说，"这项再次获得国家专利的技术，表明桂林广陆在掌握容栅式数显量具的核心技术方面同世界先进国家已站在同一平台上，从此摆脱了在别人后面被动尾随、受制于人的局面。这些辉煌成就的取得与合作科研院所的技术资源是分不开的。"

技术资源整合是为了技术的不断创新

1988年，在十分艰苦的条件下，借款10万元创办起来的民营企业浙江新和成创办当年就盈利10万元。初尝成果后，浙江新和成主要创始人胡柏藩并没有停滞不前，他意识到废酒精回收技术含量低，企业难以做大，而化工企业发展的关键点在于整合技术资源以达到技术的不断创新。

经过多次的市场调研，他发现我国生产抗生素原料药诺氟沙星的中间体乙氧甲叉完全依赖进口，他决心整合人才资源和技术资源攻下这一难关。功夫不负有心人，胡伯藩团队经过上百次的化学实验，终于在1991年成功开发乙氧甲叉，成为新和成第一项国家级新产品，填补了国内空白，还打入了国际市场。

胡柏藩利用技术资源在高科技产品开发中脱颖而出，为了在科技创新中继续攻坚啃硬，他不惜耗巨资为科研开发创造优越的条件。1999年，他投重金3 000万元，建成了现代化的科研开发中心。2000年他又成立了博士后工作站，吸引了一大批长期从事医药研究和科研开发的行业专家、资深人士。目前公司的技术中心已成为国家发改委等部委审定的国家级技术中心，也是浙江省为数不多的国家级技术之一。

为了不断积聚技术资源，新和成快速发展后，胡柏藩坚持15年不建办公大楼，而在科研开发上却平均每年按销售额的2%～6%投入，为企业的可持续发展注入了强劲的动力。富有远见的眼光造就了东方的"巴斯夫"。

胡柏藩还通过广泛的技术信息交流来提高企业的技术水平，与全国各大院校科研单位建立了长期的合作关系，把科研基地"搬"到上海、杭州等大中城市，有的则与大专院校和科研机构合作创办实验室，大大提高了企业的科技创新能力。

创业与资产资源共舞

作为国际巨鳄英特尔公司唯一注资的生物认证企业，杭州中正生物认证技术有限公司这只"金凤凰"在短短几年时间内，借着资本的力量，以前所未有的速度飞速成长。2001年4月，国际知名企业全球最大的芯片制造商英特尔公司和我国的微电子行业第一家上市公司上海贝岭股份有限公司联合向中正投资，其中英特尔、上海贝岭持股28%。原本净资产仅100余万元的中正公司，一夜之间，资产规模陡增40多倍。

中正创始人之一邱柏云认为，英特尔、贝岭的投资对于中正来说，资金是一个方面，这两家企业在技术、市场、管理以及品牌影响力上的优势更是中正要借鉴的。投资不仅使中正具有了技术、资金和持续发展的优势，而且为中正创建了一个产权明晰、目标明确、管理先进的企业平台。具体地说，与英特尔和贝岭的合作，有以下几个方面是资金带来的比单纯的钱更为宝贵的东西：

一是让中正的战略方向更明确、一致，走得更快。以前创业团队里都有很多自己的看法，外面的诱惑又很多；英特尔和贝岭进来以后在这方面做了很多工作，进行了整合，中正的创业团队团结一致，走得也就更快了。

二是支持的力度要大得多，中正拥有的资源更多了，而且更多的是金钱之外的资源，比如客户的资源、技术产品上的支持、全国的营销网络的支持。

三是企业营运理念的转变，中正从开始的技术主导的理念转向了市场导向、客户至上模式，现代企业光技术是不行的，必须是资源与市场的整合。

四是稳定企业人心，英特尔和贝岭的进入使中正吃了一颗定心丸，不至于在出现某些危机的时候人心浮动。

最后，英特尔和贝岭的融资对中正公司的战略规划、企业方向也有着重要的影响。

民营资产资源的活力

科达成立初至改制前的几年时间里，国有资本依然是大股东，但其投入的额度和速度已经与科达的发展不相适应。为了保持公司的高速发展，2000年公司进行了产权制度改革，引进了大量的民营资产资源，国有资本比例下降到14%。这种变化激发了公司巨大的发展潜力，或许科达人当时还没有意识到，在4年后的今天，科达所取得的长足发展，就是根源于这种变化。

民营资本的进入使公司的管理更具灵活性，对风险的评估更加迅速有效，公司可以根据实际情况持续有效地进行投入。科达在不断探索、锐意改革的过程中，也形成了独具特色的管理文化：所有管理都有明确可操作的目标，并注重实效和执行；以制度化的建设带动管理向更科学、更高效、更人性化的方向提升。

大量民营资本进入后，科达组建了新的管理团队，不仅包括原有团队的核心人才，还吸纳了具有不同资深专业背景的人才加入，正是这种海纳百川的气量，使每个科达员工都把促进整个科达的发展作为个人自身价值得以实现的最大体现。

让一切创造社会财富的源泉充分涌流，这或许就是科达给我们带来的启示。

他山之石，可以攻玉

昂立走过了5个发展阶段，1990年开始做产品，但不知道怎么去销售。昂立参加了不少展览会，也举行了不少发布会。开始也有一个销售科，有4个人，他们去跑一些销售渠道，与一些医院联系，去跟人家介绍产品。但这样下来，产品仍然销不出去。

昂立发展的一个转折点在于跟业内的三株合作，整合行业内的资源，帮助昂立走出困境，促进昂立成长。当时，昂立的习惯是给他们多少，三株就销售多少。但三株提出的一个观点完全倒了过来：你负责科研、生产，我负责销售，我们定的销售价双方各赚一半。这样一来，昂立受不了，因为以前采用的定价法不是市场定价，而是成本加利润，而三株却是市场定价。这是昂立的一次转折。所幸的是昂立判断正确了。这样，一步一步地，昂立把三株新的营销思路带过来，昂立在跟他们合作中逐渐开始转变，由不懂到懂。

此后的1992年，昂立成立了天王公司，根据从三株学来的营销思路，重点抓销售，以己为主来实施昂立的产品营销。行业资源整合的效果达到了最大限度的显现。昂立1992年的销售额才400多万元，而1993年就达到了7 000多万元。市场是牛鼻子，市场是企业的生命线。所以1992—1993年由产品到市场的转变是一个非常重要的步骤。这正是充分有效整合行业资源的典型个案。

行业资源与技术优势的组合

面对更加广泛的市场，面对越来越激烈的市场竞争，山大积成虽然具备独特的技术优势，但也面临着严峻的考验。在自我积累、滚动发展到一定阶段以后，2000年8月，山大积成与鲁能集团联姻，从而诞生了积成电子，同时积成电子顺势改制，建立起全新的股份制民营企业。

山大积成总经理严中华除了看重鲁能集团雄厚的财力以外，更看重的是鲁能集团在电力行业的资源：之所以选择鲁能集团，是因为与大客户的合作能够使开发出来的产品更具针对性和实用性，可以在第一时间了解客户的需求，并且能提供中试基地。

启明星辰获得政府的支持

潘重予用一句这样的话概括了启明星辰对海淀创业园——中关村——政府政策支持方面的感激之情："启明星辰整合政府资源，是政府科技政策实实在在的受益者。"

启明星辰创始人之一严望佳认为整合政府资源、获得政府支持也应该是一个企业战略的重要组成部分，在中国更是如此。但如果把政府支持当作企业策略的全部，这样的企业是不能成功的。这里，严望佳道出了一个问题的两个面：一是把政府支持纳入企业战略，从宏观层面、更大方向范围上真正领悟了政府支持的核心价值；另一方面，又提醒和强调不能把政府支持当作企业策略的全部，可谓头脑冷静，理智决断。在研究科技型中小企业发展案例中，针对政府支持，一部分企业上升不到理念的高度，甚至回答不了政府为什么要支持；另一部分则把政府的支持当作不要白不要的施舍，更有人把政府立于战略高度的支持当成既得利益，千方百计，不择手段，用尽心机，忘记了做企业的根本。

1999年，启明星辰获得了科技部中小企业技术创新基金99万元的无偿援助，2000年又通过担保贷款方式得到了200万元的银行贷款。在严望佳看来，具体到资金的支持成为启明星辰健康成长的保障，但政府支持另一方面的体现，更给启明星辰带来了进步发展的无穷动力。

正如启明星辰创始人之一严立感叹的那样："我们从来都不会去抱怨什么，因为政府对企业的成长帮助太大，我们只觉得自己做得还远远不够。"

整合信息资源　抓住成功创业机遇

1997年，互联网刚刚兴起，身在国外的恩科公司创始人陈健博士就敏感地认识到互联网将会给中国带来巨大的机遇。1998—1999年是互联网在国内疯狂扩张的时期，一夜之间上百家门户网站雨后春笋般纷纷冒出。恩科公司刚刚成立就面临着是做网站还是做技术，是淘金还是卖水的问题。基于对所收集信息资源的分析和对互联网的软件及其应用的认识，恩科公司高瞻远瞩，明确了以企业/机构应用为方向，坚持产品路线和技术跟踪，以客户为中心。恩科人以对市场和环境等信息的分析和对国内外技术的跟踪，厚积薄发，坚定自己的理念和目标，终于迎来了企业欣欣向荣的春天。

1997年，陈健还在南澳大利亚大学计算机和信息科学学院任教，有一次在完成与日本同行之间的学术交流合作后，返澳途中在深圳邂逅了他的一位小学同学，此人已在商场有所成就。两人谈到了在中国建立一个信息行业的公司，两人可以在商业运作和技术上各取所长。当时陈健正好开始致力于互联网软件技术的研究，在两个星期中，他对国内的信息产业做了一些了解，尤其是收集了互联网发展方面的信息。陈健再从国外对国内互联网做进一步的调查和分析，最后下定决心，自己单独作为技术负责人和投资者，在西安成立了西安恩科。

陈健最早是想把公司设立在深圳，但他了解到这样的信息：深圳方面关心的是陈健能带去多少投资，后来又去北京，但北京留学归国人员比较多，在服务态度上差强人意，再后来，陈健接触了西安高新区，对方首先认为陈健是个人才，而不是考虑陈健能带去多少东西。陈健认为陕西虽然在很多方面有所不足，但在某些局部条件上却可以超过沿海地区，于是，他选择西安作为自己创业的基地。一开始西安恩科便获得国家、省市政府以及西安开发区和创业中心（留学生产业园）的大力支持，包括资金的支持。

选择西安作为创业基地，陈健清晰地知道："不仅是因为西安有着丰富的科教资源和大量的软件人才，更因为西安优良的创业环境。"陕西省是人才大省，全省现有107万专业技术人员，其中关中地区占到62.5%，为软件企业提供了强有力的智力支持。陕西省对专业技术人员还提供了很多政策上的支持，如出资用于技术人员的出国考察和培训，对人才在科研经费的使用、职称的评聘以及生活待遇也做了很多力所能及的工作，这些对科技企业来说无疑都是巨大的支持。陈健在过去几年根据自己所收集到的信息资源，就意识到软件企业在中国孕育着极大的发展机会，在看准西部大开发浪潮蕴藏的市场潜力后，他毅然创办了恩科网络技术有限公司。

【创业宝典】

1. 工作上的执著实际上是人的一种意志。
——张近东

2. 思路决定出路。
——王振滔

3. 小胜凭智，大胜靠德。
——牛根生

【创造力升级11法】[①]

1. 听听约翰·塞巴斯蒂安·巴赫的音乐。如果巴赫也不能使你更有创造力，你可能需要看看医生，或去看脑科医生——如果你同时也受到头痛、幻觉或半

---

① 资料来源于《创造力升级11法》，http://h.795.com.cn/69228c23/a/23084.html，2009-11-12。

夜突如其来的冲动的困扰。

2. 头脑风暴。如果头脑风暴开展得恰当的话，它不但可以使你头脑里涌现出大量的新点子，并且可以帮助你分辨出哪个是最好的点子。

3. 定时吸收新鲜事物。头脑是需要刺激的。你如何吸收新的事物？每天做一些新的事情吧。收听不同的电台，阅读不同的杂志，到商场闲逛一下。睁大你的眼睛观察，竖起你的耳朵聆听，并且尝一尝、摸一摸和闻一闻各种东西吧。

4. 总是随身带着一个小笔记本和一支钢笔或铅笔。那样，当你突然想到一个点子时，你便可以迅速把它记录下来。当你再次阅读你的笔记时，你可能会发现大约90%的点子都是愚蠢的。不过别介意，这是正常的。最重要的是，剩下的10%是了不起的。

5. 如果你一直苦苦寻找一个点子，那么打开一本字典，随机选一个词，然后尝试围绕这个词想一些点子。你会惊奇地发现这个方法很奏效。这个概念来源于一个简单但不为人所熟知的真理：自由会抑制创造力，唯有约束才能使你思考。

6. 界定你的问题。拿一张纸、电子笔记本、电脑或任何你用来记笔记的东西，然后详细写出你的问题。当你做完这项工作的时候，你可能发现，大量的点子涌现出来。

7. 如果你无法思考，那么去散散步吧。你需要给自己一些时间放松一下，并且让你的潜意识活动活动。改变一下环境对你是非常有益的，而轻松的运动则能帮助你活跃脑细胞。

8. 不要看电视。实验证明，看电视会使你的听觉或（和）嗅觉与大脑慢慢分离。虽然这不是很普遍，但它确实会发生。

9. 向天才学习。从历史伟人的生活、思想和行动中吸取知识，你会获益良多。选一位伟人做榜样——可以是李奥纳多·达·芬奇、毕加索、爱因斯坦、艾略特、托马斯·爱迪生、比尔·盖茨、唐纳德·特朗普或汉尼拔（不是电影中的那个）。

10. 尽可能多地阅读一切文章。读书使你的脑袋得到锻炼，并且启发灵感，提供信息，使你可以轻易地将事物有创造性地联系起来。

11. 锻炼你的头脑。和你的身体一样，你的头脑也需要锻炼来维持良好状态。如果你不多动脑筋，它会变得疲弱无用。用以下方法来锻炼脑袋：多阅读（见上条），与智者交谈，尝试反对别人的观点——争论是使你的脑细胞活动的一个极好方法。但要注意：争论政治或电影导演方面的观点对你有益，但是为谁应该洗碗而争吵则不然。

案例思考

1. 创业初期关键的创业资源是什么？
2. 创业者如何整合已有资源？

三、实训活动

（一）实训目标

1. 体会团队合作价值，训练团队合作精神，掌握团队合作基本技巧。
2. 理解创业融资方式和掌握常用融资渠道，具备创业融资计划编制基本技能。
3. 理解不同创业资源的重要性和创业资源整合的技巧。

（二）实训活动

实训活动一　头脑风暴

成年人很容易被旧有的思维和行为模式"套牢"，然而缺乏创造力是这个日新月异的时代最忌讳的弱点。其实，不是你不会创造，而是缺乏创造的习惯和激情。所以，让"头脑风暴"来帮助你。

形式：4~6人一组为最佳。

时间：20分钟。

材料：回形针，可移动的桌椅。

适用对象：全体学生。

活动目标：给学生练习创造性解决问题的机会。

活动程序：

1. 调查研究表明，创造力可以通过简单、实际的练习培养。可很多时候，创新的想法往往被诸如"这个我们去年就已经试过了"或"我们一直就是这么做的"的想法扼杀。为了让参与者发挥与生俱来的创造力，须进行头脑风暴的演练。

头脑风暴的基本准则如下：

（1）不允许有任何批评意见。

（2）欢迎异想天开（想法越离奇越好）。

（3）要求的是数量而不是质量。

（4）寻求各种想法的组合和改进。

2. 将全体人员分成每组4~6人的若干小组。他们的任务是在60秒内尽可能多地想出回形针的用途（也可以采用其他物品或题目）。每组指定一人负责记录想法的数量，而不是想法本身。

3. 一分钟之后，请各组汇报他们所想到的主意的数量，然后举出其中"疯狂的"或"激进的"主意。有时，一些"傻"念头往往会被证实是有意义的。

4. 第二轮游戏开始，请每组在60秒内尽可能多地想出投资新建一个儿童早教中心所需资金的筹集渠道和方式。记录渠道和方式的数量。一分钟后，各组汇报他们的数量，讨论其中哪些是有新意的。

有关讨论：

1. 在进行头脑风暴时你有什么顾虑？
2. 你认为头脑风暴最适合于解决哪些问题？
3. 在工作中哪些时候可以利用头脑风暴？

实训活动二　启动资金需求分析

活动内容：预测创办企业的资金需求，确定资金筹集渠道。

目的：训练学生学会开展资金需求分析的基本方法，体验资金筹措渠道。

时间：30分钟。

活动地点：教室。

参加对象：全体学生。

活动形式：4~6人一组，角色扮演。

活动程序：

1. 每个小组1分钟竞聘确定总经理，总经理分配成员角色。

2. 总经理带领团队开展5分钟头脑风暴：开办一个花生油生产企业需要哪些钱？

3. 列出所有需要投资的项目。

4. 把需要投资项目的具体物品分类列表，测算每一类物品价格、数量，并汇总计算各项目所需资金总额，填制在资金使用计划表上。

5. 总经理带领团队讨论自己团队可以筹集到资金的可能性和数量、所在地区的贷款政策，确定资金筹措的渠道。

6. 填制资金筹措渠道表。

7. 各组提交资金使用计划表和资金筹措渠道表，派一名代表阐述本组观点。

训练要求：

1. 各组经理负责本组活动的组织和管理，要求每位成员必须分担不同的角色和职责。

2. 各组必须在规定时间内提交资金使用计划表（表4.1）和资金筹措渠道表（表4.2），逾时不予考评。

表4.1　　　　　　　　　　资金使用计划表

项目	具体项目	金额（元）	比例（%）
房租	厂房、办公室等的租金		
固定资产购置	企业用地、建设物、设备等		
原材料采购	原材料成本、运输费用、半成品成本等		
人力资源	工资、保险费等		
营销费	广告费、加盟费、市场推广费等		
……			
其他费	包括市场调查费、培训费、工商注册费等		
合计			

表4.2　　　　　　　　　　资金筹措渠道表

筹措渠道	注意事项	金额（元）	比例（%）
自有资金	易获得、成本低		
私人拆借	利率较高		
银行贷款	利率合理、限制条件多		
……			
合计			

实训活动三 疯狂市场

活动内容：

这是一个团队项目，40~45位学生在A房间将被分为9个小组，模拟在B房间的一个自由竞争的市场里做生意，以赚钱最多的团队为优胜团队。每个公司填写本公司的财务收支表。每个公司会得到一个资料袋，其中包括一张资料卡、一张空白线路图、一笔3 000元（1 000×1+500×2+100×5+50×10）的启动资金。第一个通过放置在B房间的迷宫的小组会获得20 000元奖金，第二名可以得到10 000元，第三名可以得到6 000元。

活动目的：

培养学生双赢和多赢的意识，体验信息与价值的关系，体验自由竞争下的决策、合作与沟通，体验商业信誉对于企业发展的意义。

活动时间：120分钟。

活动地点：教室。

参加对象：全体学生。

活动形式：4~5人一组，角色扮演。

活动规则：

1. 每次从A房间到B房间将要付出门费，每次费用将会随着市场的变化而不同。

2. 每家公司竞标获取进入市场的资格。组织进入市场的老师可采用明标竞价、暗标竞价、政府救济、无息贷款、商业贷款（利率竞标）等手段。各家企业可以贷款，贷款后30分钟偿还本金，如果还不起，公司宣布破产。

3. 迷宫内每次只能容纳一人，每家公司每次也仅能派一名员工进入。从进口进，从出口出，迷宫内一次只能走相邻的一格，双脚踏实不得跳跃。等待雷场老师的口令，口令有两种："请继续"或"有雷请返回"。听到第一口令可继续在迷宫内寻找出路，听到第二种口令则返回公司，政府不退还出门费。

4. 每个公司可以从神秘人处购买到一些市场信息，但其真实性值得怀疑，并不一定会对你们有帮助，信息价格将随机公布。

5. 严禁暴力原则：不得使用暴力手段从他处获得利益。

6. 反垄断原则：任何一个公司取得大奖后将不再有资格进入雷区，但这并不意味着停止了赚钱的机会，可以通过与同行交易获得利润。

活动流程：

1. 老师组织将学生按照4~5人组成一组，每组代表一个公司。每个公司分别确定各自的CEO、CFO、CMO、COO。其中：CEO为首席执行官，负责公司战略制定和企业管理；CFO 为财务总监，负责公司金融活动的记录和执行；CMO 为市场总监，负责公司业务活动的执行；COO 为营运总监，负责公司对外联络。每个公司为自己公司确定一个响亮的名称和公司口号。以上活动均在 A 教室完成。最快完成以上工作的公司获得 10 元奖励，第二名获得 6 元奖励，第三名获得 2 元奖励。其后公司不再获取奖励。

2. 项目分四轮。各队每一轮分别进入市场，每一轮进入市场的顺序都会以竞标的形式决定。每一轮会根据市场情况都会有一个最低竞标价。竞标金额不得低于竞标底价。在投标金额相等的情况下，由各公司职员用简洁的话描述一下自己公司的优点，描述较好的一家公司首先进入，进入市场的时间在基础 80 秒的情况下上下浮动（浮动的标准是各公司的竞争意识和状态：积极竞争会得到更多的时间，消极竞争会失去相应的时间）。

3. 四轮结束后，组织各公司清算各自的资金，确定盈利最多的公司为获胜团队。

4. 老师引导各公司进行总结，交流经验。

活动所需资料见图 4.1、图 4.2、图 4.3。

资料 1——疯狂市场图

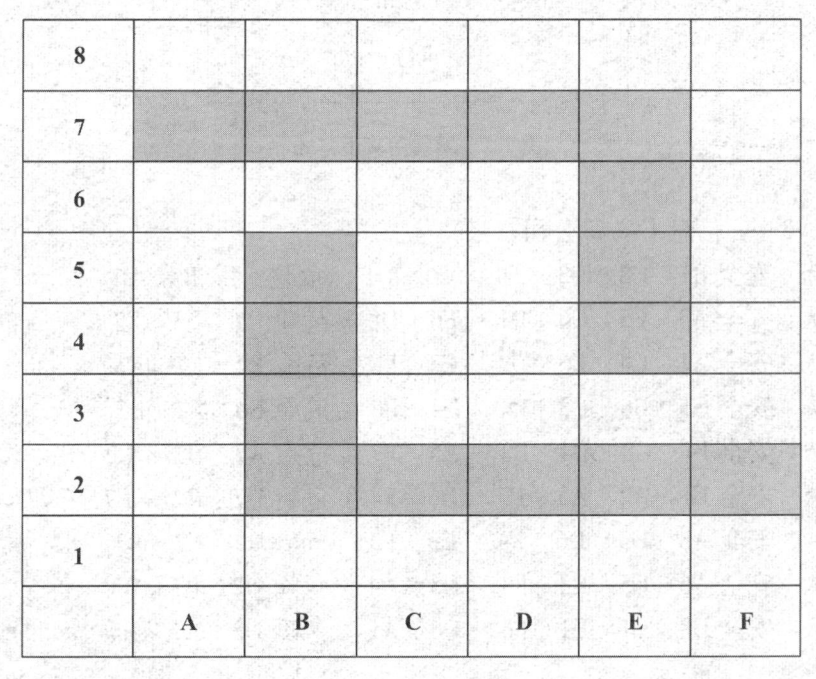

	A	B	C	D	E	F
8						
7		▨	▨	▨	▨	
6					▨	
5					▨	
4		▨	▨		▨	
3			▨			
2		▨	▨	▨	▨	
1						

图 4.1　疯狂市场图

资料 2——所需用货币样式

训练币 1000 元

训练币 500 元

训练币 100 元

训练币 50 元

图 4.2 所需用货币样式

资料 3——信息卡（每公司二张）

一队	安全	B1	E8	D3	A4	C6	D1	危险	E4	B5	B3
二队	安全	A3	F5	C6	D1	F6	D8	危险	C7	B3	E2
三队	安全	A1	C4	F6	D8	C3	F8	危险	B4	E2	F2
四队	安全	C1	B6	C3	F8	D4	B8	危险	E6	F2	E5
五队	安全	F1	C8	D4	B8	A5	F7	危险	A7	E5	C2
六队	安全	E1	A2	A5	F7	D6	F4	危险	D7	C2	E7
七队	安全	A8	D5	D6	F4	E3	F3	危险	B2	E7	B7
八队	安全	A6	C5	E3	F3	D3	A4	危险	D2	B7	B5
九队	安全	D8	C1	E1	F6	D6	A1	危险	D2	A7	B5

资料4——空白雷阵图（每公司一张）

8						
7						
6						
5						
4						
3						
2						
1						
	A	B	C	D	E	F

图4.3 空白雷阵图

实训活动四 博弈游戏

活动形式：4人一组，团队合作。

活动类型：逻辑思维训练、团队合作。

时间：30分钟。

材料及场地：幻灯片、教室或会议室。

适用对象：所有学生。

活动目的：通过团队活动训练团队成员的逻辑思维能力、创新能力和具体的工作和经营方法。

游戏规则和程序：

1. 将学生分成5~6个组，每个组将分别代表一家航空公司在市场经营。

2. 市场经营的规则是：所有航空公司的利润率都维持在9%；如果有三家以下的公司采取降价策略，降价的公司由于薄利多销，利润率可达12%，而没有采取降价策略的公司利润率则为6%；如果有三家和三家以上的公司同时降价，则所有公司的利润都只有6%。

3. 每个小组派代表到小房间里，老师给他们交代上述游戏规则，并告诉小组代表，他们之间需要通过协商初步达成一种协议。初步协商之后小组代表回到小组，并将情况向小组汇报。

4. 小组经过讨论5分钟之后，需要做出最终的决策：降还是不降。并将决定写在纸条上，同时交给老师。

5. 老师公布结果。

相关讨论：

1. 作为小组代表，在和别组代表讨论时，你的出发点是什么？

2. 回到自己的小组中，你们的决策是在什么基础上产生的？你们是否遵守了几个小组达成的共识？

3. 你们是否运用了博弈理论？

相关启示：

1. 本游戏看似简单，但结果往往出人意料但又在意料之中，因为大部分公司都会选择降价，结果降价会导致两败俱伤。这个游戏可以用博弈论中的典型案例囚徒困境来分析：尽管每家航空公司都不降价均可保持9%的利润率，但是受到降价后12%利润率的吸引，它们还是会选择降价。在这种选择下，每家公司都降价导致的是行业利润率的集体下降，变成6%，但这种结果是无法避免的，因为每家公司都在追逐高利润。

2. 这个游戏告诉我们两个道理：①不要假定竞争对手比你傻；②不要打价格战，因为价格战没有赢家。经营行为还是应该按照行业规则和市场需求操作。

四、深度思考

阿里巴巴公司的早期创业成长资源整合案例研究[①]

一、引言

伴随着以"中国制造"到"中国创造"的"创业型经济"时代的出现，创业已经成为中国经济增长方式转变和迈向创新型国家发展过程中的重要内容。近几年来，以个体和公司创业为研究对象的创业学也已经成为近几年中国发展速度最快的研究领域之一。作为一套把技术信息和商业信息转换成产品和服务的社会机制（巴蒂尔和卡塔拉曼，2000），创业不仅仅代表了促使的商品、服务

---

① 任荣伟，林显沃. 新创企业早期成长中的异质性资源的塑造与整合分析——以阿里巴巴公司的早期创业成长为例 [J]. 技术经济与管理研究，2008 (6).

和流程方面的一种革新，更是以资源配置效率为基础内容的社会变革过程的重要驱动因素（熊彼特，1934）。在变革的过程中，人们通过种种创业活动使得社会发现了技术和资源无效率的成分并通过整合资源提高了其配置效率，最终在时间和空间维度上改善了整个社会的经济效率。

社会资源的有效整合与配置以及经济效率的提升有赖于创业企业对要素资源的有效塑造和整合，这些资源对于新创企业早期成长来说都是必须面对的关键资源。如反映市场、环境以及政策法规等方面的基本信息资源；包括合伙人、早期员工、技术骨干在内的人力资源；包括机器设备、厂房、土地、现金等财务资源等（巴蒂尔、洛克和柯林斯，2002）。然而，从国内外文献来看，关注新创企业早期成长阶段资源如何整合的研究较少。现实中，我们发现一个更多的事实是：新创企业在早期往往资源禀赋匮乏，仅有未经市场证实的人力资本而这些企业不仅在信息收集、机会识别和资源获取利用等方面面临资源性劣势，而且也缺乏相应的战略能力，因此其失败率很高（拜德，2000）。一项研究发现，那些具有创业导向的新创企业，只有通过积极主动地搜寻和发现市场机会，创造性地利用机会开发和整合并形成异质性资源，才使其在早期资源快速形成竞争优势并培育企业核心能力（任荣伟，2003）。所谓异质性资源，其表现为有价值性、稀缺性、难以模仿性和难以替代性，构成了企业竞争优势的内生来源（巴尼，1991），也是创造租金的基础。企业只有在早期成长之后，才能继续其理想王国的战略之路，并在发展中的"市场安全均衡区降落"。就资源的配置功能与过程而言，创业企业资源研究的主要代表人物布若时、格林、哈特（2001）曾把创业企业在资源配置过程中的功能分为集中资源、吸引资源、整合资源、转化资源四部分，并通过案例法对新创企业在对内外资源整合中可能出现的功能问题进行了分析和探索。另外的学者西蒙、伊特、爱尔兰（2007），则提出一个系统化的企业内外资源整合管理过程模型，并将此过程分为创构（Structuring）、集束（Bundling）和平衡（Leveraging）三个阶段。如何从资源视角研究新创企业资源塑造与整合效率问题是一个重要的理论突破。

1999年3月，由一位教师出身的创业者马云在中国杭州成立的阿里巴巴公司，最初是一家为国际用户服务的中英文网站。通过不断地公司内创业，目前已经发展成为集个人电子商务网站淘宝网、在线支付系统支付宝、搜索性公司中国雅虎以及商务管理软件公司阿里软件等多项业务为一体的综合类网络公司。2007年11月6日在香港上市的阿里巴巴公司也成为市值超过1 500亿港元、全球领先的企业对企业（B2B）电子商务网上贸易平台。

作为一个成功的新创公司典型，本文拟从其内部异质性资源塑造过程以及整合功能的发挥等多角度出发，通过对阿里巴巴公司早期成长案例分析，探讨在不同环境下新创企业早期成长的资源要素规律，期望对研究中国式新创企业增长模式具有一定的启鉴作用。

二、阿里巴巴公司早期成长中的团队、机运以及盈利模式分析

1. 阿里巴巴公司基于创新业务的异质性资源塑造历程

1988年，阿里巴巴创始人马云从杭州师范学院外语专业毕业后进入了杭州的一所大学任教。1994—1995年他为中国访美政治经济代表团担任翻译期间，看到了互联网的巨大潜力，回国后他帮助创办了一家名为中国黄页的在线公司。这是中国第一批用作商用的网站之一。1997—1999年马云一直与对外经济贸易合作部（MOFTEC）合作，建设了外经贸部网站和一个为潜在的国外投资者和贸易伙伴提供中国产业状况、贸易法规和消息的信息网站，这为他今后的创业打下了良好的基础。1999年2月底，马云离开北京搬到杭州的一所公寓，组建了一个16人团队的阿里巴巴网络公司。1999年10月阿里巴巴开始第一轮融资，并最终融得资金450万美元，其中大部分来自高盛。富达（Fidelity）、新加坡科技发展基金、汇亚和Investor AB也是阿里巴巴的第一轮投资人。而软银则成为阿里巴巴第二轮融资中的最大投资人。

阿里巴巴公司在持续创业中所开发的具有异质性的创新业务可以通过表1来表示。

表1　阿里巴巴的公司内持续创业中的创新型资源塑造过程

时间	公司内部创业事件	业务定位
1998	阿里巴巴在线	为买卖双方提供商业信息公告服务
2000	中国供应商	促进中国卖家进行出口贸易
2001	诚信通	解决电子商务中的诚信问题
2003	淘宝网	个人网上交易平台，拓展到个人对个人（C2C）业务
2004	支付宝	与银行合作，解决电子商务的支付问题
2005	收购雅虎中国	与美国雅虎合作，加强电子商务搜索
2006—2007	阿里软件；阿里旺旺	为中小企业管理生意，提供在线软件服务；在线即时通信工具，即时沟通网上商人
2007	阿里妈妈	网络广告交易平台，让买家和卖家轻松找到对方
2007	阿里贷款E贷通	与建行合作推出网上融资服务，贷款给中小企业
2007年至今	推出行业市场；市场调研中心	与行业网站合作；推出"垂直"的行业市场；形成互联网上的中小企业集群；提供行业调研资讯

在10年间，马云领导创办的这家小企业成长稳定，逐步打造成为一个具有世界级交易量的电子商务帝国。2007年11月6日，阿里巴巴旗下的B2B业务在香港联交所上市，成为全球历史上仅次于谷歌的互联网新股首发。以淘宝网的

交易为例，在用户数方面，淘宝网注册用户已超过3 000万，年增长超过100%。就交易量而言，仅2008年第一季度，淘宝网交易额就突破了188亿人民币，相比2007年同期增长了170%，远高于2007年第一季度123%的增速，也高于2007年全年156%的增速。此成交额已经接近于2007年沃尔玛在中国市场的全年成交额213亿，充分显示出了极其良好的行业增长前景和商业模式运作前景。

2. 阿里巴巴成长中的关键成功要素：团队、机运及盈利模式

蒂蒙斯（1999）曾指出，创业过程是创业机会、创业团队和资源之间适当配置的高度动态平衡过程，创业机会、资源与创业团队是创业过程的关键构成要素。其中创业机会是核心要素，创业过程实质上是发现与开发创业机会的过程；资源是创业过程的必要支持，是开发机会谋求收益的基础；创业团队是在创业过程中发现和开发机会、整合资源的主体，是新创企业的关键构成要素。

通过对泛珠三角地区130多家新创企业的深入调研（任荣伟，2006），我们曾提出四大关键要素是新创企业早期能够获得成功的关键。这四个要素分别是：创业团队的资质、创业机运、商业盈利模式以及创业资源。基于四维要素框架模式，本文首先从阿里巴巴早期成长时创业团队的资质、创业机运以及商业盈利模式三方面进行分析。结合新创企业资源管理问题，我们进而对阿里巴巴新创及早期成长中的资源状况以及整合方式过程进行分析和讨论。

（1）创业团队的资质。作为一支高效率的创业团队，通常呈现一些共同的基本特征，主要包括共同的愿景和目标、互补的技术及商业技能、团队间充分信任、高效的领导才华以及充分的授权等。而在创业团队的资质中，创业者的资质似乎是最重要的，其核心资质条件包括冒险、毅力以及不畏失败的创业精神，为团队规划愿景、鼓舞团队士气的领导能力，概念技能、对行业远景及未来机会识别的能力等。在阿里巴巴众多成功要素中，马云领导的优秀团队尤其值得聚焦。这个团队组成见表2。

表2　　　　　　　　阿里巴巴公司早期创业成长时的团队背景

职位	经历及特长
CEO 马云	生于杭州，毕业于杭州师范学院，后于电子工学院教英语；1995年在西雅图第一次接触互联网，后创办海博网络；1999年创立阿里巴巴公司。
CFO 蔡崇信	生于台湾，是耶鲁大学经济学与法学博士，曾在华尔街做了四年律师，1999年以瑞典著名投资公司银瑞达集团副总裁的身份考察阿里巴巴，后加盟阿里巴巴。放弃副总裁职位及百万美元年薪而领取500美元月薪。其加盟为阿里巴巴带来了500万美元的投资。后主持阿里巴巴在香港的总部，负责国际市场推广、业务拓展及公司财务运作。

表2（续）

职位	经历及特长
CTO 吴炯	生于上海，1989年获密歇根大学计算机学士学位，1996年加入雅虎公司，并主持公司搜索引擎和电子商务技术的开发，是雅虎搜索引擎的首席设计师。曾获美国授予的搜索引擎核心技术专利，后又主持了雅虎电子商务基础软件系统的设计和应用。2000年加盟阿里巴巴。
CPO 吴明生	生于香港，曾获拉夫伯勒科技大学和伦敦商学院授予的工程学和科学硕士学位。曾在《财富》500强企业英维恩集团担任中国区总裁4年，在另一家500强企业Ivensys Plc担任中国区总裁，并曾在美国通用电气工作15年，历任要职。2001年加盟阿里巴巴，后协助马云进行公司文化、团队合作等人力资源领域的工作。

在这个梦幻四人核心团队里面，他们不仅在技术及商业技能上优势互补，而且在各自商业领域都是事业有成。马云汇聚人气的领袖魅力从管理层中精英荟萃也可看出。例如，软银的孙正义和前世贸组织总干事萨瑟兰是公司的顾问，管理层中聚集了来自16个国家和地区的网络精英，而且许多顶尖级大学，包括美国哈佛、斯坦福、耶鲁大学的优秀人才也涌向了阿里巴巴。

作为阿里巴巴的灵魂人物，马云在远景规划能力以及沟通能力方面都非常突出。早在阿里巴巴成立的第一天，他就给18位创业元老勾画出三个宏伟的远景目标："要建立一家生存80年的公司""要建设一家为中国中小企业服务的电子商务公司""要建成世界上最大的电子商务公司，要进入全球网站排名前十位"。需要说明的是，互联网在当时的中国还远远未得到推广，因此其远景遭到了许多人的质疑和反对，但马云却坚持自己的远景目标，坚信自己对全球电子商务市场大趋势的判断，勇敢地走了下去，表现出了勇于思考、善于抓住行业机会以及大无畏的冒险精神。正是这一个长相奇特的小个子，成为50年来第一位登上《福布斯》封面人物的中国企业家，被"世界经济论坛"评为"未来领袖"，多次应邀到沃顿、哈佛等著名学府讲学。

（2）创业机运。创业机运是指能够通过一种创造性的资源融合契合市场需求（利益或欲求）来实现附加值的恰当时机，是对未成型事业通过一段时间演变为成型事业的现象描述（熊彼特，1934；柯兹纳，1973；卡森，1982）。彼德·德鲁克在《21世纪的管理挑战》一书也提到了如下的"机会窗口"：不协调，特别是生产、销售过程，或者是顾客行为的不协调；流程的需要；产业和市场结构的改变；方法和看法的变革；新知识等。如果创业者具备敏锐的商业触觉，就可以适时抓住打开这些机会窗口，进而转变为创业机运。自称一点都不懂网络技术的马云最终会打造成一个全国最大的电子商务平台，不能不说是偶然的创业机运和必然的互联网发展机遇共同造就了一个奇迹。1995年，他当时是受人之托到美国催一笔客户款，在西雅图当地的英文报纸上认识了互联网。他认为机遇就在身边，于是毅然创办了"海博网络"，功能定位是为企业制作网络主页。随着中国各地人们逐步认识到互联网以及国内技术的飞速发展，马云的网络公司也逐步发展起来。生于杭州的马云开始天然地接触浙江地区众多的中小企业集群，在充分了解了以互联网为平台容易为中小企业提供发展的服务平台之后，马云终于创办了"阿里巴巴"，一家专为中国中小企业服务的电子商务公司。

公司内创业的成果之———淘宝网的诞生也是一个很巧合的机运。2003年，当时的"非典"肆虐全中国，阿里巴巴全公司的人都回家网上办公，此时的马云开始秘密筹建淘宝网。在 Alexa（网站的世界排名 NNT 流量）2004 年排名中，刚创办两年不到的淘宝网在全球网站综合排名中居然已经位居前 20 名，在中国 C2C 网站中排第 1 名。阿里巴巴也一下子成为当时企业最可信赖的商务平台。这在普通商业活动难以进行的"非典"时期显得尤为显眼，电子商务同时也突显出其交易成本低、可实现远距离沟通的优势，这期间阿里巴巴业务量增长了 5.6 倍。

阿里巴巴把灾难变成了机遇。善于抓住这些机会窗口并结合强大的执行力，阿里巴巴在后来实现了一次又一次的公司创业，也使企业时时保持着创新精神。

(3) 创业盈利模式。对于商业盈利模式的定义，阿米特和左特（2000）认为，盈利模式是企业创新的焦点和企业为自己、供应商、合作伙伴及客户创造价值的决定性来源；迈克尔·拉帕（2004）认为，盈利模式就是指做生意的方法，是一个公司赖以生存的模式，一种能够为企业带来收益的模式，盈利模式规定了公司在价值链中的位置，并指导其如何赚钱。因此，众多定义都把盈利模式看作开办一项有利可图的业务所涉及流程、客户、供应商、渠道、资源和能力的总体构造。

阿里巴巴的 B2B 模式是有中国特色的商业模式。它独创式地推出了主要面向中小企业提供 B2B 进出口信息服务的模式，旨在宣传向全世界推广这些企业的产品，为其形象和产品进行展示，使其降低成本，创造销售机会。阿里巴巴则通过"诚信通"会员年费、广告费、关键词搜索竞价排名收费等模式来获得收入。这样的模式虽然不同于国际企业对个人（B2C）巨头亚马逊、C2C 行业领先者易趣网的经典模式，但它以帮助中小企业、帮助卖家为主的 B2B 模式是符合中国国情的创新的盈利模式。

阿里巴巴集团的其他公司创业结果也处处体现了其独特的商业模式的威力。淘宝 C2C 由于有了支付宝这种解决中国网络购物信任问题的工具，而最终击败了易趣，登上国内 C2C 的龙头地位；由于支付宝实行消费者购物预付款、收到货物一周后淘宝网再拨款给商家的模式也使得淘宝获得大量的现金流；为了与公司总的战略相一致，阿里巴巴集团又抓住机遇收购了由于不服中国水土而陷于亏损境地的"雅虎中国"，并将其重新定位成"电子商务搜索企业"，推出了"关键词搜索竞价排名"的经营模式，这也使阿里巴巴、淘宝网在资源协同方面的功能更强大；随后，公司又持续完成内部创业，推出了阿里软件以解决中小企业无能力买常规管理软件的难题；进而推出了阿里贷款———E贷通，也是着力于解决中小企业贷款融资难的问题等。阿里巴巴整个资源互补协同的电子商务体系从其资源整体上体现了其独特的商业盈利模式。

三、阿里巴巴早期创业成长中资源塑造与整合的理论分析

在创业管理四维要素框架模式中，有效的异质性资源塑造和整合无疑是新创企业获取持续竞争优势与较佳财务绩效的重要因素（巴尼，1991）。基于1990年资源基础理论的兴起，本文将就阿里巴巴早期创业成长中资源塑造与整合进行理论分析。

1. 基于资源基础观的新创企业资源类型及阿里巴巴的资源塑造与整合

资源是新创企业创建、成长和扩张的基础（布若时，2001）。斯蒂芬（2005）把创业定义为：整合资源以开发机运的行为过程。由上节分析可知，创业机运中的机遇成分是客观存在的，运气成分则带有偶然性。但只有具备了创业的基础资源，才有可能把握和利用创业机运，这是创业企业存在的基础。如果说创业是通过识别、发掘机会，并组织创业资源建立新创企业，进而创造新的市场价值的行为过程，那么，对于新创企业来说，如何获得并整合创业的关键资源是新创企业最终实现价值创造的必要条件。

关于创业资源的分类，安索夫（1965）认为有三种，即物质资源、财务资源及人力资源。多林格（1995）在此三种的基础上又增加了技术资源、组织资源和声誉资源。格朗特（1998）则把企业的关键资源分为有形资源、无形资源和人力资源三大类。我们按照格朗特对各种资源的详细分类，分析阿里巴巴早期成长时的资源塑造情况，参见表3。

表3　　　　　阿里巴巴新建及早期成长中的资源塑造与整合情况

类型	定义	资源塑造与整合情况
有形资源	财务资源	1999年10月，从高盛、富达投资和AB投资等机构获得500万美元的风险投资；2000年日本软银等机构再投入2 000万美元；2004年年初，软银又追加8 400万美元；2005年收购雅虎中国同时获得美国雅虎10亿美元的参股投资。
	物资资源	网络、电子商务企业所需要的有形资产较一般的制造型企业少得多，主要是电脑、网络服务器、办公楼等。
	市场资源	浙江大量的中小企业集群资源提供巨大的加盟会员资源，全国的中小企业通过阿里巴巴可以增加获得出口订单的机会。

表3(续)

类型	定义	资源塑造与整合情况
无形资源	技术资源	CTO吴炯等技术人员的加盟大大增强阿里巴巴在搜索引擎、电子商务等方面的技术实力。
	商誉资源	马云创办阿里巴巴前三年在互联网界探索多年,已积累一定的名声;同时蔡崇信等人的加盟、孙正义等风投的青睐,更是带来了丰富的声誉资源。
	文化资源	价值观"六脉神剑":关注客户的关注点,帮助客户成长;团队合作,共享共担,以小我完成大我;突破自我,拥抱变化;诚实正直,信守承诺;永不言弃,乐观向上;以专业的态度和平常的心态做非凡的事情。
人力资源	专业技能知识	阿里巴巴有一支强大的销售及客户服务、技术开发团队,拥有电子商务、外贸领域首屈一指的专业技能与相关知识。马云认为:"阿里巴巴技术团队也许不是技术最强,但绝对是技术与客户需求结合得最好的。"
	管理沟通能力	马云及其创业团队的智力资源及管理经验,对电子商务的预见力、对中小企业需求的洞察力;马云讲义气,喜结交朋友,有丰富的人脉资源,与政府关系好,曾为国家外经贸部建立过多个官方网站,善于应对媒体以及风投,其良好的英文沟通能力也便于与国外建立关系。
	动机	阿里巴巴集团自从创立初期起,就立志于与中国中小企业共成长,要成为一个有102年历史的公司,公司使命是"让天下没有难做的生意""没有淘不到的宝贝,没有卖不出的宝贝""让天下没有难管的生意"。

2. 阿里巴巴资源塑造与整合过程的理论分析

资源基础理论将组织定义为资源束,尽管新创企业源于原始资源禀赋,但如果未能获取和利用其他资源,企业将无法生存和发展。本文将从资源的识别与确认、资源的塑造以及资源的整合三个过程进行分析。

(1) 资源的识别与确认过程。资源的识别过程是资源塑造和整合的前提。在创业初始,创业家或其团队已经拥有了原始的资源禀赋,如教育水平、经验、声望、行业知识、网络关系等,创业团队要以这些资源为基础去判断、吸引、整合利用其他所需要的关键资源。衡量当前自身拥有以及未来达到战略目标所需要的资源之间的缺口,再去寻找各种资源供应源以补足缺口(普拉哈拉德,1993)。为了制定有效的资源基础战略,企业首先必须确认和评价支持企业获得现在和未来竞争优势的关键资源。在确认和评价关键资源的过程中,企业必须能够创造或利用某种方法分解企业的资源。只有细化资源的类别及其作用,才能更好地明确各种资源与企业竞争优势之间的相关性,从而辨析出哪些是关键性资源,哪些是一般性资源,哪些是互补性资源。从阿里巴巴案例中可以看到,随着业务的拓展及组织人数的激增,马云已经开始感觉到不同阶段企业都会遇到管理技能、财务、技术、人才等方面的瓶颈问题。企业新创立时的18位元老教育水平都不高,没有国际化管理、现代资本运作、最新电子商务技术等方面的经验与实力,这妨碍了阿里巴巴的进一步向高层次的发展。资金的缺乏也使得企业拓展脚步放慢，阿里巴巴需要的是那些能对企业未来发展有更大帮助的资源提供者，也是帮助阿里巴巴不断地扩大市场的资源接收者。

（2）异质性资源的塑造过程。创业团队在识别资源后，需要广泛地获取某些异质性资源，是新创企业持续发展的基础。动态竞争环境条件下，所有的资源都会随时间而贬值，有效的战略需要对资源进行持续性的投资以维持和扩展企业的关键资源（巴顿，1992）。新创企业主要通过内部发展和外部购并形式获取所需创业资源（鲍曼和科利尔，2006）。本文认为，新创企业可以利用自身的禀赋优势来发展异质性特点更明显的内部资源，同时运用社会网络关系获取外部的异质性资源，利用已有的知识资源、社会资源和组织资源撬动财务与物质资源。阿里巴巴在对异质性资源的塑造过程中，采取了大量的外部购并形式。先是吸引了蔡崇信、吴炯、关明生等行业重量级人物的加盟，既获取了管理团队资源，又为进一步获取更多的财务、技术、管理资源提供基础。财务资源的获得正是这种资源协同整合的结果，这为阿里巴巴的发展提供了强大的财务支持。值得一提的是，尽管正的现金流是新创企业持续经营的基础，但是，马云在最需要资金的时候，对不同阶段资金的异质性状况也保持清醒的认识。持续内部创业过程中，马云曾拒绝过很多家风投资金，而选择与孙正义等网络风向标级的资金提供方合作，客观上也获取了大量发展互联网的经验性及潜默性知识（Tacit Knowledge）资源。前关贸总协定总干事瑟兰出任阿里巴巴的顾问更是带来了国际资源，这为2005年通过并购的方式获得雅虎中国的搜索引擎技术资源以及10亿美元的资金打下了资源基础。

除了外部购并获取资源之外，阿里巴巴也通过大量的内部发展来培养企业的异质性资源。通过"百年阿里""阿里党校""阿里夜谈""阿里课堂""百年大计""百年诚信"等培训体系，增强员工的素质，增加智力及技术资源；开通国际英文站和日文站又增加了国外的市场资源；通过让管理层集体接受学习培训来提高其综合管理水平，强化了企业内部管理技能，塑造了企业具有异质性的文化资源。

（3）资源的整合过程。资源整合是新创企业将自有的及新获取的资源按照独特的商业盈利模式进行配置，以形成创造价值和财富的企业能力的过程。阿里巴巴在获取了企业进一步发展所需要的内外部异质性资源之后，结合自身原有的各种资源禀赋，按照其独特的商业盈利模式去整合各种资源，使企业发展上了一个新台阶。

整个新创企业资源整合过程模型及阿里巴巴的例子可以用图1来对应表示。

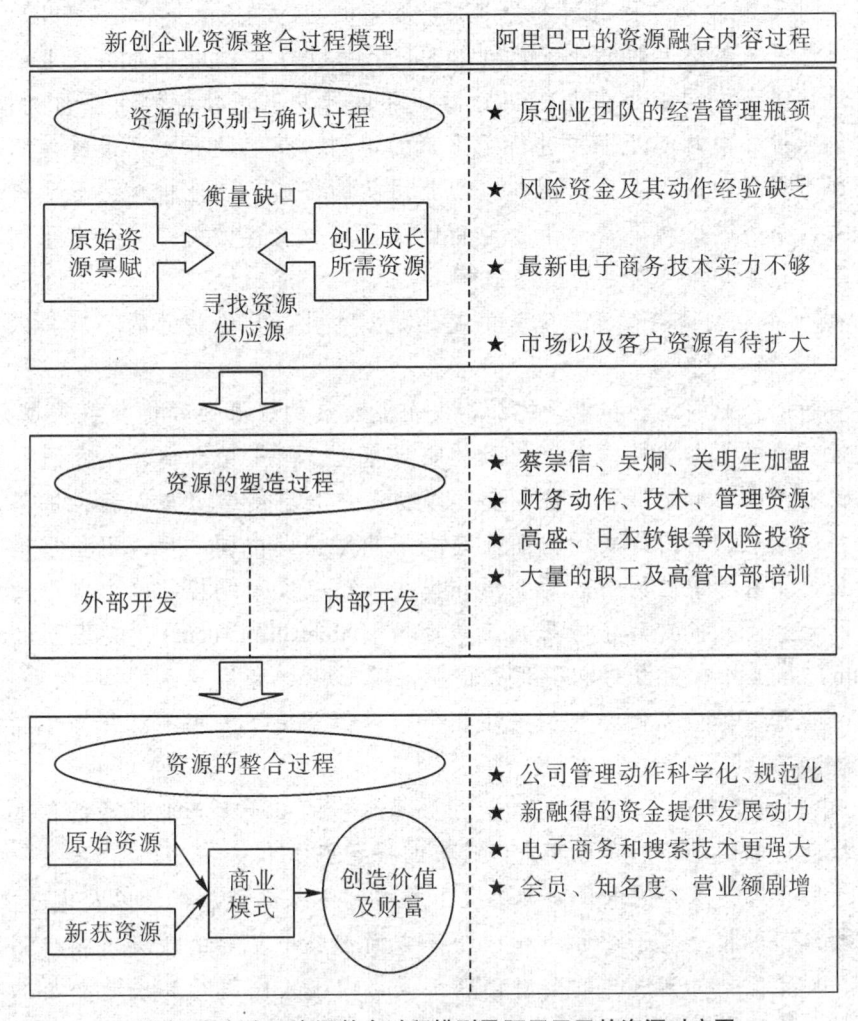

新创企业资源整合过程模型	阿里巴巴的资源融合内容过程
资源的识别与确认过程 衡量缺口 原始资源禀赋 ← → 创业成长所需资源 寻找资源供应源	★ 原创业团队的经营管理瓶颈 ★ 风险资金及其动作经验缺乏 ★ 最新电子商务技术实力不够 ★ 市场以及客户资源有待扩大
资源的塑造过程 外部开发　内部开发	★ 蔡崇信、吴炯、关明生加盟 ★ 财务动作、技术、管理资源 ★ 高盛、日本软银等风险投资 ★ 大量的职工及高管内部培训
资源的整合过程 原始资源 → 商业模式 → 创造价值及财富 新获资源 ↗	★ 公司管理动作科学化、规范化 ★ 新融得的资金提供发展动力 ★ 电子商务和搜索技术更强大 ★ 会员、知名度、营业额剧增

图 1　新创企业资源整合过程模型及阿里巴巴的资源对应图

综上所述,企业是资源和能力的连接体,而战略的目的是获取和配置资源以获得竞争优势。阿里巴巴通过基于创业团队的优秀资质,很好地抓住了中国经济增长以及互联网飞速发展时代背景所赋予的创业机运,通过自身的资源基础,设计出了具有中国特色的盈利模式,最后通过识别企业发展过程中的战略性资源缺口,寻找到资源提供源,进而塑造了一系列具有创造性的异质性资源,通过进一步地有效整合和配置资源,使阿里巴巴在短短的几年内迅速成长为现代国际级的基于互联网的商贸大企业。

四、结论与讨论

通过阿里巴巴新创及早期成长中的关键成功要素以及其在成长过程中对资源的塑造和整合开发过程案例的理论分析,我们可以得到以下三点重要启示:

1. 创业过程中必须保持四个关键成功要素的动态平衡

阿里巴巴依靠出色的创业家及创业团队，抓住了中国电子商务产业的重大创业机运，结合中国中小企业的实际商业环境开发出了独特的商业盈利模式，并且在创业过程中对创业资源进行了正确的识别、获取及开发，最终使阿里巴巴集团成为现代化的大企业。因此，创业团队的资质、创业机运、盈利模式及创业资源四个关键成功要素对于企业新创及早期成长甚为关键，有志于创业的创业家要时时注意保持四者的动态平衡。

2. 新创企业创造持续竞争优势的基础是对企业异质性资源的不断投入塑造与整合

随着新创企业的成长和竞争的加剧，企业发展的资源瓶颈将会越来越突出，而异质性资源成为企业持续竞争优势的重要基础。阿里巴巴通过不断进行的公司内部创业，成功地塑造了无法复制和模仿，并具有创造力与创新性的异质性资源。特别是意识到国外成功的商业模式不能照搬到中国之后，阿里巴巴公司开发设计出了基于中国国情的商业运作模式，不仅逐渐完善了整个电子商务体系运营平台，而且也打败了像易趣、美商网（MeetChina.com）、实华开（Sparkicc.com）等国外有实力的电子商务企业，避开"红海"竞争的同时，也拓宽了新的"蓝海"竞争空间，竞争中还在公司内部塑造了一种不断开拓创新的企业家精神。

3. 中国的经济正处于转型期，为了鼓励更多的基于新产业机遇的创业和创新，各级政府部门应该加大力度做好政策的扶持工作

对于阿里巴巴这样的电子商务企业，要在网络基础设施建设以及电子支付、第三方物流、税收及电子商务法律纠纷等方面都给予必要的政策支持。同时应该看到，对于像支付宝这样的金融创新工具，中国人民银行尚缺乏必要的金融创新支持保障服务政策，显现出政策的滞后性和被动性。在中国具有本民族和时代特色的新创企业不断崛起的情况下，各级政府部门应该更加积极地迎接这种挑战，为更多新创企业的成长以及创新型国家战略的实现提供更好的政策支持体系和创业政策环境。

第五章 创业计划

学习目标

通过本章知识点的学习，了解创业计划书在创业中的作用、创业计划书的内容以及撰写方法；通过教学案例思考与分析，理解创业计划书在撰写过程中应注意的问题以及保证创业计划书的连贯性、完整性；通过创业实训，提高创业者对创业计划书的掌控能力以及团队协作水平；通过深度思考，深度挖掘不同行业创业计划书的特点以及创新点。

一、本章知识点

（一）创业计划

1. 创业计划的作用

创业计划是创业的行动导向和路线图，是创业者与外界沟通的基本依据。其作用主要体现在：①为创业者行动提供指导和规划。②帮助创业者凝聚人心，进行有效管理。③为创业者与外界沟通提供基本依据。

一份完美的创业计划书包括企业的产品、营销、市场及人员、制度、管理的各个环节。它是创业者向风险投资商、银行、客户和供应商宣传拟建企业及其经营方式的最佳途径，也可以增强风险投资商、合作伙伴、员工、供应商、分销商对创业者的信心。

2. 创业计划的内容

创业计划的核心内容主要包括：产品（服务）创意、创意价值合理性、顾客与市场、创意开发方案、竞争者分析、资金和资源需求、融资方式和规划以及如何获取回报。

产品（服务）创意是指创业者从自己的角度考虑能够向市场提供的可能产品（服务）的构想。

创意价值合理性是通过个人与众不同的想法，创造出蕴含在企业产品（服务）中某一方面的价值，同时对此价值作出合理的判断。

顾客需求是公司实施战略管理规划最关键的因素，公司通过对各种内外部资源进行有效整合，即按照顾客对产品和服务的不同需求进行市场细分，确定目标市场。

新产品创意开发方案包括两种，一种是对原产品进行改进，主要包括改进原产品的质量属性、特色，扩大产品的使用功能及多方面的适用性，改进原产品的式样、服务等，改进服务质量也是产品改进的一部分；第二种是自行研究设计新产品，主要包括从基础理论的研究开始，自行研发新产品，在借鉴已有基础理论的基础上进行开发研究或者在已有基础理论和应用研究成果的基础上进行设计开发。

竞争者分析一般包括识别企业的竞争者、识别竞争对手的策略、判断竞争者的目标、评估竞争者的优势和劣势、判断竞争者的反应模式。

资金和资源需求是指创业者要达成目标需要启动的资金和资源。

融资是指企业资金筹集的行为与过程，即公司根据自身生产经营状况、资金拥有状况以及公司未来经营发展需要，通过科学预测和决策，采用一定的方式，通过一定的渠道向公司的投资者和债权人筹集资金、组织资金的供应，以保证公司正常生产需要和经营管理活动需要的理财行为。

获取回报是创业计划的关键部分，主要是指投资人在面对资金需求量及资本结构构成时，为保证项目实施，需要解决新增投资是多少、需要投资方投入多少、对外借贷多少、企业自身投入多少、对外借贷的抵押或担保措施是什么等问题。

3. 创业计划的基本结构

一份完整的创业计划包括导言、行业分析、公司的情况、管理、投资说明、风险因素、投资回报、经营分析与预测、财务报告、附录等内容。

导言是对创业计划内容作简要的概括。

行业分析是指运用统计学、计量经济学等分析工具对影响行业经济的各种要素进行深入的分析，从而发现行业运行的内在经济规律，进一步预测未来行业发展的趋势。

新企业描述包括对新企业所生产产品（服务）、规模、办公设备、员工、管理者以及研发状况的描述。

生产计划是指在现有可用资源条件下，企业在一定时间内生产什么、生产多少、什么时间生产等。

营销计划主要包括围绕产品销售的产品计划、价格计划、销售渠道计划、市场拓展计划等。

组织计划包括组织的所有权形式、合作者或主要股权所有人、负责人的权利、管理团队的构成、组织成员的角色和责任。

风险因素主要是指对创业进行风险分析，以数据衡量风险对投资计划的影响，从而向投资者说明控制和避免风险的策略。

财务计划主要包括资产负债预估表、利润预估表、现金流量表、盈亏平衡分析以及资金的来源和运用。

投资回报主要是考虑创业投资回报率的问题，合理的投资回报率应该在25%以上，一般来说，低于15%的投资回报率是不值得考虑的。

附录主要包括市场研究材料、租约或合同、供应商和竞争者的报价单、产品的有关报道、样品、图片、荣誉等。

4. 创业计划中的信息收集

创业计划中所需的大量信息往往可以分为两类：一类是通过网络、文献等搜索工具所获取的二手数据；一类是直接通过市场调研等方法获取的一手数据。

5. 市场调查的内容和方法

市场调查的内容主要包括消费需求情况、产品情况、营销情况。

消费需求方面主要指消费者的分布地区、数量和购买力，消费者的消费习惯、消费水平及购买心理差异，消费者的购买动机、购买数量及时间地点等内容。

产品情况主要是反映消费者对本企业产品的质量、性能、价格以及售后服务等方面的评价、意见和要求。

营销情况是指竞争对手状况、商品实体、包装、价格、销售渠道、产品寿命周期和广告调查等。

调查根据研究对象范围的不同可分为全面调查（即普查）和非全面调查，而非全面调查中主要包括抽样调查、重点调查、典型调查、个案调查等。

创业计划是创业的行动导向和路线图，即为创业者的行动提供指导和规划，也为创业者与外界沟通提供基本依据。创业计划需要阐明新企业在未来要达成的目标，以及如何达成这些目标。创业计划要随着执行的情况而进行调整。创业计划包括产品（服务）创意、创意价值合理性、顾客与市场、创意开发方案、竞争者分析、资金和资源需求、融资方式和规划以及如何收获回报等内容。准备创业计划的过程实质上是信息的收集过程，是分析并预测环境进而减少未来不确定性的过程。

（二）撰写与展示创业计划

1. 研讨创业构想

创业计划涉及内容较多，编制之前必须进行充分的准备、周密的安排。第一，要组建一支包括技术人才和管理人才在内的具有综合性技能的团队，制订创业计划的编写方案、总体框架以及人员分工等；第二，确定创业计划的目的和宗旨；第三，通过文案调查或实地调查的方式，准备所在行业发展趋势以及同类企业组织结构、企业报表等资料。

2. 分析创业可能遇到的问题和困难

在进行创业的过程中，主要会遇到的困难有知识限制、经验缺乏、心态问题、创新能力薄弱以及资金问题，具体见图5.1。

知识限制是因为创业需要企业注册、管理、市场营销与资金融通等多方面的丰富知识。这就需要创业者把自己的知识和所创事业有机地结合起来，而很多创业者往往眼高手低，缺乏一定的实践能力。

经验是从多次实践中得到的知识或技能，创业需要有管理经验、对市场开拓的经验、营销方面的经验等，而大学生在这方面尤其缺乏。

大学生创业群体由于受年龄及阅历等方面的限制，空有创业激情，但心理准备不足，缺乏吃苦耐劳和坚持不懈的精神。

创新能力是指运用知识和理论，在科学、艺术、技术和各种实践活动领域中不断提供具有经济价值、社会价值、生态价值的新思想、新理论、新方法和新发明的能力。大学生创业既没有产品（服务）技术创新的条件，又缺乏进行升级换代改造的专业性人才。

资金短缺、经验少是大学生创业的普遍问题，表现为急于得到资金，给小钱让大股份，贱卖技术或创意，对风险投资不负责任，"烧"别人的钱圆自己的梦。

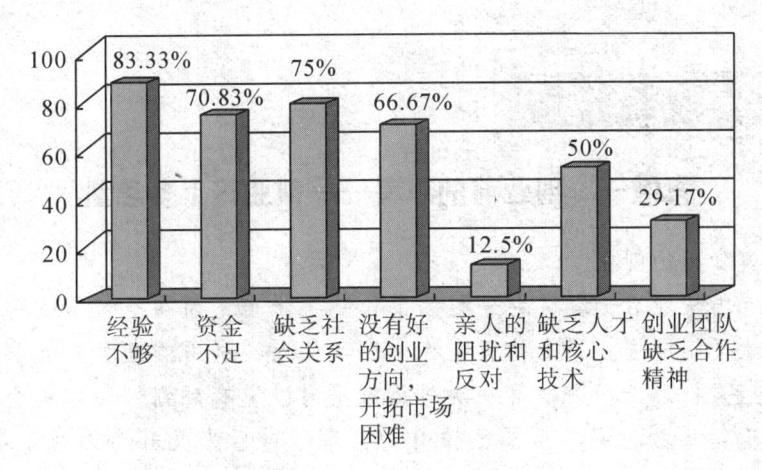

图 5.1　大学生创业调查

3. 凝练创业计划的执行概要

执行概要是创业计划书的精华，要涵盖创业计划书的要点，一目了然。其没有固定的格式，但长度不应超过两页，应包括目的的陈述、公司背景、公司的产品和服务、战略概述——产品或服务的独特性、市场潜力、至少未来三年的财务预测、管理团队的资质条件以及资金需求。

4. 把创业构想变成文字方案

创业方案是创业构想的文字体现，创业内容不同，创业计划方案之间的差异也很大。创业计划书的编写包括六个阶段，分别为经验学习、创业构思、市场调研、方案起草、最后修饰以及最终检查。其中前四个阶段完成了创业方案的全文，第五阶段是进行修饰，根据报告的主要内容形成摘要，检查是否有错别字等错误以及设计漂亮的封面，编写目录页码，最终打印装订成册。第六部分主要是对创业计划书进行再次检查，看创业计划书是否能显示你有管理经验、是否有能力偿还债务、是否已经进行过完整的市场分析等。

5. 创业计划书的撰写和展示技巧

创业计划书涵盖的内容包括多方面，而往往根据所创企业性质的不同，创业计划的内容也略有区别，创业企业要根据自身特点来编制适合自己公司特征的创业计划书。

创业计划包括封面、目录、执行概要、主体内容和附件等。撰写创业计划是创业者（团队）反复思考、推理并讨论的过程。

二、教学案例

案例一　创业前的思考——创业路上多思量[①]

威廉美食苑的创业

赵威大学毕业后，没有去分配的工作单位上班，而在省城里的一家肯德基快餐店当上了副经理。原来他曾在大学四年级时，利用假期和社会实践的机会在肯德基店里打过工。当他第一次告诉家里时，没有想到作为乡镇企业经理的父亲还是理解他的。一年后他很快升为经理，再后来又升为地区督导。最近，他发现省城商业街有一店面要出售，地点位于商业闹市区附近的主要街道，交通流量大，写字楼也很多。赵威认为，这是一个很难得的快餐店地点，于是他决心自己创业。这是他由来已久的事业生涯规划，并与父亲商量请求财务支持，声明是借的，日后一定归还。家里表示可以支持他，但要求他认真规划，不要盲目蛮干，多几个方案才好，有备无患。

赵威创业的愿景是一个属于自己独立经营的快餐连锁店，它不是肯德基、麦当劳或其他快餐店的加盟连锁店。他很顺利地注册，资金到位也很快，房子的产权也办理了过户手续。不久，赵威很快就发现成立自己的店和当初在肯德基看到人家成立连锁店有很大的不同，必须自己动手，从无到有地办理所有事情。比如，要亲自参与店面装潢设计及摆设布置，自己设计菜单与口味，寻找供货商，面试挑选雇佣员工，自己开发作业流程以及操作系统管理，他觉得需要找来在工商管理专业的好友帮助一起创业。

案例二　创业中的管理——六人行之硕士开面馆[②]

自古君子远庖厨。可来自西华大学食品科学系的6名研究生就偏不理这个，他们自筹资金20万元，大大方方地在成都著名的景观——琴台故径边上开起了"第一研究生面馆"。

"六味面馆"的6位股东周黎黎、潘晓亚、高秀容、何洋、万国福和王立晖都是西华大学食品科学系2003级在读同门研究生。他们之间的关系就是"同桌的你""睡在我上铺的兄弟""同窗姐妹"的一个综合体。

说起面馆的名字，六位老板得意地一笑："我们六位股东每一个都是独特又

[①] 周瑜弘. 组织行为学案例精选精析 [M]. 北京：中国社会科学出版社，2008.

[②] 孟梅，刘庆. 研究生开面馆 打算5年后开20家连锁 [EB/OL]. [2004-11-19]. http://career.eol.cn.

独立的个体，当然就是'六味'了！"

调查：吃了一千多碗面

由于是读研究生的第二年，课程不多，加上更多的是社会实践，于是6位学生不约而同地选择了创业。对于为何会选择开面馆，6个人的观点却出奇地一致："开面馆本小、利薄、消费量大，最适合初次创业的人！"

股东之一的潘晓亚则从历史的角度来给记者"洗脑"："中国人从1 900多年前就开始吃面，到现在还是那么多人爱吃面，可见面条确实很有'魔力'。"

开业前两个月，6个人分头到成都大街小巷的面店去"明察暗访"。"两个月，我们看了几百家铺子，吃了一千多碗面。"我们觉得成都的快餐吃得最多的还是面。

主意一定，6个人分头找亲戚朋友集资，好不容易凑够了20多万块钱，开始了创业的第一步。

秘诀：南北结合天下无敌

据记者调查，目前成都市场上大大小小的面馆不下数万家，这六味面馆有什么出奇制胜的法宝？挂名店长周黎黎快人快语道出，他们计划形成6大系列30多种特色面点，还要不定期推出"秘密武器"。"谋士"潘晓亚一说到秘密武器急忙把嘴捂上，"说漏了！说漏了！"忙不迭地做鬼脸。

河北人王立晖虽然自称是吃面长大的，却对成都小吃佩服得五体投地："北方的面讲究筋口好，有嚼头；南方的面在汤底上追求独特口味。我们要是把这些特点结合起来，就是天下无敌了。"看来，这"六味面馆"的秘诀就是"南北结合"！

同行：面馆要赚钱玄得很

对于一家面店的小算盘，记者走访了一些面馆。在李家沱小区开了5年面馆的陈剑先生的"小九九"是这样的："我这个铺子60多个平方，一个月的营业额就是两三万的样子，房租要开销3 500，原材料10 000多，煤和其他一些杂务要5 000多，另外税费两三千，我都觉得压力大，赚不了多少钱。如果这群娃娃要搞啥子绿色食品，无公害蔬菜，原材料价格要比普通的高一倍，就是20 000。如果这个样子想赚钱，我看玄得很！"

色香味美，有食则名；汤清面雅，有鲜则灵。斯是面馆，唯我独欣。窗明几上净，餐色满目新。谈笑有师儒，往来尽相亲。可以任腹求，品佳肴。无琴瑟之乱耳，无洋腊之矫情。酸甜苦辣咸，鲜字更当精。此之谓，"六味面馆"。

档案 六位硕士六张脸

NO.1 谋士：潘晓亚

自我评价：性格是内向＋外向＋血性。

擅长：与各路人等打交道。

来自德阳什邡县的潘晓亚一说话就露出两个酒窝，眼睛眯成了一条缝：敢情担任着"策划师"的就是这样一个小女子啊！

感言："开始以为开面店很简单，不就是买几个碗煮几碗面吗？谁知干起来才知道繁琐的事实在太多，光买碗这一项我就跑了10多趟，真是不容易……"

NO.2 采购先生：万国福

自我评价：外向、亲切、执著，就是有时有点冒"傻气"。

同事间笑称，老万口头禅：不怕输、只怕懒。一说话就爱带个"中"字的万国福是个典型的河南汉子。对于自己的第一次创业，他说，就像对待自己的孩子一样，"面店的每一个碗、碟都有我们的心血"。

感言："今后只要有人一谈到成都就能想到我老万做的'六味面'，我就满足了。"

NO.3 账房小姐：高秀容

自我评价：含蓄内向的温江妹妹。

口头禅：创业就是痛并快乐着。和陌生人说话就紧张得直抓衣角的高秀容骨子里有着与外表不相称的耐性和执著，在开店前，她一个人凭着两条腿跑了成都10多家小吃店，"知己知彼才能百战百胜"。

感言："支撑我们一直干下去的就是'执著'二字，希望今后我们的店与麦当劳齐名，现在所经历的一切都值得。"

NO.4 外交大臣：何洋

自我评价：成都伙子就是处事活泛，头脑灵活。

绰号：何少

口头禅：现实永远不能和梦想画上等号。

曾在广州某公司任职的何洋怎么也没想到自己的第一次创业就是开面馆。何洋的不解在接下来的日子里得到了更深的体会。"作为学生，我常常把事情想得太简单，太单纯，可做起来差得太多了，我就是太理想化了……"

感言："成功的花，别人只看到它的娇艳，而它身后的汗水只有它自己知道。"

NO.5 人事钦差：王立晖

自我评价：扎实的河北小伙。

网名：河北石头。

透过镜片看王立晖的两个眼睛显得炯炯有神，小伙子瘦高个子，从外貌上怎么也看不出来他是能熬三个通宵就为写一个策划的人。谈到创业，他很自信地说："只要我们坚持，相信不久就会盈利。"

感言："人家常说三个臭皮匠赛过一个诸葛亮，我们六个'电脑'还不能开好个面馆呀！"

NO.6 挂名店长：周黎黎

笑称：火妹儿。

自我评价：达州妹儿就是够耿直，够火辣。

口头禅：时不待我，努力！努力！努力！

在上大学时舍友都叫周黎黎"舍长"，在学校里周黎黎也算是个小头头——校学生会主席。这次创业周黎黎又被朋友推举成挂名"店长"，曾经有用电话遥控主持一台晚会的创举。

感言："滴水成河，聚沙成塔，成功需要勇气，更需要坚持。"

就在大才子司马相如和美女实业家卓文君当垆沽酒的琴台故径旁，6个研究生的面馆横空出世，这个开头，够石破天惊。放眼成都，一时之间恐怕找不出第二家比这更牛的面馆了，人家连跑腿的小二哥都是清一色硕士呢。

壮志雄心：5年后开20家连锁店

第一家店还未开张，六位股东已经把目光放到了5年之后，一说到今后的打算，他们六位异口同声地说：当然是开分店啦！今年先把第一家店搞好，积累经验，再谈发展。我们准备两年内在成都开20家连锁店，到时候跟肯德基、麦当劳较量较量。

情伤钱损：无人管理，草草收场

不久，由于面馆长时间处于无人管理和经营欠佳的状况，投资人已准备公开转让。这家当初在成都号称"第一研究生面馆"的餐馆仅仅经营了4个多月，就不得不草草收场。

原本想以"研究生"之名来制造广告轰动效应，但事情的发展却出人预料。"研究生面馆"开业不久，6名研究生就一个个被学校领导找去谈话，要他们在学业和面馆之间作出选择：要么退出，要么退学。

案例三 创业信息的收集——信息就是财富[①]

日本的御木幸吉被称为"珍珠大王"，享誉世界，可谁能想到，他的成功始于道听途说呢？那是一次海外航行，御木幸吉带领一艘满载乌龟的船，向香港进发，不料遭遇海上风暴，抵港时，所有的乌龟都死掉了，损失极为惨重。他伫立海边，感到前途渺茫，这时，他旁边有两个中国人在做珍珠交易，对话声传到他的耳中。这一段偶然的对话使他茅塞顿开："珍珠很贵重啊？天然的珍珠非常有限，为什么不搞人工繁殖？"他立即进行调查访问，了解到中国洞庭湖有人将佛像放入珍珠贝（阿古屋贝）里，制造出佛像珍珠。他就专心研究生产珍

---

① 关冬梅. 创业技能［M］. 北京：清华大学出版社，2010.

珠的原理,最后他创造了将玻璃珠塞进珠母贝而生产大型珍珠的最好方法,开创了他的珍珠养殖事业,从而成为享誉世界的"珍珠大王"。

1950年,李嘉诚创办了生产玩具和家用产品的塑胶厂,但随着塑胶玩具在国际市场上日趋饱和,已经没有足够的生存空间让李嘉诚的工厂再支撑下去,他必须选择一种在市场中具有竞争力的产品来救活企业,从而实现塑胶厂的"转轨"。

一天,李嘉诚听到一则消息:"意大利一家公司用塑胶原料设计制造的塑胶花即将倾销欧美市场。"李嘉诚马上意识到这是一个商机:现在是和平时期,人们在物质生活有了一定保障之后,必定会对精神生活有更高的要求。种植花卉等植物无疑是一种修身养性的良好消遣方法,但每天要浇水、除草,而且花期短,这与当时人们越来越紧张的生活节奏很不协调。而塑胶花既价廉又美观大方,能美化人们的生活,一个塑胶花的黄金时代即将来临。

李嘉诚马上开始行动,四处学习塑胶花制造技术。他深知生意人对于刚面世的新产品是十分重视的,而且在技术上会有很大的保留,不会轻易地让别人学去,所以他不断以购货商、推销员等身份,甚至不惜打短工,千方百计地搜集有关塑胶花制作的技术资料。

不仅如此,李嘉诚又购置了大量在款式、色泽上各具特色的塑胶花品种带回香港,不惜重金聘请香港乃至海外的塑胶专业人才对这些购回的塑胶花品种进行研究。他一边进行市场调查,一边了解国际市场的发展动态,希望能找出最受欢迎的塑胶花品种,进行大规模生产。

1957年,李嘉诚开始生产既便宜又逼真的塑胶花。庞大的塑胶花市场,为李嘉诚带来了数以千万港元的利润。

案例思考

1. 假如赵威选择你作为合伙人,请你帮他搞一个创业的战略规划,试试看。

2. 创意有了,资金有了,人力资源有了,硕士研究生面馆为什么还会失败?

3. 大学生创业信息的获取主要有哪些途径?

【分析与点评】

1. 创业的战略规划

①设定目标。②界定经营使用、愿景与经营范围。③进行内在资源分析。④进行外在环境分析。⑤可行性方案。

针对这五个步骤，分别说明如下：

（1）界定新目标

①提供更符合消费者口味、适度差异化的食品；②满足不喜欢西方快餐口味的顾客的需求为最重要的目标。

（2）界定经营使命、愿景与经营范围

①提供消费者不同于西式文化、新的健康饮食概念；②提供融合中国人饮食口味与西式餐饮风格的新快餐；③塑造洁净、便利、快速、舒适、健康的企业形象。

（3）进行内在资源分析，可以就人力、财务等方面进行强弱势分析

①相对优势方面

第一，曾经在著名的西式快餐店工作，有丰富的经验，对于西式快餐店的经营模式、生产方式及管理方法都了解。第二，经营的地点有很大的交通流量，是一个理想的快餐店设立地点。第三，财务有来自家庭的支持。

②相对弱势方面

第一，对于菜单的设计、分析消费者对于快餐的需求、生产流程规划，可能无法有相对的经验与优势。第二，在原料供货商方面，也无法像大型竞争者那样节省大量的进货成本。

（4）外在环境分析

①在威胁方面有以下几点要考虑

第一，在竞争者方面，目前市场中的主要竞争者众多。第二，就替代品方面，快餐产品也纷纷进驻便利商店，如烤肠等。第三，就整体市场而言，传统的快餐产品竞争者众多，他们所提供的产品同构性也很高，他们之间的竞争优势，多是建构在附加服务或是媒体的塑造，所以对于非连锁性的自创性商店，可能无法与其相抗衡。第四，就垂直整合程度与经济规模而言，这些竞争者的连锁店众多，也因此他们在原料的进货上可以借助量大而压低成本，在媒体广告上，更可以收到较大的效果。再者，这些竞争者也不断借助媒体塑造，有些快餐店在假日已经成为家庭休闲或是举办聚会的场所，这些社区关系的维系，也是新进入者需要考量的。第五，在竞争手段方面，由于这些竞争者的市场占有率高，也因此会和其他商品进行联合营销，如麦当劳在电影《泰山》上映时，同步推出玩偶，更吸引许多只为喜好赠品而来店消费的顾客，因此更增大了他们的竞争优势。

②在相对机会方面

第一，由于快餐文化追求效率，它们在产品上无法做到顾客饮食差异化的满足。第二，就产品的广度与深度而言，这是目前竞争者较为缺乏的，不过，要达到较佳的广度与深度，可能与快餐追求快速有所抵触，这是一个值得考虑之处。第三，目前竞争者喜好推出的套餐组合，对于某些食品并不可以替换。例如，不喜欢吃薯条的人就不能要求换等值的产品，这是一个在无法提供大众差异化口味产品的前提下，另一种借助消费者产品组合满足需求的一种方法。第四，国内目前对于健康越来越重视，而西式的快餐又具有常被以为热量太高、被称为"垃圾食物"等问题，这也是一个在从事新式快餐店设立时确定产品种类的考量点。

(5) 可行性方案

由以上的分析可以知道，自行创业从事快餐店，可能会遭遇的最大困难就是缺乏广告效果以及无法在生产原料上有规模成本的优势。但是，可以从产品的差异化来满足顾客的需求，于是可以提出下列几个可行性方案：

①发展中式口味，但又能兼顾生产效率的产品，如米食。

②借助大量顾客差异化的观点，提供较能满足顾客差异化需求的产品。

③提供顾客在产品套餐选择时有较大的自主性。

④先建立地区性的口碑，再从事跨区域经营。

⑤提供健康食品的概念，如可以卖素食、蔬果类素食以及有机饮料。

⑥不要放弃西式快餐店的经营模式，如整洁的饮食环境、明亮舒适的饮食空间、亲切活力的店员，但要导入中式口味、健康概念的食品。

⑦以食物作为竞争差异化优势，也就是强化食品的健康性、快速性以及符合中国人的饮食口味。

由于这种产品的差异化，在快餐产业中，推介中式口味、健康概念的新快餐或许是一个缺乏媒体广告语附加商品支持的快餐创业者可以走的方向。

【创业宝典】

给自己留了后路相当于劝自己不要全力以赴。

——王石

创业要找最合适的人，不一定要找最成功的人。

——马云

创业前，很多困难你都不会把它认为是困难，当它突然成为你的困难时，很多人会承受不了压力，就放弃了，这样的人一定是不能成功的。

——史玉柱

2. 硕士研究生面馆失败的原因

6名硕士选择了进入门槛不是很高的面馆行业，前期也进行了深入详细的调研，从个人性格能力方面也组建了互补的管理团队，然而最后还是以失败告终，究其原因是创业前没有进行系统的思考。

（1）缺乏对行业的深入分析

面馆属于利润薄、消费低的行业，而6名硕士研究生开的面馆虽然有自己的特色，但使用的全部为绿色食品、无公害蔬菜，而且由于品种繁多，因此造成成本过高，为了保证利润，只能降低产品的分量。这导致消费者抱怨分量不足、吃不饱等问题。

（2）缺乏有效的管理

六人团队虽然有分工，但是缺乏有效的规章制度以及运行模式，导致面馆在管理上出现混乱，6位研究生称功课繁忙，店堂内经常无人管理。

（3）没有进行详细的财务分析

面馆每月的支出庞大，而且没有进行成本核算等一系列财务分析，导致面馆经常入不敷出。

【创业宝典】

事实上，成功一点也不难！最难的是想成功，但没有计划！如果你有一个5年或者10年的目标，而且能够周密地计划，坚定地执行，那么，成功率还是很高的。

——前程无忧网创始人甄荣辉

任何时候做任何事，订最好的计划，尽最大的努力，做最坏的准备。

——80后汽车之家创始人李想

3. 大学生创业信息的获取主要有五种途径

（1）大学课堂、大学图书馆与大学社团

创业者通过课堂学习能拥有过硬的专业知识，在创业过程中将受益无穷；在大学图书馆通常能找到创业指导方面的报刊和图书，广泛阅读能增加对创业市场的认识；大学社团活动能锻炼各种综合能力，这是创业者积累经验必不可少的实践过程。

（2）媒体资讯

一是纸质媒体，人才类、经济类媒体是首要选择。例如比较专业的《21世纪人才报》、《21世纪经济报道》、《IT经理人世界》等。

二是网络媒体，管理类、人才类、专业创业类网站是必要选择。例如中国营销传播网、中华英才网、中华创业网等。此外，从各地创业中心、创新服务中心、大学生科技园、留学生创业园、科技信息中心、知名的民营企业的网站等都可以学到创业知识。

（3）与商界人士广泛交流

商业活动无处不在，你可以在生活的周围，找有创业经验的亲朋好友交流。在他们那里，你将得到最直接的创业技巧与经验，更多的时候这比看书的收获更多。你甚至还可以通过电子邮件和电话拜访你崇拜的商界人士，或咨询与你的创业项目有密切联系的商业团体，你的谦逊总能得到他们的支持。

（4）曲线创业

先就业、再创业是时下很多学生的选择。毕业后，由于自己各方面阅历和经验都不够，能够到实体单位锻炼几年，积累一定的知识和经验再创业也不迟。

先就业再创业的学生跳槽后，所从事的创业项目通常是在过去的工作中密切接触的。而在准备创业的过程中，可以利用与专业人士交流的机会获得更多的来自市场的创业知识。

（5）创业实践

真正的创业实践开始于创业意识萌芽之时，大学生的创业实践是学习创业知识的最好途径。

间接的创业实践学习主要可借助学校举办的某些课程的角色性、情景性模拟参与来完成。例如积极参加校内外举办的各类大学生创业大赛、工业设计大赛等，对知名企业家成长经历、知名企业经营案例开展系统研究等也属间接学习范畴。

直接的创业实践学习主要可通过课余、假期在外的兼职打工、试办公司、试申请专利等事项来完成，也可通过举办创意项目活动、创建电子商务网站、谋划书刊出版事宜等多种方式来完成。

总之，创业知识广泛存在于大学生的学习、生活的视野之中，只要善于学习，总能找到施展才华的途径。但在信息泛滥的社会里，"去粗取精，去伪存真"也是很重要的，善于学习和总结永远是赢者的座右铭。

【创业宝典】

面对瞬息万变的国际市场，信息就是效益，信息就是财富。谁掌握和占有准确的信息，谁就有了主动权；否则就会被别人甩在后面。

【小故事】

美国肯德基的考察与决策

美国肯德基炸鸡打入中国市场的一个重要经验就是在广泛收集信息基础上进行的科学决策。

起初该公司派一位执行董事来考察中国市场，他来到北京街头，看到川流不息的人流，就报告说炸鸡市场大有潜力，但被总公司以不称职为由降职调动工作。接着该公司又派一位执行董事来访考察。这位先生在北京的几个街道上用秒表测出行人流量，然后请500位不同年龄和不同职业的人品尝炸鸡样品，并详细询问他们对炸鸡味道、价格、店堂设计等方面的意见。不仅如此还对北京鸡源、油、面、盐、菜及北京鸡饲料行业进行了调查，并将样品数据带回美国，逐一作分析，经电脑汇总得出"肯德基"打入北京市场有巨大的竞争力的结论。

果然，北京肯德基炸鸡店开张不到300天，盈利高达250万元，原计划5年才收回的投资，不到两年就收回了。它又一次证明了"肯德基"公司的一贯做法：开辟市场必须广泛收集信息，进行科学决策。

三、实训活动

实训活动一 计划管理能力自测

在企业中，计划管理能力是指管理者确定未来目标以及为实现目标而采取的执行方式和方法的能力。请通过下列问题对自己的该项能力进行差距测试。

1. 你通常以怎样的方式做事？（   ）
   A. 制订计划并按计划行事　　　B. 依据事情到来的顺序
   C. 想起一件就做一件
2. 在制订计划前你通常首先做的工作是什么？（   ）
   A. 确定目标　　　　　　　　　B. 认清现在
   C. 研究过去
3. 你的计划会详尽到什么程度？（   ）
   A. 每日　　　　　　　　　　　B. 每周
   C. 每月
4. 你如何制订计划？（   ）
   A. 尽量把计划量化　　　　　　B. 制订出主要计划的辅助计划

C. 只制订主要计划
5. 当计划的任务在执行过程中遇到困难时，你通常会如何做？（　　）
   A. 想方设法提高执行效率　　　B. 对计划做一定程度的修改
   C. 制订新的计划
6. 面对变化较快的未来环境时，你是否会坚持制订的计划？（　　）
   A. 通常会　　　　　　　　　　B. 有时会
   C. 偶尔会
7. 你通常如何确保制订的计划尽善尽美？（　　）
   A. 遵循科学的计划安排行为步骤　B. 边实施边修改
   C. 多征询他人的意见
8. 作为管理者，你发现下属偏离了既定计划时，你该如何办？（　　）
   A. 立即校正，保证计划严格执行　B. 重申并明晰既定计划
   C. 视偏差情况而定
9. 计划制定后，你是否能够严格按照计划行事？（　　）
   A. 通常能　　　B. 有时能　　　C. 偶尔能
10. 你制订的计划通常能达到何种效果？（　　）
    A. 能够有效实现预期目标　　　B. 行动不再盲目
    C. 效果不明显

选 A 得 3 分，选 B 得 2 分，选 C 得 1 分

24 分以上，说明你的计划执行能力很强，请继续保持和提升。

15～24 分，说明你的计划管理能力一般，请努力提升。

15 分以下，说明你的计划管理能力很差，急需提升。

实训活动二　海上遇险情景

物　品	第一步 您个人的排列	第二步 小　组 排　列	第三步 救生专家的排列	第四步 第一步与第三步之差	第五步 第二步与第三步之差
指南针					
剃须镜					
一桶 25 千克的水					
蚊帐					
一箱压缩饼干					
若干太平洋海区图					

续表

物 品	第一步 您个人的排列	第二步 小组排列	第三步 救生专家的排列	第四步 第一步与第三步之差	第五步 第二步与第三步之差
一个救生圈					
一桶9升油气混合物					
小半导体收音机					
驱鲨剂					
5平方米不透明塑料					
1瓶烈性酒					
15米尼龙绳					
2盒巧克力					
钓鱼具					
				您的分数	小组分数

你们正随一艘游艇漂浮在太平洋的海面上，一场原因未明的大火已毁掉了船身及大部分内部设备，游船正在下沉！由于关键航海仪器被损坏，你们不知道所处的位置。

最近的陆地大约在西南方向上，最乐观的估计，你们距那里1 500千米。下面列出15件未被大火烧毁的物品，此外，还有一个带桨的、可装下你们和所有船员的橡胶救生筏。所有生存者身上的东西仅为一包香烟、几盒火柴、五张五元面值的人民币。

您 的 任 务

把这15件物品按其在你们求生过程中的重要程度排列。把最重要的物品放在第一位，次重要的物品放在第二位，依此类推，直到排至相对不重要的第15件。

* * * * *

请继续完成下列步骤，并在相关的栏目中填入分数

	一组	二组	三组	四组	五组	六组
第六步： 个人平均分数 （将小组中的个人分数相加后除以小组人数）						
第七步： 小组分数（第五步分数）						

续表

	一组	二组	三组	四组	五组	六组
第八步： 实际得分（小组分数与个人平均分之差，如果小组分低于个人平均分，则得正分"＋"，反之则得负分"－"）						
第九步： 小组个人最低分						
第十步： 小组中个人分低于小组分的人数						

第一步——自己思考，排序

第二步——小组讨论，小组共同的意见，排序

第三步——专家的意见，请大家记录

救生专家的排序：①剃须镜；②一桶9升油气混合物；③一桶25千克的水；④一箱压缩饼干；⑤5平方米不透明塑料布；⑥两盒巧克力；⑦钓鱼具；⑧15米尼龙绳；⑨一个救生圈；⑩驱鲨剂；⑪一瓶烈性酒；⑫小半导体收音机；⑬若干太平洋海区图；⑭蚊帐；⑮指南针。

请大家按第四、五步要求逐一完成。

大家一起来完成后面的步骤。

个人平均得分、小组得分、专家意见、比较小组个人的平均分与小组分数哪一个高？

这些数字究竟能说明什么？

各位主管，你现在带的是什么样的团队？

大家有兴趣的话，一起看看刚才的合作中，各组分别在曲线的哪个位置？

（1）实际得分为正，说明团体的智慧高于单个人，发挥了集体优势。分最高的小组为真正的团队；略大于0的为潜在的团队；得分为负，说明合作结果更糟，即协作精神差，为伪团队。

（2）小组成绩高于小组个人最低分，说明小组有专家，但影响力不够。

（3）若碰巧所有小组实际得分都为正，至少说明合作可以提高绩效。

实训活动三 穿针引线

设施要求：平整场地一处。

项目简介：团队成员手拉手围成一圈，手臂上套入一个呼啦圈，手拉手不能松开，将呼啦圈穿过每一个人，绕行一圈。

目的意义：
1. 培养团队计划组织、控制能力。
2. 学会运用系统思考的方法来处理问题。
3. 增强团队整体意识、协作精神和凝聚力。

训练目标：培养团队的通力合作，使队员认识到整体绩效的提升是建立在个体的基础之上的，所以个体能力、素质和与他人配合的方法的快速提升对团队成长尤其重要，是团队建立学习型组织的关键步骤，并将良性的竞争乐趣融入其中。

实训活动四 坐地起身

1. 首先要大家四个人一组，围成一圈，背对背地坐在地上。（屁股贴地，正常来说一个坐在地上的人，是无法手不着物的起来的）。
2. 四人手牵手，然后要他们一同站起来，很容易。那么再试试多一些人，如六至七个人，应该还不是太难。最后再试试 14 人一同站起来，看能否成功。

实训活动五 使用多媒体形式展示信息

在展示信息时，除了使用图表等多种形式外，还可以用声、像、图综合在一起利用多媒体手段展示信息，会使其更加生动，更吸引人。

如果领导要求在公司中层会议上作汇报，为让与会人员有更形象、更直观的感受，可以使用幻灯片，它有助于获得更好的信息展示效果。

请自己动手独自制作一个漂亮的幻灯片文件，并进行演示。

【创业计划书的评价】

一份有冲击力的经得起考验的创业计划书的评价标准是什么？布鲁斯·贾德森（Bruce Judson）给创业者提出：用 11 条检验标准测验你的创业计划书。

1. 电梯测试

你能在大约上一层电梯的时间里——用最多两个短句告诉我，你的生意如何获利？电梯测试是广为人知的电梯销售演讲的版本。你需要一个"电梯创业演讲"。为什么？你必须清楚你如何赚钱。这个简单道理看似不言自明，但实际上很多公司刚刚成立时关于最终如何盈利的概念非常模糊。所以，创业计划必须简单明了。

我们经常用来检验新公司的一个测试就是看公司被解释的难易程度。如果一个人能在他的名片后面概括他的公司计划的话，通常这意味着他能向员工、顾客和利益相关者描述公司的目标。一份需要一段文字或者10分钟来解释的创业计划是含糊不清的。思科公司的创始人桑德拉·勒纳（Sandy Lerner）和雷纳德·波萨科（Leonard Bozk）以惊人的明确性解释了他们的事业，整个使命只用了三个单词：思科、连接、网络。这是一个经受住时间考验的描述。

2. 最多三件事情测验

成功有赖于创业者将其能力集中在有限的几个关键领域。当你审视一个商业创意时，你需要问自己如下问题：这里决定我成功的三件事是什么？下一个明显的问题就是我具备在这个范围内成功的必备能力么？如果没有，如何获得？

3. 假如你是顾客测验

把你放在潜在顾客的位置上，问你自己一系列的问题：

(1) 在已有选择的基础之上，我会买这个公司的新产品和服务么？

(2) 如果买，为什么？

(3) 作为一个潜在的买家，我是独一无二的么？还是很多人和我一样？

(4) 我会以现在的全价购买产品和服务么？

(5) 购买服务有多快？多容易？我会立刻购买，还是先了解一下？

然后，回到企业家的角色，问：现在的商业计划允许适当的时间和精力么？

从这开始，你必须去找潜在顾客，现场收集实际市场经验。

4. 差异化和市场领导权测验

无论何时有人说，"这是一个巨大的市场我们只需占有一小部分就能成功"，赶紧转身离开，远走高飞。不惜一切代价避开这个陷阱！成功需要你的生意与众不同并能统治一些东西。当小池塘里的大鱼比当大海里的小鱼要好得多。

定义你的市场——即使它只是一个更大市场的一小部分——这样你才有与众不同之处吸引这部分顾客，让你统治这个领域。与众不同者必胜，千篇一律者必败无疑。

5. 包围测验

在创业之前，你必须估计这些很常见的现象带来的风险，以及妨碍你长期成功的可能性。公司有一些结构特性让供应商和合伙人难以竞争。从一开始你就要考虑你是否能有效构建你的公司。

6. 成本翻番测验

正像电梯演讲测验一样，"成本翻番"测验也广为使用。本质上是这样的：你预料到会出现问题，每件事都比预期的费用要高，通常需要更多的时间实现收益流。这个测验检查你犯错误的回旋余地——很显然余地越大越好。看一下你的利润计划（你预期的花费，预期收益，取得收益的时间）问你自己如下的问题：

如果成本翻番，这还是一份好的创业计划吗？

如果第一年的收益只有预期收益的一半，成本又翻番，这还是一个好创意吗？

7. 留下犯错误空间的测验

好的商业创意通常留给你很大的犯错误空间。并且记住，你最后挣的钱不一定来自打算挣钱的地方，所以留下实验的空间。在你投入时间和精力检测你的公司前，使用这个测验最有价值。一旦你已经完善了你的业务模式——继续白天工作的同时，你就没必要选择如此大胆的假设，因为你用亲身体验告诉你什么管用。

8. 依赖性测验

任何公司的重要风险来源之一就是对某个供应商或者顾客的巨大依赖。首要法则就是单一顾客不能占据一个公司销售额的35%。所以，问问自己：

（1）如果环顾四周，我的公司是否严重依赖某个公司呢？

（2）如果答案是肯定的，有办法减少这种依赖性或者减轻潜在的损失么？

（3）如果你打算创立的公司严重依赖某个公司，要考虑如下两个问题：

①这种依赖性会榨取我的利润么？

②如果我依赖的公司停业或者不再同我做生意，将会发生什么事情？

（4）要花时间仔细构思一个详细的权变计划，用笔写下来。你或许从来不用它，但是写下来，你强迫自己真正思考这个问题，你什么时候需要，就能马上找出来参考。

值得注意的是，在当今激烈的竞争环境中，不幸的现实是公司不再像以前那样具有同样的价值了。过去，一个公司在一年中获得特定收入，下一年（管理良好的情况下）也会得到类似的收入。今天，很有可能没有持续创新，一个公司的收入将迅速下滑。当今的买家要购买的是一个能够不断自我更新的平台，而不是一个一成不变的东西。

9. 多股收入流测验

尽可能控制你的风险。控制风险的传统方法之一就是多样化，这就是说公司从多个来源获得收益的能力。

10. 脆弱性测验

脆弱性测验，或者说用来分析商机的"最坏的情况是什么"的方法，是在开始时问这样一些问题：

（1）如果公司开业运转了，什么事情会让我的公司瞬间倒塌？

（2）我如何预测现有的和潜在的竞争者对我的公司作出的反应？

（3）是否有竞争者，作为对我这个潜在威胁的反应，有能力将我的公司立刻扫地出门？

（4）为什么现有竞争者不会对我的进入作出反应？

11. 不只是一条路测验

单干型企业的一个明显特点就是创始人找到了迅速低成本扩大产品线的方法。这种低廉简单的测试并启动新产品和服务的能力通常反映了在职经验。但仍然有可能在启动公司之前了解能否并如何扩大你的产品线。

如果你的公司——或者你将使用的技能——能够灵活地朝多个方向发展，你将更有可能成功。但是如果你知道你正在启动一个只有一条路可走的公司，那么停下来，反复思考。作为一个单干型企业家，你没有多少犯错误的机会。

【创业宝典】

> 等待的方法有两种：一种是什么事也不做空等，一种是一边等一边把事业向前推动。
>
> ——屠格涅夫

四、深度思考

七喜的成功与衰退

如果你认为"海尔斯青草茶"这个名称很难提高知名度，那你对销售"围裙牌氧化锂柠檬苏打"这样的产品可能就没信心了。事实上，这个又长又怪的名称正是七喜汽水的原名。由于强调它并非可乐，反而使七喜销售成功。

"七喜"是格里格发明的第二项产品，格里格的第一项产品是他在1920年发明的"你好"橘子饮料，销路相当好，但后来由于柑橘果农生产的柑橘滞销，于是他们向本州议会施压，迫使几个州立法规定，凡是橘子口味的饮料必须含有真正的橘肉和橘子汁。这使格里格的产品"你好"橘子饮料成本大增，逼得格里格不得不另辟财源，最后决定生产一种柠檬莱姆苏打——即使当时全美已有600种类似产品在市场上销售。

新产品最初的名称就叫"围裙牌氧化锂柠檬苏打"，主要是以育有婴儿的母亲为销售对象，所以才取名围裙牌。这种新产品含有锂元素，并有柠檬口味，在广告中宣称"最适合小宝宝肠胃"。虽然这项新产品是在1929年10月上市，且在上市两周后就碰上股市大崩盘，但格里格还是勉强维持了营运。在熬过经济大萧条那段艰苦的日子后,格里格决心把产品的名称改一改,希望能够刺激销路。他马上从明尼苏达一家糖果公司买下"七喜"这个名称。这家糖果公司因为生产七种不同口味的巧克力棒,所以取名"七喜"。虽然改了新名称,但这项苏打产品的促销手法仍然沿袭以前的老法子。当时的可口可乐和百事可乐早已不在广告中宣称具有药效,七喜却仍然把自己说成是解决宿醉的良药或是治疗胃病的良方。例如:在20世纪30年代的一则广告中,七喜就提醒消费者说,七喜是"制酸柠檬苏打",能够"消除胃部的不舒服"。

在1940年之前,该公司这种宣传手段完全合法。到了1942年,为了配合战时广告法律,七喜公司的广告宣传稍微收敛了一点,后来便和芝加哥的汤普森广告公司签订合约,委托该公司代理七喜的广告。新的广告则强调家庭温情和轻松愉快的气氛,把七喜描绘成是"清新"的家庭饮料。第二次世界大战结束后,七喜饮料已是全球销售第三的不含酒精的饮料。1959年,汤普森委托华特·迪斯尼制片厂替七喜设计了几个人名化卡通动物,如"母牛爱丽丝"和"鲉鱼查理",后来又加入"清新佛瑞迪公鸡",这些动物显然活泼有趣,但对七喜的销路却没有帮助。进入20世纪60年代后,七喜放弃"家庭温馨"的促销理念,改走其他促销路线,他在1966年推出的"湿而狂野"系列广告得过好几次大奖。

然而,当汤普森公司的市场调查人员请芝加哥消费者举出五种不含酒精的饮料时,80%的受访者都未提到七喜——而七喜却是全球销量第三的清凉饮料!这说明七喜有多方面的形象问题,因为它被消费者认为是:

特殊饮料。七喜公司执行副总裁威廉·温特接受《杂货生产商》这本专业杂志访谈时,就很坦白地指出:"从消费者的观点来看,七喜不是一种普通的清凉饮料……而是在某种特殊场合饮用的饮料。"相比之下,可乐反而被认为是"正常"饮料,也是一般消费大众选购的饮料。汤普森公司研究员泰勒说:"根据我们的研究结果,只有可乐才会被消费者视作清凉饮料。"

调酒用的饮料。当时美国最流行的鸡尾酒是"七加七",就是在"西格兰七冠"威士忌中加入七喜。七喜这样做当然占了搭便车的便宜,但也因此付出代价,因为调酒用的饮料通常会被认为是在特殊场合才喝的饮料。泰勒一针见血地指出这一问题的关键所在:"可口可乐曾说过它和兰姆酒调起来味道很不错!"

药水。如果有所谓"广告后遗症"这回事的话,七喜就是最大的受害者。在20世纪30年代末期,七喜的广告建议消费者,当你觉得胃不舒服时饮用。

在上述三种情况中,七喜都被当作单独一类的产品,不被消费大众视作某种清凉饮料。更糟的是,七喜常被消费者视而不见。汤普森广告副总裁罗斯在1966年告诉七喜公司的一群经销商说:"人们对我们太熟悉了,而且对我们很有安全感,不会觉得我们有什么不对劲。但也由于太熟悉、太信任了,所以他们不会经常想到我们,而当人们不常想到我们时,他们就不会常常购买我们的商品。"

因此,要解决七喜的行销问题,就必须确实地把七喜重新定位在清凉饮品行列之内,同时也要尽力稳住七喜在调酒市场的占有率,不要被当时正蓬勃兴起的很多种调酒饮料抢去市场。

上面的这些问题尚未解决,七喜竟然又遭遇了来自经销商的阻力。这些经销商中,有很多是所谓的"双面经销商",除了经销七喜,另外还经销可口可乐和百事可乐以及他们的姊妹产品,如雪碧和其他可乐。虽然这些经销商在七喜经销商大会上高喊"七喜万岁",但他们所卖的其实是可口可乐和百事可乐,七喜只是附带卖一卖。当泰勒和罗斯于1968年2月在芝加哥的经销商大会提出"非可乐"的行销观念时,很多"双面经销商"立刻反对,说这种行销策略"太消极",事实上他们是担心这会影响到他们的可乐生意。

幸好,消费者倒是立即有很好的反应。第一波"非可乐"广告形容七喜:"清新、干净、爽快,不会太甜腻,不会留下怪味道,可乐有的,它全有,而且还比可乐多一些。七喜,非可乐,独一无二的非可乐。"广告推出正是时候。"非可乐"促销活动正好代表了清凉饮料者的反权威态度。七喜公司的行销人员很清楚,在20世纪60年代里,不管是在政治、休闲或社会问题上,大家都大做"我们"对抗"他们"的文章。"他们"指的是年老、保守、落伍的一群,是"披头士"经常在歌曲中嘲笑的对象。相反,"我们"则是时髦、新潮、进取、爱玩爱闹的年轻人,也就是每个星期天在纽约中央公园聚会狂欢的一群。七喜在非可乐广告主题中,把可乐定位成"他们",而把自己定位成"我们"。这是娱乐圈以外,第一个采用这种反权威立场的商业性产品。

在1968年,一个清凉饮料竟然敢采取如此大胆的立场,是相当革命性的作风。因此,七喜的销路大增,在一年内就增加了14%,到1973年增加了50%。这是七喜公司创立以来,知名度首次提高到足以出售附属产品的程度。据七喜公司表示,它共卖出60 000个"非可乐"台灯,以及2 000万个倒转过来的"非可乐"玻璃杯,购买这些附属产品的全是16~24岁的年轻人。

此广告攻势的成功,促使七喜决心保护"非可乐"这个名称。可口可乐连续四年诉请法院禁止七喜使用这个名称,但都未成功,直到1974年6月20日,原本只是行销策略口号的"非可乐"终于取得商标地位。两年后,七喜庆祝"非不独立"两百周年,在其运货车上漆上"非可乐向非英国两百年致敬"。

七喜接着放弃了"非可乐"广告活动,因为,它认为20世纪60年代已经过去了,必须展开新的宣传攻势,例如,"七喜随着美国欣欣向荣"以及"感受七喜"等,都是七喜新广告活动的主题。不久,全美掀起一阵运动热潮,年轻母亲们开始担心咖啡因对他们子女有不良的影响,促使七喜再度强调自己的定位。几家可乐公司都推出了不含咖啡因的产品，七喜则很自豪地在广告中强调，它自始就不含咖啡因，它的广告词是："从来没有，永远也不会有"。

然而，七喜的销售量却急速下跌。七喜再度招来研究人员商讨对策，盖洛普民意测验公司指出，每10个消费者中就有7个仍然记得当年的"非可乐"运动，并推崇那是七喜所推动的。1985年3月，七喜再度推出当年独一无二的"非可乐"宣传口号，但不再采用20世纪60年代的图片，也不再强调20世纪60年代的感受。非可乐玻璃杯及一些附属商品也相继推出，但当年的盛况已不再出现，在20世纪60年代被视为前进大胆的行为，在20世纪80年代看来已不足为奇。行销人员都知道，某些广告能掌握住当时的时代动脉，而造成一时的轰动，但在以后的几年当中，这股热潮会迅速消退。

这次回顾式的广告活动，可说是七喜最后一次广告攻势，因为不久的以后，七喜的国内企业就被"希克哈斯"收购了，而其海外企业则由百事可乐买下。然而，毫无疑问，仍有很多美国消费者知道"非可乐"就是七喜。

评价及总结

1. 重新进行产品定位

世界上不存在完美的产品，任何产品都要有其特殊定位，以凸显差异化，从而创造产品的卖点。七喜公司副总裁威廉·温特在接受《杂货商产商》杂志访谈时曾说："从消费者的观点来看，七喜不是一种普通的清凉饮料……而是在某种特殊场合饮用的饮料。"这对品牌形象产生了不良影响，因为"在某种场和饮用的饮料"并不等于这种饮料具有特异的品质，以致无法突出产品形象。

从市场营销的角度讲，七喜的差异化不够集中，以致在广告记忆测试中落了下风。七喜的销量原本不错，可是为什么消费者认知率比较低，因为他被公司定义为特殊的，胃不舒服时才喝的，宴会调酒的——适用场合特殊的饮料。显然，这使他在和别的品牌相比时屈居配角。正如汤普森广告公司副总裁罗斯在1966年对七喜公司的一群经销商所指出的那样：人们对我们太熟悉了，所以他们不会经常想到我们，他们就不会常常购买我们的产品。公司认识到这点后，把产品定义为堂堂正正的"普通"饮料。为了突出其差异化，诉求重点放在产品而不是场合上。应该说，这是使七喜与别的饮料"平起平坐"的高招。

2. 把广告聚焦在产品卖点上

在调整了产品定位之后，还要把广告聚焦在产品卖点上。为了呼应20世纪60年代美国社会分群的趋势——披头士向代表传统的老一代挑战，七喜大作当时时髦的"我们的"对"他们的"广告主题，极力向目标顾客群传达"我们的饮料"这一诉求。此外，七喜放弃"温馨家庭"的促销理念，改走煽情主义促销路线——1996年推出的"湿而狂野"系列广告数次获得大奖。与产品的调整相适应,为了抬高身价,同时暗示可口可乐和百事可乐含有咖啡因,七喜直接和可口可乐、百事可乐这些大品牌相比,自称"非可乐"饮料——"清新、干净、爽快,不会太甜腻,不会留下怪味道,可乐有的,它全有,而且还比可乐多一些。七喜,非可乐,独一无二的非可乐。"

应该说,七喜的广告极为成功,带动了销售额的上升。可惜的是,20世纪80年代以后的七喜无所作为,其美国境内企业被"希克哈斯"收购了,而其海外企业则由百事可乐买下。然而,七喜当年的品牌运作至今仍堪称经典。

3. 不死则变

正如案例所说,到了20世纪80年代,当市场份额降低之后,七喜仍然拿出从前行之有效的法宝,但是于事无补。这说明,企业必须随时进行包括战略创新、制度创新、管理创新、技术创新、营销创新和文化创新在内的全面创新,方能长盛不衰。七喜终遭收购,说明他在应付变化和驾驭变化方面的能力不够。

像七喜这样一个成功的品牌,尚且难免被收购的厄运,我国企业尤其需要从中接受教训——不断创新才是制胜之道。

第六章 新企业的开办

学习目标

通过本章知识点学习，了解企业本质、建立企业流程、新企业成立相关的法律问题和新企业风险管理；通过教学案例思考与分析，正确认识创办企业所必须关注的问题，理解企业的选址战略、技巧及企业成长的驱动因素；通过创业实训掌握沟通技巧及工商注册、税务登记和银行开户等业务处理；通过深度思考理解企业成长的风险控制及管理技巧和策略。

一、本章知识点

（一）成立新企业

1. 企业组织形式选择
（1）个人独资企业是最常见的企业组织形式
特点：一个出资者；对债务承担无限责任；不作为企业所得税的纳税主体。
由于个人独资企业创设条件简单，易于组建，所以大多数的小企业按个人独资企业组织设立。
（2）合伙企业组织形式是创业团队成员共同创业最常用的企业组织形式
特点：有两个以上所有者（出资者）；对企业债务承担连带无限责任；按照

出资比例分享利润或分担亏损；一般不缴纳企业所得税。

（3）有限责任公司

特点：有1~50个出资者；股东出资须达到法定资本最低限额；不能公开募集股份；对公司的债务承担有限责任。

（4）股份有限公司在企业组织形式中占据主导地位

特点：对债务承担有限责任；法人地位不受某些股东死亡或转让股份的影响；股份转让比独资企业和合伙企业的权益转让更为容易；具有更大的筹资能力和弹性；对公司的收益重复纳税。

2. 企业注册流程

企业注册流程包括核名、入资、验资、预约、刻章、办理组织机构代码证、办理税务登记证、银行开户、划资需要准备的材料、税务所报到、工商所报到，见图6.1。

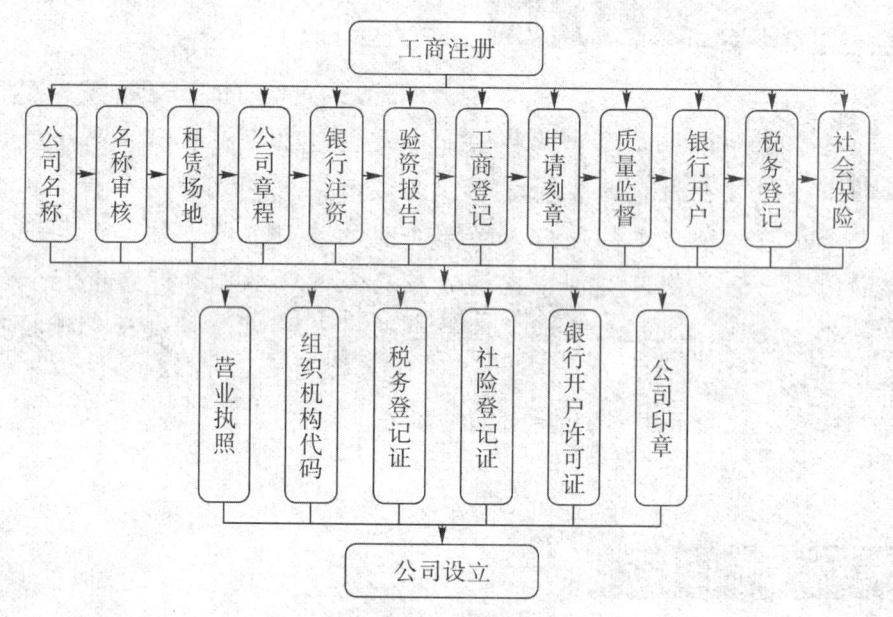

图6.1 企业注册流程图

3. 企业注册相关文件的编写

企业在注册成立时要提交相应文件材料，不同组织形式对于需要提交的文件材料有不同要求。主要包括：设立登记申请书；投资人身份证明；验资证明；非货币财产权转移手续的证明文件；董事、监事和经理的任职文件及身份证明复印件；法定代表人任职文件及身份证明复印件；公司章程；企业住所证明；国家工商行政管理总局规定提交的其他文件等。

4. 注册企业必须考虑的法律与伦理问题

（1）规定企业设立、组织、解散的法律；规范企业劳动关系的法律；与知识产权相关的法律；规范企业市场交易活动的法律；规范国家宏观调控行为的法律；与创业纠纷解决相关的法律等。

（2）创建新企业时应注意的伦理问题，包括创业者与原雇主之间、创业团队成员之间、创业者和其他利益相关者之间的伦理问题等。

5. 新企业选址策略和技巧

（1）企业选址战略

企业选址是一项带有战略性的经营管理活动，因此要有战略意识。选址工作要考虑到企业生产力的合理布局，要考虑市场的开拓，要有利于获得新技术、新思想。企业选址战略包括经济战略、就近战略、聚合战略、人气战略等。

（2）企业选址技巧

选择路口位置；选择同行密集的地段；选择地势较好的道路及路面；选择正确走向。

6. 新企业的社会认同

对于新创企业而言，在运营过程中要坚持诚信，勇于承担社会责任，才能得到社会的认同，才能健康、长远的发展。企业的社会责任主要包括企业对投资者、雇员、国家、社会、债权人、客户以及环境资源等多个方面。

（二）新企业生存管理

1. 新企业管理的特殊性

（1）新企业创业初期是以生存为首要目标的行动阶段：发展重点就是确定有利的市场定位和开发产品，找准市场、拥有客户，使企业得以生存。

（2）新企业创业初期主要依靠自有资金、创造自由现金流的阶段：企业需要大量的资金用于购买厂房、设备、材料等，但从银行获取贷款的可能性和向新投资者获取权益性资金的可能性均很小。

（3）新企业创业初期是充分调动"所有的人做所有的事"的群体管理阶段：创业初期组织结构比较简单，创业者或核心管理者常常既是管理者，又是技术或市场等业务员。

（4）新企业创业初期是一种"创业者亲自深入运作细节"的阶段：由于企业规模较小，组织管理的层次较少，管理上基本都是直线控制指挥。

2. 新企业成长的驱动因素

人才、技术、市场与资本是构成创业的核心要素，而企业成长的推动力量则主要包括创业者（团队）、市场、组织、资源和创新。

（1）创业者的素质与能力是创业成功的第一要素。

（2）一个好的创业团队对新创企业的成功起着举足轻重的作用。

（3）企业的存在是因为能够满足市场的需要，创业者应坚持"创造市场"的理念去开拓市场，管理市场。

（4）组织工作做得好，可以形成整体力量的汇聚和放大效应。

（5）企业是一个资源的集合体，企业成长的过程就是一个资源的获取与积累的过程。

（6）创新是企业的唯一生命主线。

3．新企业成长管理的技巧和策略

（1）整合外部资源，追求外部成长：整合资源，快速应对新情况是新企业成长的利器。

（2）保持持续成长的人力资源：人力资源是任何企业中最宝贵的资源，快速成长企业的一个共同成功要素是其强有力的人力资源管理。

（3）实现从创造资源到管好、用好资源的转变：创业者能否成功地创建新企业或开拓新事业，在很大程度上取决于他们掌握和能整合到的资源以及对资源的利用情况。

（4）形成比较固定的企业价值观和文化氛围：企业价值观是企业文化的核心，构建企业文化的关键是确立并发展企业共同价值观。

（5）注重用成长的方式解决成长过程中出现的问题：注重在成长阶段主动变革，善于把握变革的切入点，重视人力资源的开发，注重系统建设等。

（6）从过分追求速度转到突出企业的价值增加：当企业发展到一定程度时，就需要向价值增加快的方面转移和延展。突出价值增加的另一方面就是企业品牌的打造。

4．新企业的风险控制和化解

风险和收益往往存在着对应关系，新企业应根据不同条件、不同环境选择不同的风险控制和化解措施，制订风险管理计划。

（1）制订风险缓解计划：新企业对于风险，避免永远是最好的措施，这可以通过采取风险缓解计划来达到。

（2）构筑风险监控体系：创业者对新创企业要建立风险监控体系，包括设置事前、事中、事后三道防线，健全风险预警、风险控制、风险补偿三级制度，严格资金管理。

（3）实施风险化解措施：所有风险分析活动都只有一个目的，就是辅助项目组找到处理风险的策略。

二、教学案例

案例一 一个创建 10 家公司的 CEO 带给创业者的 9 大教训[①]

Alan E. Hall（阿兰·霍尔）是一名连续创业者，著名天使投资人，风投家，拥有近 40 年的经营企业的 CEO 经历。他说，如果你看到我的照片，你立马就会知道我绝不是一个 30 岁以下的 CEO 了。从大学毕业至今的 40 年中，我已经创建了 10 家公司，其中各有成败。在起伏跌宕的创业生涯里，我经历过巅峰时的喜悦，也尝过低谷时的苦闷（我后背上的疤可谓是真实证明）。丰富的经历让我积累了许多可以与那些希望获得成功的创业者们一同分享的生动而深刻教训，无论是在创业方面，还是在天使投资、风险投资方面的经验。作为一名成功的企业家、天使投资人以及风险投资人，我现在的目标是，帮助那些创业者们在他们的道路上展翅高飞，实现梦想，尽量避免创业失败带来的痛苦。

我的第一次创业经历可谓是"全垒打"。我赚了很多钱，并立即认定自己钟情于创业。从那时，我就认定自己以后永远不会去别的公司，肯定是与高管"绝缘"了。当高管不是我所追求的。

接下来的时间，我接连创建了 4 家公司，却都接连以失败告终。所有的努力都付之东流。但我依旧保持积极乐观的态度。因为，我知道如果从每次失败的经历中，都能学到或总结出一些有价值或深刻的心得、教训，足以让这一次次的失败变得有价值。之后，我成为拥有 6 个孩子的父亲，一段时间内，我开始在能获得固定工资的公司里工作。在晚上或周末的时间，我就着手忙于创业相关事宜。之后，出于对新的创业公司的期望，我辞去了工作，保证有足够的时间，以饱满的激情追逐自己的梦想。

我的创业之旅是惊心动魄而充实的。每个瞬间，不论是好的还是不好的都是非常值得的。在这过去的 40 年中，从这些经历中获得的宝贵经验仍深深地警醒着我，现在轮到我与那些希望创建公司并推动企业发展的朋友们分享这些宝贵经验了。以下是我体会到的 9 条最重要教训：

1. 成功需要勇于冒险

勇于冒险并学会机智地应对。创业公司做出的每一个寄希望于活下去并蓬勃发展的战略、举措都伴随着风险。在项目发布前，要尽量减少主要的、潜在的灾难性风险才能避免失败。去年夏天我曾在《福布斯》专栏里提到过"创建

---

① Alan E. Hall, 乔立蓉. 创建 10 家公司的 9 大教训 [EB/OL]. [2013-01-16]. http://www.cyzone.cn/.

公司，勇于冒险"，是源于对来自不同领域的成千上万的创业公司的研究显示，将近一半的创业公司会在前三年的发展中消失。那些还存在的公司中，三分之一的公司会在接下来的发展中盈利，另外三分之一会逐渐走向收支相抵，而剩下的就开始亏损。尽管现实是残酷的，但积极的一面是，至少有三分之一的公司可以盈利。如果你不勇于冒险，你怎么知道自己不是那三分之一的成功者呢？

2. 做足"功课"

在创业之前的几年里，相信大部分人已经完成或者正在完成你的学位。你明白如何去研究一个问题。你知道如何去完成这件事。相应地，你可以把这种"研究精神"用到你的创业点子上。要知道，成功的创业者都了解市场、了解消费者、了解竞争对手，他们甚至了解自己的产品以及解决方案是否可行。所以，在你发布产品或服务前，一定要先仔细做好这些"家庭作业"基本功。如果已经发布产品，出现了问题，那么需要做更多的"功课"。我发自内心地希望在那4连败的创业经历之前，能够明白这一点的重要性。

3. 找到一个导师

已故的 Stephen R. Covey（史蒂芬·柯维）博士是一个很棒的老师，并且是我大学时代的导师。非常有幸能跟 Covey 博士学习，我的大多数商业经营理念都是从他的《成功人士的七个习惯》一书中体会到的。Ray Noorda（雷·诺达）是我的另外一个良师益友。从他那里，我认识到现金是企业成功的关键。"现金为王"，他一直这么认为，"确保你有大量的现金，并且不要浪费每一分钱。"

找到你自己的导师，聆听他们的故事，向他们征询宝贵意见。他们的经历、能力以及社交圈都能为你自己的创业提供帮助。看看他们之前所做的企业，从他们的经历中汲取教训，避免自己犯同样的错误。大多数情况下，他们也都会经历各种各样的失败，获得过别人的忠告、建议等。所以保持定期与这些导师们沟通、交流，请他们做你的顾问。要知道，他们的帮助可谓是无价之宝。

4. 不断学习

鉴于上一条，你需要做到乐于学习。你常常会觉得：你确切地知道如何去创建企业并推动业务发展，但同时也会担心是不是有自己没有注意到的不同的、更好的方案存在。所以，你要保持不断学习的心态，时刻跟你身边这些导师们、商业合作伙伴甚至是经验丰富的员工们学习，这将会帮助你成长为一个企业真正的管理者。

5. 设定目标，然后围绕目标而行动

为你的企业定制系统的、专业的商业计划，设定长期的目标以及短期目标（尤其是战略以及财务方面）。然后坚持不懈地一步一步实现目标。确保目标完成后带来的好处要超过可能遭遇的负面效应。同时，要准备 B 计划。灵活执行计划直到达成目标。你不会知道什么时候你将需要调整方向，在我的创业生涯中，有无数次不得不调整方向。

6. 专注，专注，专注

企业家之所以能够取得成功在于他们能够保持专注而不会因其他事情分心。有的创业者会同时运营两个及以上的产品、服务，势必会分心。鉴于此，你必须时刻并坚定地将自己的精力放在最重要的事情上面，诸如消费者需求、满足这些需求的方案、员工素质、拥有充足的资金等。

7. 建立合作关系

不要试图仅依靠自己的力量去创业。不论是在公司建立最初，还是企业已经具备一定规模时，可以考虑那些拥有协同产品、服务的公司合作，这将会一定程度上提高你成功的几率。合作的双方要达到双赢。你要做到了解合作伙伴的需求并致力于为其提供解决方案；反之，让你的合作方了解你的需求，好的合作伙伴将会为你提供解决方案。

8. 不要放弃，不要过度恐慌

那些成功商业领袖们即使身处逆境，也都不会轻易放弃。他们会努力寻求解决问题的途径或方案，即便是需要从头再来。当企业运行至最糟糕的状态时，你只需要深呼吸，告诉自己明天会是新的一天，给自己打气。只有在与你的导师交流，认真梳理每个环节，重新调整，寻求其他资金支持等你都尝试过的途径后，才可以选择放弃。

9. 创业失败，从头再来

如果你的创业失败了，那么不要气馁，寻找更好的点子然后从头再来。总结失败的教训，或许会跟我上面讲的很相似，做出必要的改进，然后着手筹谋下一次创业。

作为公司CEO，我相信你在创业中付出了极大的努力，也已经经历了创业中的喜悦与痛苦，你从中获得了什么样的经验教训呢？

案例思考

1. 创办企业和发展企业应当关注哪些问题？

2. 大学生创业，应如何面对创业失败？

【专家视角】 观念转移[①]

  一切事物都在变化之中，而且以一种加速度变化。当你面临一定的挑战时，你必须作出与之对等的反应，当你的反应与挑战达到对等时，你才能取得成功。但是，当你面临新的更高的挑战时，过去你赖以成功的模式、流程和方法都不再奏效，因此你需要作出全新的反应。

  观念的转移指的是更多的自我领悟及了解所造成的思维或认知上的改变。个人是学习与经验的产物，没有两个人会拥有完全相同的知识和经验。结果是，没有两个人是具有相同观念的。

  如果想要有重大的改变，我们必须先转变我们的观念。事实上，几乎所有的科技突破都来自打破传统、旧的思考方式或旧的思维观点。

  所以，有效能的人创造观念转移的机会，试着去了解别人的思维，且愿意以同理心放开胸怀，让别人自由地表达自己。

  如果仅仅期望一点点进步，那么只需要改变人们的行为和心态即可，但若要追求重大的改变和进步，则一定要改变观念。

  如果你想让列车时速再快10千米，只需要加一加马力，而若想使车速增加一倍，你就必须要更换铁轨了。

——杰克·韦尔奇

  思维模式（观念）就像一副眼镜。如果你对自己、对他人、对工作或者对生活没有完整的心智定式，犹如戴上一副验光错误的眼镜。这样的眼镜会影响你对一切事物的看法。观念的转移，可以帮助我们看待事物更加全面、深刻。

——《观念转移的价值》

  当我还年轻的时候，我决定改变世界。
  在我年长一点的时候，我发现这个志向过于宏大，
    所以我决定改变我的国家。
  等我更老成的时候，我又发现这个目标也太宏大，
    所以我决定改变我的城市。
  后来我发现连这个也办不成的时候，
    我决定改变我的家人。
  现在，在生命的晚年，我才了解我应该先改变自己。
  如果，我从自己开始，

[①] 资料来源于杨俊峰所著的《卓越经理人的自我修炼——成功人士的七个习惯》。

我就可能会改变我的家人、我的城市，甚至我的国家。

谁知道，说不定我可以改变世界。

——一位犹太长老临终前留下的遗言

【创业宝典】

> 我现在知道一个企业都是从小长到大的，别着急，而且创业大概有一年半到两年是瓶颈期，特别难，然后突破瓶颈，组织成长，组织膨胀，业务膨胀，然后陷入经济危机。这时迅速调整，调整过来就好了，调整不过来就死掉。所以我清楚，头两年要克服瓶颈，之后要控制组织，有了这样一套东西以后，我们心平气和了，知道一个企业要做大要有很多年时间。
>
> ——冯仑

案例二　五大失败创业案例教你反败为胜[①]

创业失败了，可惜；把反败为胜的机会丢掉了，更加可惜。因为在创业失败的过程中，已经使用了很多资源，已经积累了很多经验教训，本来只要再坚持一下，再改换一点思路，再深入研究一步，就会峰回路转。但在有些时候，我们就是因为缺少了"一下、一点、一步"，才与成功失之交臂。经历过反败为胜，你的创业才真的成熟。

在很多时候，只要转换一下思路，看似失败的创业还有反败为胜的可能。可谓是"山重水复疑无路，柳暗花明又一村"。

选对人，赚对钱，香水加油站重又飘香

俗话说，水往低处流，货往高价卖。如果能用更低成本满足同等质量的产品或服务，低价替代物的出现就会产生赚钱的机会。香水加油站由于省去了高昂的品牌香水包装费用，在质量同等的情况下，价钱却很低，而且投资额要比开设专卖店要小得多。看上去应该是个赚钱的项目，但为什么宋女士却不久就面临倒闭呢？

[①] 流风因雪. 从香水到美丽五个案例教你创业怎样"反败为胜"［EB/OL］.［2012-04-05］. http://www.cys98.net/html.

败：低价好香水却难卖

2004年年初，宋女士在一座中等城市的居民区投资10万元开办了一家香水加油站，销售散装香水。消费者买回去的进口香水用完了，可以随时到这里花较少的钱（与原装的整瓶香水相比）添加香水。宋女士想当然地认为，这样相对廉价的香水肯定能够获得普通消费者的欢迎，而且市场更大，获利也更多。所以她选择的店址是在一个10年前建造的老居民区里。然而令她万万没想到的是，由于老居民区里居住的大多是普通工薪人员，他们对香水的消费需求非常少。香水加油站接连几个月的经营都处于亏损状态，宋女士一筹莫展。

胜：换个地方香水赚百万元

在专家建议下，宋女士再次投资十几万元把香水加油站开到了大城市偏高档的住宅小区里。她对店铺进行了精心布置，把风格优雅的货架放在四周靠墙，陈列各种名牌的香水，在店堂中间放置沙发茶几，摆放各种国外的时尚杂志。同时添置了皮肤测试仪器，对每个消费者使用何种香水可以科学测试。现在，小区里的女士有事没事都喜欢到香水加油站里来坐坐，互相交流穿着、化妆、美容、使用香水等方面的经验，当然也要购买适合自己的香水。宋女士终于可以轻轻松松赚钱了，每月盈利2万多元。半年后又增加了批发业务，到现在，每年获利上百万元。

展思路，揽客户，"女人吧"划分美丽空间

随着时代的进步、生活的改善，人们的需求从生存需要、安全需要上升到精神需要、文化需要，由此带来的商机组成了我们生活的一部分。然而满足这种精神文化需求在操作上相对传统需求要困难很多，古女士的"女人吧"就曾经陷入困境。

败："女人吧"急热急冷

古女士曾经是一家大企业的总经理，她在社会上有很多和她经历相仿的女友，都希望有一个倾诉和聚会的场所。于是以她为首，几位女士集资100万元，2005年在杭州开办了第一家"女人吧"——专门面对女人的酒吧（茶吧）。

也许是办大企业的惯性，古女士觉得要么不办，要办就要大气，就要与众不同。于是她们在闹市区的豪华酒店租了一个数百平方米的场地，招聘了20多位漂亮的女服务员，光装修费就花了近百万元。"女人吧"开业的时候，新闻媒体连续给予报道，生意火爆。可是没过3个月，来的客人日渐稀少。经营成本的高昂很快就给古女士带来了压力，只得停止营业。

胜："女人吧"重又美丽

古女士的几个好朋友一起商量对策的时候，无意中听说省里成立了"女企业家协会"。这是个扩大业务的好机会，可以使宽大的场地得到有效利用，成本自然就下来了。于是，她立即主动上门联系，希望在"女人吧"中划分出场地作为"女企业家协会"活动场所。比如：定期组织各种讲座和活动，邀请专家在"女人吧"讲授企业管理、营销策略、品牌建设、人力资源等各方面的课程；组织银行、证券、投资公司和省市各行各业的女企业家对话。几次活动不但吸引了100多位女企业家，而且还吸引了省内外几十家媒体的关注，"女笔者协会""女律师协会"也接连成为"女人吧"的团体客户。同时经过重新装修的只有不足100平方米的"女人吧"原有业务也做活了，吸引了不少高收入的女士成为长期客户。仅该业务每月盈利就在4万元以上。另外，古女士修改了原来的规定，允许女士带一位男士入内，随之开辟出了一个新的区域提供给省内最大的婚介公司合作经营。不到一年时间已经成功收入100万元。

挖个性，抓卖点，女装店因小众复活

吃、穿、住、用、行是人们的生存需求，有人生活的地方，相关的产品就存在商机。但就是这些大众都熟悉、都了解的商机，恰恰是最难做的商机。就像古人说的画鬼易，画人难的道理一样。小李的女装店就失败于此。

败：女装店困在女装街

杭州市为了宣传城市品牌，在闹市区开设了女装街。小李有个亲戚在服装厂当老板，服装进货没有问题，于是她借了十几万元开始准备开店。事先她考虑最多的是店面的位置、店内的装修，对如何经营却考虑得很少。一个月后，她在女装街最好的地段投资十万元租了一个100平方米的门面，装潢得富丽堂皇，从亲戚的服装厂批发了几百件女装，开始营业。但开业不久就遇到了难题：同样的女装卖了两三件就再也卖不动了，服装店出现大量积压，之后干脆一个星期卖不出几件，还不如别人十几平方米的小零售店卖得好。小李呆坐在店里不知如何是好。

胜：旗袍救活女装店

小李是个不轻易服输的人，听取了追求个性化的意见后，她报名参加了缝纫培训班，订阅了各种服装杂志寻求个性卖点。很快她就发现受之前唐装的带动，如今旗袍需求开始预热，而且利润很高。杭州作为一个传统文化浓厚的大城市，市场应该不错。之后经过闹市区的随机市场调查，100个女性里有60多个表示有合适的旗袍愿意购买，这让她下定决心做旗袍。几个月后，她从亲戚的服装厂里"借调"了一位服装设计师，把服装店改成了旗袍店定做旗袍。由于她请来的设计师确有水平，有几个结婚的年轻人穿了她店里做的旗袍后大出风头。借助这一良机，她迅速联系了婚庆公司开展合作，采用租赁和销售并行的方式顺利和十几家婚庆公司达成合作协议，每次的合作都能为她带来1 000～2 000元的利润。但问题是上门定做的顾客很少，总体利润水平仍然不高。她想宣传一下，可广告费用太高，自己跑出去发放宣传材料，工作量又大，宣传范围也小。怎么办呢？一次她看新闻的时候，在字幕中发现"主持人化妆由××

美容店友情赞助"的字样。于是，她找到那家美容店，详细询问了与电视台的合作方式。原来，他们为主持人免费化妆，电视台则免费提供字幕广告。这种合作很合适啊！她赶紧联系了电视台，顺利达成了合作。此后电视上每个月都会出现10次左右的文字广告，来店里定做旗袍的人开始增多。此外，她还与旗袍需求大户——礼仪公司达成合作，以出租为主，进一步扩大了小店的市场空间。半年时间，小李就已经收回了十几万元的投资。

换功能，谋出路，草坪商机不再枯萎

如今，一种产品的用途往往不仅仅局限在该产品的基本功能，如果深入调查或改造，市场空间会更大。草坪就是这样一个产品，毛老板就通过这一特点，扭转了创业败局。

败：暴利草坪被政策击溃

近几年，承办奥运会的使命，对北京城市绿化覆盖率提出了更高的要求，巨大的需求缺口得不到满足，普通草坪价格一度攀升到每平方米20元的高价，毛利接近100%。由于门槛不是很高，北京郊区的毛老板筹集20万元成立了一家300亩的草坪公司。然而好景不长，由于北京地区水资源缺乏，加上市民践踏现象严重，2004年北京市降低了绿化总量中草坪的比例，提出了7分树3分草的要求。受此影响，北京草坪价格跌至每平方米6元以下，销量也比2003年同期萎缩了60%。

原指望能抓住机遇赚一笔的毛老板一筹莫展。更令他沮丧的是，由于草坪生长1年后就会进入老化期，公司不得不投入大量资金购买化肥和农药，直接导致成本增加。面对迅速垮掉的市场，毛老板一咬牙以每平方米2元的价格将草坪甩卖，赔了10多万元。

胜：草坪换到球场现活力

此后，毛老板开始潜心研究草坪专业知识和市场状况。不久，一位足球俱乐部的朋友来到毛老板的生产基地。他想要一种在冬天也不会枯萎的草坪，大量用于足球场，但结果带着遗憾离去了。这件事深深触动了毛老板，他带着这个问题开始有针对性地请教种草专家，并且对全国各地的足球比赛场地进行考察。了解到国内当时还没有人种植足球场专用草坪，而且投资几十万元就可以具备小型生产能力。于是他不远万里，到全世界足球场地最好的欧洲考察，终于找到了合适的草坪种植商，并投资20多万元引进了适合国内普通小型足球场的低档草坪技术。因为这种场地数量众多，需求量相比大型足球场更大，技术要求也不高。半年时间，生产基地培植出了适合足球场地的专用草坪。经过积极联系，草坪供不应求。同时，他抓住草坪种植企业纷纷退出北京市场的时机，重新种植了绿化用草坪，借机拿下了北京市政府的采购订单，彻底扭转了被动局面。到今年产值已经达到800多万元。

找关联，补技能，电脑公司从"下游"复活

一个产业链会有众多的环节，产生一系列的关联性商机，如，电信繁荣，IT需求旺盛，IT厂商盈利，众多配套商赚钱，增值服务商出现。然而产业链的延伸都会存在扎堆和分散的现象。某段时期一个高盈利的项目会出现投资者扎堆，之后就会导致利润水平下降，投资者随之转投其他分散性关联项目，从而又培育出新的扎堆项目。两者互相交替，这就产生了新旧商机的更替。小章的创业困境就在这样的交替中产生。

败：卖电脑陷入迷惑

前几年，电脑的销售有很高的利润，仅有高中文化的小章辞去了网络公司打杂的工作，2002 年在高新电脑城租了个摊位，凭经验开始组装兼容机销售。那时他一天能赚近千元，生意很是不错。可是进入 2005 年以后，消费者越来越注重品牌，大多数选择了购买品牌电脑。加上各种配件成本的市场透明化程度逐渐提高，兼容机的利润大幅下降。当时卖一台电脑的利润只有 100 元，1 个月的利润还不够支付房租。不死不活地又拖了几个月，小章很快就赔掉数万元。是关门还是继续做下去，小章陷入迷惑之中。

胜：修电脑起死回生

苦苦寻找出路的小章在郁闷中上网聊天，没想到受到病毒感染，损坏了存有公司重要数据的硬盘。他一边感叹祸不单行，一边赶紧求教比自己更专业的电脑专家帮忙恢复硬盘数据。当硬盘恢复完成，对方收费 1 000 元的时候，小章茅塞顿开，转而开始潜心学习与销售电脑相关的专业电脑维修技术。不久以后，小章把电脑公司改成了电脑维修公司，专门解决电脑的疑难杂症，如密码解锁、数据恢复、安全设置、游戏控制。很快他就承揽了几家保险公司、外贸公司的电脑维护和升级工作，忙得不亦乐乎。最让他得意的两笔业务：一笔是从浸水的硬盘里帮一位大学教授挽救了半辈子的研究成果，他赚了 3 万元；另一笔是为一家军工企业恢复了硬盘数据，居然赚了 20 万元。而同时开展的面向个人的小型业务量也很大，每笔都能收入千元左右。如今他的电脑维修公司每月的利润已经达到 3 万多元。

案例思考

1. 创办企业应如何选址？有哪些技巧？
2. 怎样让新创企业得以生存和发展？

【分析与点评】

选对人，赚对钱，香水加油站重又飘香[①]

分析：这一商机之所以失败，最关键的一点就是没有找到合适的客户。香水加油站里的高档香水价格虽然比专卖店低，但还涉及一个消费习惯问题。目前在我国具有高档香水消费习惯的主要人群仍然是生活水平较高的群体，只有选择他们才能保证较高的销售量。而本案例中，宋女士选址在平民社区，虽然能得到一部分低收入顾客的认可，但顾客总量很少，消费频率也很低，利润总额也就难以保障。应当选择大城市偏高档的住宅小区开店，因为那里的顾客群具备高档香水的消费能力和消费习惯，同时又对价格有所关注。在店内布置上除了注意优雅整洁之外，还要注意为消费者提供适当的交流场所和工具，建立良好的客户关系，吸引人气，抓住长期客户。

总结：低价的替代产品是形成商机的一个要素，但更重要的是要分析价格与需求特性之间的关系问题，找准目标客户。需求分为弹性需求和刚性需求，弹性需求受价格影响较大，比如液晶电视，预计的客户群相当大，但由于目前价格居高不下，实际购买很少。如果价格大幅下调，预计销量会更大，表现为一种弹性。刚性需求受价格影响较小，比如米面等生活必需品，不管收入高低、价格高低，每个人都必须持续购买，表现为一种刚性。香水从表面上理解应该属于弹性需求，低价可能会带来大量低收入客户。但弹性需求的变化除了考虑价格因素以外，还必须考虑客户消费习惯、消费频率、文化水平等因素。香水就是一个典型的例子，其他的像化妆品、文化用品等也要注意这个问题。

展思路，揽客户，"女人吧"划分美丽空间

分析："女人吧"非常有创意，只可惜操作思路有误。作为满足如今职业女性精神需求的良好场所，市场前景和利润水平都很好，大城市中的成功投资者不乏其人。但古女士犯了一个最重要的错误——贪大。做惯了大企业，不习惯从小企业开始。而实际上这种讲究环境高雅、安静的"女人吧"更适合不超过100平方米的小店，而非大面积的大众消费场所。要想扭转困境，可以缩小店面，或者在保留部分"女人吧"功能的前提下，划分出区域，开辟针对女士的新业务，扩大顾客量，同时在成本控制上做文章。

总结：换了思路和经营方式以后，高档、宽敞场地的优势被古女士经过功能划分，在没有偏离女性市场的情况下，获得了优质的回报。其实在各种精神

[①] 流风因雪. 从香水到美丽五个案例教你创业怎样"反败为胜"[EB/OL]. [2012-04-05]. http://www.cy598.net/html/.

文化商机中,"女人吧"只是一个小小的例子。沿着这个满足人们精神需求的思路伸展,高质量的婚姻介绍所、带有陪聊业务的家政服务、针对中年人娱乐项目等,都存在很多新的创业机会。做好这种项目,关键是明确顾客定位,提供准确的精神文化产品。而精神文化产品需求档次差别很大,数量、种类、质量和水平一定要进行细分。目前利润水平较高的项目基本属于小众化、较高档的需求层次,小投资不适合依靠大众化经营的数量取胜,而应在质量特色上做文章。这样才能吸引并留住固定客户,保证长期盈利。

挖个性,抓卖点,女装店因小众复活

分析:小李服装店的硬件不错,但她单一的服装品种过于大众化,小店经营的销量很难保证,利润水平很低。目前的服装行业中小投资利润较高的是比较有个性的小店,比如外贸服装店,他们的利润率比那些依靠数量取胜的普通服装销售要高出许多。服装个性是目前小投资从事服装生意的有效途径,小李应该充分利用自己亲戚的资源,借用他的设计制作能力,在服装个性化上做文章,提高利润水平。同时自己要展开市场调查,了解服装个性化趋势,寻找可做的卖点。

总结:21世纪是产品个性化的时代,小李抓住了个性化的女装卖点,反败为胜有了基础。如果我们把有关人们吃、穿、住、用、行的传统产品都能够融入个性化卖点,就更容易抓住相对集中、需求明确的小众消费群体,平时被人们最熟悉的产品也能产生新的商机。而且对于规模化投资能力较弱的小投资来讲,个性化可以有效提高小规模投资的利润水平。做到个性化应该建立在对行业的充分了解上。需要对目标市场进行细分,把大众划分为小众,提炼出利润高、消费能力强、符合潮流的需求方向,通过定制服务、产品自助、主题化、地域化等形式体现出个性化卖点。

换功能,谋出路,草坪商机不再枯萎

分析:有人往往听说什么赚钱,就做什么,在一个项目深入到一定程度,遇到一些没有准备的难题后,方才发现经验、知识、能力都不足。本案例中因为政策的变动直接导致失败,这一点是毛先生没有预料到的。要想重新做起来,一方面应该积极与有关部门和研究机构联系,咨询今后的政策趋势,等待时机;另一方面就要研究行业状况,学习同行业的成功经验,在该行业中寻求新的机会,使现有设施得到充分利用,尽可能地挽回损失。

总结:要想进入一个陌生的行业,必须建立在对某个行业充分了解的基础上,单纯的投机心理和侥幸心理是不适合创业的。因为每一个商机都会与风险并行,有了风险意识,创业才能走得更远。要规避风险,必须深入学习该行业自身的发展规律和管理部门的政策指导,把两者相结合来判断行业发展趋势。

尤其对于强制力较强的政策风险，应该保持与相关部门、行业研究机构的联系，提早准备应对措施。这样才能保证你对市场的有效把握，即便风险出现，你也能及时地使用功能转化、市场转移、消费升级等方法延续你的创业进程。

找关联，补技能，电脑公司从"下游"复活

分析：卖电脑利润微薄，是因为大家一哄而上。如果转换一下角度，避开高竞争环节，那么，在同一行业，完全有可能找到继续生存的关联性商机，使自己原有的资源得到继续有效利用。如电脑维修、电脑清洁、电脑升级、电脑杀毒、数据恢复等都是竞争相对较弱的IT产业链分散性环节，商机不可小视。

总结：产业链的商机交替如今已经越来越明显，洗车不盈利，汽车美容赚钱；卖产品不盈利，卖包装赚钱；卖手机不盈利，手机娱乐赚钱。每一个投资者都应该及时了解产业链的发展动态，把握好进入和退出的时机，不要等到竞争已处于白热化，甚至出现亏损的时候才被迫退出。产业链的某个环节一旦出现扎堆，一般会伴随利润下降，此时投资者就该开始考虑到该环节的"下游"新兴项目寻找机会。对于小投资者较多的产品销售环节，售后服务就是它的"下游"环节，如维修、保养、改装等服务。而且从目前的市场情况看，售后服务环节的高利润市场机会层出不穷，竞争也相对较弱。但小投资者要想抓住这些环节的投资机会，应该对自身能力尤其是专业技术水平进行充实提高。

【创业宝典】

创业前，很多困难你都不会把它认为是困难，当它突然成为你的困难时，很多人会承受不了压力，就放弃了，这样的人一定是不能成功的。

——史玉柱

三、实训活动

（一）实训目标

1. 鼓励团队成员之间互相沟通，建立小组成员间的相互信任，培养团队精神。
2. 增强小组凝聚力，挑战自我，超越自我。
3. 利用实训资料进行模拟工商注册、税务登记、银行开户等。

(二) 实训活动

实训活动一　起队名

时间：20～30分钟。

人数：不限，人数较多时，需要将队员划分成若干个由8～12个人组成的小组。

目的：

1. 使各个小组拥有自己的名字。
2. 鼓励团队成员之间互相沟通。
3. 把小组成员团结在一起。

步骤：

1. 将人数较多的队员划分成若干个由8～12个人组成的小组。
2. 各组在10分钟内给自己的团队起一个名字，名字可以有实际意义，也可用符号代替。
3. 各组进行自我介绍，介绍他们的队名以及为什么选用这个名字。
4. 游戏过程中要称呼他们的队名。

讨论问题示例：各组都起了什么名字？每个小组起的名字能准确描述各自特点吗？

变通：游戏过程中，互相调换一下组员。

实训活动二　电波的速度

概述：这是一个快速而且简单的小游戏。它可以使整个小组协同工作，并给他们带来欢笑。

目的：

1. 增强小组凝聚力。
2. 激励小组挑战自我，超越自我。

步骤：

1. 让所有队员手拉手站成一圈。
2. 随意在圈中选出一个人，让他用自己的左手捏一下相邻同伴的右手。问第二个人是否感受到了队友传递过来的捏手信号，这里我们把它称为"电波"。告诉大家收到"电波"后要迅速把电波传递给下一个队友，也就是要快速地捏一下下一位队友的手。这样一直继续下去，直到"电波"返回起点。
3. 告诉大家你将用秒表记录"电波"跑一圈所需要的时间。然后大喊：

"游戏开始！"，并开始计时。

4. 告诉大家"电波"传递一圈所用的时间，鼓励一下大家，然后让大家重新再做一次电波传递，希望这次传递能更快一些。

5. 让队员们重复做几次电波传递，记录下每次传递所用的时间。

6. 等大家都熟练起来之后，变更"电波"的传递方向，使电波由原来的沿顺时针方向传递变为沿逆时针方向传递。

7. "电波"沿着新方向被传递几次之后，再一次让队员们逆转"电波"的方向，同时让队员们闭上眼睛或是背向圆心站立。

8. 在游戏快要结束的时候，为了使游戏更加有趣，悄悄告诉第一个人同时向两个方向传递"电波"，而且不要声张，看看这样会带来什么有趣的效果。

实训活动三　流星雨

时间：20～30分钟。

人数：不限，人数较多时，需要将队员划分成若干个由20～30个人组成的小组。

道具：（每个队员）1件可以扔的东西（比如网球等比较软的球、飞盘、打了结的旧毛巾、钉在一起的旧报纸）。

目的：让每个队员在游戏中既挑战别人，也挑战自我。

步骤：

1. 让每个队员参照道具中例子，找到一件可以扔的东西。

2. 每人手里都有了1件可以扔的东西之后，让小组面向圆心站成一个大圈。

3. 邀请3个志愿者站在圆圈的中心，他们可以把手中的东西暂时放在自己原来的位置上。这3个志愿者要背对背，站成一个紧密的小圆圈。

4. 告诉站在圆周上的队员们："听我数到3后，大家要把手中的东西一齐高高抛给这3个站在中间的人。"告诉站在圆心的3个人："你们的任务是尽可能多地接住抛过来的东西。"

5. 大喊："1，2，3，抛！"

6. 检查3个志愿者各接住了多少——可能会比你想象的要少得多，经常有人会一个都接不到。

7. 让3个志愿者回到原位，另外请3个队员站在中间，重复前面的步骤，直到每个队员都已得到过一次站在中间的机会。

8. 重复整个游戏过程，告诉队员们这次他们需要打破自己先前的"接球"

纪录。

安全：要选择那些比较安全的物品来扔，比如物品上不要有尖锐的棱角，物品不可太硬，不能是易碎品等。

变通：可以蒙住站在圆心的队员的眼睛，或是给站在圆心的队员 30 秒时间，让他们集体筹划一下如何相互配合，以便接住更多的东西。

实训活动四　南辕北辙

道具：每个队员一个眼罩。

概述：这是一个在队友之间建立信任的绝妙游戏。

目的：

1. 建立小组成员间的相互信任。
2. 培养团队精神。

步骤：

1. 让大家互相结为搭档。
2. 每组搭档发一个眼罩。
3. 把大家带到场地的一端，在场地另一端选一个物体作为目标。
4. 每组搭档中一人蒙上眼罩，另一人跟在身后，防止他绊倒或撞上某些障碍物。但是他不能给蒙眼睛的搭档指路或做任何暗示告诉他该向哪里走。当蒙住眼睛的搭档觉得到了目标时，两个人都停下，取下眼罩，看距离最终目标到底有多远。
5. 两个搭档转换角色，重复游戏，直到所有人都蒙过眼罩为止，询问他们为什么大多数队员距离最终目标那么远。
6. 给每组搭档再发一个眼罩。让他们仔细观看前方的目标后，都蒙上眼罩，挽着胳膊或携手一起走向目标。一定要用相机给他们拍些大特写，留作纪念。
7. 当他们发现两个人的行动并不比单个人好多少时，建议所有队员联合起来尝试一次。让大家仔细观看目标所在地之后，都蒙上眼罩携同向目标进发，队员们感觉到达目标后全部停下。
8. 当所有队员都停下后，每人都指向自认为目标所在的方向。同时，用另一只手拿下眼罩。
9. 现在向大家解释为什么这个游戏叫南辕北辙——这是因为放在极地的指南针可以指向很多方位作为南方。谈到这个游戏，虽然每个人对目标在哪儿都有自己的想法，但是团队作为一个整体比前面的单个人或一组搭档还是更能接近目标。

讨论问题示例：为什么最终整个团队比单个人或一组搭档更靠近目标？

安全：保证地上没有障碍物绊倒队员。

变通：队员们倒退着走向目标。

实训活动五　注册公司

实训目标：

1. 依据行业的不同性质，了解企业工商注册、税务登记和银行开户等流程。

2. 了解各流程的相关法律、法规及提交的资料与重要法规时限等信息。

3. 利用实训资料进行模拟工商注册、税务登记、银行开户等。

实训内容：

1. 确定公司名称；

2. 办理入资；

3. 编写公司章程；

4. 进行验资；

5. 设立登记；

6. 税务登记；

7. 开立银行账户。

实训方法：

1. 分组讨论；

2. 角色扮演。

实训要求：

1. 按照要求给自己的公司命名，确定经营范围、公司组织架构及部门职责等；

2. 依据相关法律、法规，准备公司注册所需书面材料；

3. 按照公司注册流程，完成公司注册手续。

实训资料：

相关资料见图6.2、图6.3、图6.4、图6.5、图6.6、图6.7、图6.8、图6.9、图6.10、图6.11、图6.12、图6.13、图6.14、图6.15。

企业名称预先核准申请书

申请企业名称	
备选企业名称 （请选用不同的字号）	1. 2. 3.
经营范围	许可经营项目： 一般经营项目： （只须填写与企业名称行业表述一致的主要业务项目）
注册资本（金）	（万元）
企业类型	
住所所在地	
指定代表或者委托代理人	

指定代表或委托代理人的权限：
  1. 同意□ 不同意□ 核对登记材料中的复印件并签署核对意见；
  2. 同意□ 不同意□ 修改有关表格的填写错误；
  3. 同意□ 不同意□ 领取"企业名称预先核准通知书"。

指定或者委托的有效期限	自　　年　　月　　日至　　年　　月　　日

注：1. 手工填写表格和签字请使用黑色或蓝黑色钢笔、毛笔或签字笔，请勿使用圆珠笔。
    2. 指定代表或者委托代理人的权限须选择"同意"或者"不同意"，请在"□"中打"√"。
    3. 指定代表或者委托代理人可以是自然人，也可以是其他组织；指定代表或者委托代理人是其他组织的，应当另行提交其他组织证书复印件及其指派具体经办人的文件、具体经办人的身份证件。

图 6.2　企业名称预先核准申请书(1)

投资人姓名或名称	证照号码	投资额（万元）	投资比例（%）	签字或盖章

填表日期	年　　月　　日	
指定代表或者委托代理人、具体经办人信息	签　　字：	
^	固定电话：	
^	移动电话：	
（指定代表或委托代理人、具体经办人身份证明复印件粘贴处）		

注：1. 投资人在本页表格内填写不下的可以附纸填写。
　　2. 投资人应对第（1）、（2）两页的信息进行确认后，在本页盖章或签字。自然人投资人由本人签字，非自然人投资人加盖公章。

图6.3　企业名称预先核准申请书（2）

企业名称预先核准通知书

（　　　　）名称预核　字[　　　]第　　号

根据《企业名称登记管理规定》和《企业名称登记管理实施办法》，同意预先核准下列　　个投资人出资，注册资本（金）　　万元（币种　　　　），住所设在　　　　　　的企业名称为：

该预先核准的企业名称保留至　　　　　　。在保留期内，不得用于经营活动，不得转让。

投资人名单及投资额、投资比例：

年　　月　　日

注：1. 本通知书在保留期满后自动失效。有正当理由，在保留期内未完成企业设立登记，须延长保留期的，全体投资人应在保留期届满前1个月内申请延期。延长的保留期不超过6个月。

2. 企业设立登记时，应将本通知书提交登记机关，存入企业档案。

3. 企业设立登记时，有关事项与本通知书不一致的，登记机关不得以本通知书预先核准的企业名称登记。

4. 企业名称涉及法律、行政法规规定必须报经审批，未能提交审批文件的，登记机关不得以本通知书预先核准的企业名称登记。

5. 企业名称核准与企业登记不在同一机关办理的，登记机关应当自企业登记之日起30日内，将加盖登记机关印章的该营业执照复印件、报送名称预先核准机关备案。未备案的，企业名称不受保护。

图6.4　企业名称预先核准通知书

银行询证函

编号：

_____银行：

本公司聘请的　　　会计师事务所正在对本公司的注册资本实收（变更）情况进行审验。按照国家有关法规的规定和中国注册会计师独立审计准则的要求，应当询证本公司外方股东向贵行缴存的出资额。下列数据出自本公司账簿记录，如与贵行记录相符，请在本函下端"证明无误"处盖章证明；如有不符，请在"不符"处列明不符事项。回函请直接寄至　　会计师事务所。

通信地址：　　　　邮编：

截至　年　月　日止，本公司外方股东缴入的出资额列示如下：

缴款人	缴入日期	账户性质	银行账号	币种	金额	款项用途	款项来源 境内	款项来源 境外	备注

委托单位盖章：
　　年　月　日

结论：

1. 证明无误：　　　　　　　　2. 不符：

开户核准件编号：

银行盖章：　　　　　　　　　　银行盖章：

　年　月　日　　　　　　　　　　年　月　日

经办人：　　　　　　　　　　　经办人：

联系电话：　　　　　　　　　　联系电话：

图 6.5　银行询证函

评估业务约定书

委托评估方（甲方）：_____

委托评估方住所：_____

评估机构（乙方）：××××

评估机构住所：贵港市金港大道阳光财富中心 1010 号

根据国家评估有关规定，甲乙双方经充分协商，就资产评估事宜订立本约定书，内容如下：

甲方因 _____ 的需要，委托乙方对下列资产在 _____ 进行了评估。

评估对象和范围：_____。

一、正确使用评估报告

1. 评估报告一式 _____ 份，乙方存档一份，送甲方 ___ 份。

2. 甲方应当按评估业务约定书中约定的评估报告使用范围正确使用评估报告书，因甲方超出范围使用而造成的后果，与注册评估师（注册估价师）及其所在评估机构无关。

3. 评估报告使用者包括委托方及相关商业银行。

二、出具评估报告时间

乙方评估小组外勤工作日结束 _____ 天后出具，节假日顺延，特殊情况适当推迟。

三、评估收费

1. 按国家国有资产管理局价费字〔1992〕826号《资产评估收费管理暂行办法》有关规定，根据项目的繁简程度、时间要求、专业技能水平、服务质量等情况，经双方协商一致，甲方支付评估费 _____ 元整（¥ _____ 元）。

2. 本约定书签订后，甲方应先预付给乙方50%的评估费（或 _____ 元），余款待评估报告交付甲方时付清。

四、责任与义务

1. 甲方

（1）建立和健全内部控制制度，保护房产的安全、完整、保证所提供资料的客观、合法、完整。

（2）及时提供注册评估师（注册估价师）所需的有关财会、产权、经营状况、建造费用等评估工作所必需的资料，并积极配合乙方的工作。

（3）由于甲方的原因造成评估工作的停顿及评估报告的失实，由此而引起的法律责任由甲方负责。

2. 乙方

（1）乙方按约定时间完成评估业务，出具评估报告书，并对评估报告书客观性、真实性、合法性负责。

（2）乙方对在执业过程中所知悉的有关甲方商业秘密及其他不宜公开的隐秘负有保密责任，不得将知悉的秘密或隐秘告知他人或谋取私利。

（3）乙方必须对评估结果保密，评估结果只能提供给甲方，非经甲方同意，不得擅自公开或泄露给他人，但按规定接受行业检查、依法提取的除外。

五、其他约定事项

1. 甲方如果中途提出中断委托请求，乙方工作已经过半，则甲方应付给乙方全部评估服务费；若乙方工作尚未过半，甲方则应付给乙方全部评估费的50%，或预付的评估费不予退还；乙方违约，则双倍退还预付费用。

2. 甲方接到乙方提交的评估报告书次日起七天内，如对评估结果有异议且有正当理由，可向乙方提交书面异议书；乙方在接到书面异议书之日起十个工作日内进行复检、解释，或对评估报告书作出修正。甲方逾期未提出者，评估报告书生效。

3. 其他未尽事宜由甲、乙双方另行约定。

4. 本约定书自签订之日起生效。

六、违约责任

甲乙双方依据本约定履行各自义务，违约则依据本约定承担违约责任，本约定书未约定的依照《中华人民共和国合同法》有关规定执行。

甲　方：　　　　　　　　　　　乙　方：×××

授权人：　　　　　　　　　　　授权人：

日　期：　年　月　日　　　　　日　期：　年　月　日

图6.6　评估业务约定书

公司设立登记申请书

名　　称			
名称预先核准通知书文号		联系电话	
住　　所		邮政编码	
法定代表人姓　　名		职　务	
注册资本	（万元）	公司类型	
实收资本	（万元）	设立方式	
经营范围	许可经营项目： 一般经营项目：		
营业期限	长期 ____ 年	申请副本数量	个

　　本公司依照《中华人民共和国公司法》、《公司登记管理条例》设立，提交材料真实、有效。谨此对真实性承担责任。

法定代表人签字：

年　　月　　日

注：1. 手工填写表格和签字请使用黑色或蓝黑色钢笔、毛笔或签字笔，请勿使用圆珠笔。
　　2. 公司类型应当填写"有限责任公司"或"股份有限公司"。其中，国有独资公司应当填写"有限责任公司（国有独资）"；一人有限责任公司应当注明"有限责任公司（自然人独资）"或"有限责任公司（法人独资）"。
　　3. 股份有限公司应在"设立方式"栏选择填写"发起设立"或者"募集设立"。
　　4. 营业期限：请选择"长期"或者"××年"。

图6.7　公司设立登记申请书（1）

公司股东(发起人)出资信息

股东(发起人)名称或姓名	证件名称及号码	认缴 出资额(万元)	认缴 出资方式	认缴 出资时间	持股比例(%)	实缴 出资额(万元)	实缴 出资方式	实缴 出资时间	备注

注:1. 根据公司章程的规定及实际出资情况填写,本页填写不下的可以附纸填写。
2. "备注"栏填写下述字母:A. 企业法人;B. 社会团体;C. 事业法人;D. 国务院,地方人民政府;E. 自然人;F. 外商投资企业;G. 其他。
3. 出资方式填写:货币,实物,知识产权,土地使用权,其他。

图 6.8 公司设立登记申请书(2)

董事、监事、经理信息

姓名 _____ 职务 _____ 身份证件号码：_____

（身份证复印件粘贴处）

姓名 _____ 职务 _____ 身份证件号码：_____

（身份证复印件粘贴处）

姓名 _____ 职务 _____ 身份证件号码：_____

（身份证复印件粘贴处）

图 6.9　公司设立登记申请书（3）

法定代表人信息

姓　名		联系电话	
职　务		任免机构	
身份证件类型			
身份证件号码			

（身份证复印件粘贴处）

法定代表人签字：

　　　　　　　　　　　　　　　　　　　　　　　年　月　日

　　以上法定代表人信息真实有效，身份证件与原件一致，符合《中华人民共和国公司法》、《企业法人法定代表人登记管理规定》关于法定代表人任职资格的有关规定，谨此对真实性承担责任。

（盖章或者签字）
年　月　日

　　注：依照《中华人民共和国公司法》、公司章程的规定程序，出资人、股东会确定法定代表人的，由二分之一以上出资人、股东签署；董事会确定法定代表人的，由二分之一以上董事签署。

图 6.10　公司设立登记申请书（4）

办理税务登记证申请表

根据《中华人民共和国税收征收管理法》有关规定，我单位（个人）特提出办证申请，所提供资料（A4 纸复印件）及填写内容保证真实、正确、合法，并愿承担法律责任。（本表请用蓝、黑色墨水填写）

随附提供以下资料：

1. 营业执照（事业法人登记证）　　份。
2. 法定代表人（业主）身份证　　份。
3. 章程、协议　　份。
4. 会计证　　份。
5. 上级批文　　份。
6. 银行开户许可证　　份。
7. 企业代码证　　份。
8. 验资报告　　份。
9. 收费许可证　　份。
10. 总机构税务登记证　　份。
11. 企业公章。
12. 法定代表人（业主）私章。

　　　　　申办人名称：_____

申办人（公章）　　　　　　　　法定代表人或业主（私章）

　　　　　　　　　　　　　　　申请日期：　　年　月　日

图 6.11　办理税务登记证申请表（1）

纳税人名称				联系电话		
主管单位				行 业		
经营场所				从业人数		
所在场地				登记注册类型		
投资总额 （　） 万元	投资各方名称			投资金额		投资比例
财务负责人		办税人员		核算形式		
低值易耗品摊销办法	1. 一次摊销法 2. 五五摊销法 3. 分次摊销法	折旧方式	1. 平均年限法 2. 工作量法 3. 年数总和法 4. 双倍余额递减法	预算管理形式	1. 全额预算 2. 差额预算 3. 自收自支 4. 预算外	
开户银行		账　号		币　种		是否缴税账号
电子邮件地址						
总机构情况	企业名称			法定代表人		
	注册地址			登记注册类型		
	注册资本		税务登记号	主管税务机关		

以下由受理登记税务机关填写

税务登记代码	副本份数	发证日期	户管单位

税务登记经办人

（签章）

日期

图 6.12　办理税务登记证申请表（2）

税 务 登 记 证

税　　字　　号

纳税人名称：

法定代表人（负责人）：

地址：

登记注册类型：

经营范围：

批准设立机关：

扣缴义务：依法确定

发证税务机关

年　　月　　日

图 6.13　税务登记证

单位银行结算账户管理协议

甲方（存款人）：
乙方（开户银行）：

  根据《人民币银行结算账户管理办法》和甲方提出的申请，乙方同意为甲方开立____存款账户，户名为：_____，章号为：_____。为明确双方的责任，现签订协议如下：

  一、甲乙双方承诺遵守《支付结算办法》、《人民币银行结算账户管理办法》、《现金管理暂行条例》等有关法律法规、规章制度办理所有支付结算业务。

  二、甲方的义务

  1. 按照《人民币银行结算账户管理办法》的要求提供相关开户资料，并保证开户资料的真实、完整、合法；

  2. 按规定使用银行结算账户；

  3. 开户资料变更时在规定的期限内及时通知银行；

  4. 按规定使用支付结算工具；

  5. 按规定支付服务费用；

  6. 及时与乙方核对账务；

  7. 销户时应交回开户登记证、各种重要空白票据和结算凭证；

  8. 按照《人民币银行结算账户管理办法》的规定及时办理开户资料的变更手续或者账户的撤销；

  9. 甲方自行承担因违反人民银行的有关规定和未正确履行上述义务造成的资金损失。

  三、乙方的义务

  及时准确办理支付结算业务；

  依法保障甲方的资金安全；

  依法为甲方的银行结算账户信息保密；

  及时与甲方核对账务；

  因违反上述义务给甲方造成损失的，按照人民银行有关规定及有关法律、法规承担责任。

  四、乙方在为甲方办理销户手续后，双方的权利义务关系解除。

  五、在合同履行过程中发生争议，可以通过协商解决；协商不成的，按以下第____种方式解决：（1）向乙方所在地人民法院起诉；（2）提交_____仲裁委员会（仲裁地点为_____），按照申请仲裁时该会现行有效的仲裁规则进行仲裁。仲裁裁决是终局的，对双方均有约束力。在诉讼或仲裁期间，本协议不涉及争议部分的条款仍须履行。

  六、本协议经甲方法定代表人（负责人）或授权代理人签字并加盖公章及乙方负责人或授权代理人签字并加盖公章后生效。按照有关规定账户开立需要人民银行核准的，本协议经甲方法定代表人（负责人）或授权代理人签字并加盖公章及乙方负责人或授权代理人签字并加盖公章且经人民银行核准后生效。

甲方（公章）	乙方（公章）
法定代表人（负责人）	负责人
或授权代理人（签字）	或授权代理人（签字）
年　月　日	年　月　日

图 6.14　单位银行结算账户管理协议

开立单位银行结算账户申请书

申请日期　　年　　月　　日

存款人名称		电　　话	
账户性质		邮　　编	
地　　址		联 系 人	
证明文件种类		编　　号	
营业执照有效期		组织机构代码	
存款人类别		法人代表或负责人姓名	
注册地地区代码		身份证件种类	
开户登记证核准号		身份证件号码	
经营范围		注册资金(人民币)	
税务登记证编号（地税）		税务登记证编号（地税）	
专用存款账户资金性质			
有上级法人或主管单位的应填写以下内容：			
上级法人或主管单位名称			
法人代表或负责人姓名		身份证件种类	
组织机构代码		身份证件号码	
基本存款账户开户登记核准号			
有关联企业的应填写以下内容：			
关联企业名称			
以下栏目由银行审核后填写：			
开户银行名称		开户银行代码	
账　　号		开户日期	
基本存款账户开户登记证核准号		临时存款账户有效期 至　　年　　月　　日止	
账户性质	基本存款账户（　　） 专用存款账户（　　）	一般存款账户（　　） 临时存款账户（　　）	
申请单位： （签章） 年　月　日		主管单位意见 （签章） 年　月　日	
开户银行审核意见 （签章） 年　月　日 授权　　　　经办		人民银行审核意见 （签章） 年　月　日	

注：申请人在填写前请认真阅读并签署申请书背面的《单位银行结算账户管理协议》。

图 6.15　银行开户申请书

四、深度思考

商如海，浪淘沙[①]
——现代商业史失败案例价值分析

如果以改革开放之年，作为现代商业史的发端，那么，30年商业史，可以说正是企业家创造并书写的历史。30年商业演进的历史，不仅呈现了制度变迁的历程，更展示了企业家沉浮起落的生动表情。

失败的企业家在商业潮涨潮落之中，由于或体制或战略或战术或管理等不同因素而失足，置于商业演进的历史长河来观察，这不过是正常的商业潮汐现象。

1989年，在城市商业改革的劲风吹拂下，亚细亚扛起了商业变革的大旗，拉开了中原商战的序幕，搅动了郑州沉闷的商业格局。至今人们谈起那段充满激情的商业历史，仍然心旌摇曳。

当人们忆起亚细亚开张时华彩铺张的声势与气场，为亚细亚声名鹊起营造了一个华丽的噱头之时，现在回头来看，当经营创新注重形式营销，而缺失了内涵式创新之时，形式的花哨不过是商业体制变革的小小标签。

最终，亚细亚在经营辉煌之时没有走向管理的体制创新，而是选择了盲目扩张的战略抉择，正是承袭了亚细亚骨子里的排场基因。

亚细亚在扩张中轰然倒下，人们为一个商业开拓者的跌倒而惋惜。让人扼腕的还有，作为国内最早上市的商业流通企业郑百文同样倒在了扩张的路上。春都在推出了"会跳舞的火腿肠"产品之后，走上扩张之路，最终凋零。

郑百文、春都等国有企业倒下，不得不让人思考国有企业管理体制改革的紧迫性。但是，即便引入现代企业制度，冰熊、春都、焦作鑫安等一批国有上市公司仍然没有摆脱失败的命运。

商业环境的变迁，让草莽创业人物葬身商海。河南福布斯富豪孙树华，艰辛创业成为当地创富明星之后，在当地政府政绩观的诱导下，走上了依靠贷款扩张之路，一路狂奔，最终跌倒。不仅孙树华，在全国层面，知名的还有牟其中等。事实上，在那个粗糙的商业时代，有一批草莽创业人物，未能跟上时代

[①] 李传金. 败者——若干商业败者经济学分析 [J]. 深视窗, 2009 (2).

前进的脚步而走向失败。

2008年，在国内商业史，或许有两个人物要写入失败案例教程。一位是国内商业连锁巨头国美老总黄光裕，一位是河南思达系老总汪远思，虽然两者共同有着实业加资本的经营模式，但是他们的跌倒却有着不同的方式。

黄光裕倒下的原因，是一个伴随着中国近代商业史的老课题。政商关系如何定位，黄光裕过于精密地编织的政商关系网，最终未能保全其失足于政商关系之中。汪远思的失败，则是在玩弄资本之时，把自己陷进了越织越密的资本网内不能自拔。

我们观察亚细亚、郑百文还有春都的落败，离不开当时商业时代政策环境的制约因素影响，也无法与这些企业自身的微观成因脱离关系。

在计划经济体制向市场经济体制转轨的发端期，虽然亚细亚成为当时国有商业体制的变革者，获得了较为灵活的经营机制，取得了暂时的成功，但是，在整个计划商业系统之中，亚细亚的"反叛"遭遇着众多计划体制下商业实体的围攻，就注定了其难以在体制与业态上取得实质性突破。

从这层意义上分析，选择扩张，不能不说与亚细亚希望突围计划体制有着关系。而在亚细亚寻求全国扩张之时，国内商业市场的发育正处于竞争渐次激烈之时，除了老国有商业企业坚守的百货业态，众多商超、专卖业态快速成长，也为亚细亚的扩张带来了市场竞争压力。

从微观来考察，亚细亚本身对扩张战略准备不足，成为亚细亚必然跌落的内因。在全国范围内复制亚细亚成功模式，亚细亚缺失了太多的体系支撑，比如资本实力、人才储备、管理团队、企业文化以及对异地政商环境的把握等。

亚细亚的失败，只是众多不同商业时代败者的一个微观缩影。与亚细亚相似，不同时代的商业失败者生存于不同的商业与政策环境，这些宏观因素不仅成为商业败者无法抹去的失败成因，也给失败者打上了鲜明的时代烙印。而不同时代的失败者除了宏观成因的制约之外，微观因素的致命性，也常让失意英雄长叹难抑。

比如，在不同的商业时代都会有因政商关系拿捏失准而跌倒的企业家，但是，在宏观经济法制环境变得越来越精密的时代背景之下，企业家仍然浑然不觉，抱着"白银铺路"的信条打天下，其失败也在所难免。

随着商业文明的演化，经济制度的设计日益精密，不仅是市场机制如此，市场法治体系的建设也越加规范，在这一商业文明背景之下，一批草莽创业英雄在已然变化了的商业环境中无法适应商业游戏规则的新变化，被无情地抛弃了。福布斯富豪孙树华的急速滑落，只能成为粗糙商业环境中的"符号代表"。

研究孙树华的陨落，我们能够看到新的商业时代来临，对于那些草莽式创业英雄的无情绞杀。适应新的商业环境是每一位企业家的必答题。对游戏规则日趋完善的新商业环境的适应，需要的不仅是敏锐的嗅觉，更需要对时代来临的清醒判断，并采取适应性行动。如果仍然抱着以不变应万变的思维，企业家的跌落只是时间问题。

草莽创业者折戟——草莽英雄与精密商业环境逆向性冲突与摩擦真相

一个大字不识几个的农民书写"商业传奇"，拥有加冕河南首富的荣耀，却急骤坠落，引发人们思考的不仅仅是故事本身的戏剧性。故事的主角是河南名噪一时的华林集团（以下简称华林）董事长孙树华。

细读孙树华的创业故事，发现其故事的前半段，充满了艰辛的写实情节，沉闷单调，而其后半段则凌虚蹈空，石破天惊，一步步将故事推向了高潮，直至戛然而止，终以悲情结束。

盘点孙树华的跌落，有疯狂贷款成因说，有多元化扩张成因说，但深层成因则是其无法适应变化了的商业规则的演进，葬身于落伍的商业环境之下。

但是，并非孙树华一个草莽创业者在与更新的商业生态冲突中倒下，牟其中也是一个代表，甚至还有一个草莽创业者群体。

粗糙商业"样本"

"傻大胆"是众人描述孙树华最多的词汇。

在30年商业史中，前半段甚至延续到20世纪90年代末的商业环境都是粗糙的。

这一环境下的企业家有着创业的"无畏精神"，他们能吃苦，也贼胆大。他们左冲右突，行走在商业规则的边缘，甚至突破政策的界限，最终成功穿越这段商业历程的，仍然背负着"原罪"的道德十字架，而一大批没游过这段粗糙商业河流的企业家，他们成为这个商业时代的"佐证符号"。

牟其中是一个典型代表，孙树华则可以称得上为这个粗糙商业时代画上了句号。

牟其中，南德集团董事长，民营经济成长的符号代表。牟其中是中国民营经济起步期的第一代创业者，成立了改革开放后第一家私人企业。他300元起家，做到号称资产20亿元，最终2000年以信用证诈骗罪，被判处无期徒刑。

牟其中创业最为辉煌的一笔是，1991年以500多节火车皮的罐头换回了4架苏联产的客机，成为轰动全国的"倒爷"，大赚了1亿元。"大胆"成为牟其中那一代创业者成功的关键因素。

事实上，在计划体制刚刚注入市场基因之时，国内商业正处于一个短缺时代。第一批创业者大都是被体制遗弃的人，比如说劳改犯、城市无业者等，包括牟其中，也刚获释。他们有胆量，他们敢闯敢试，有着破罐子破摔的意味。

可是，他们获得了成功，成了第一批"先富起来者"。

农民出生的孙树华，大字不识几个，他同样以大胆成就了自己"福布斯富豪"的名声。他从卖油条、摊大饼起步，依靠吃苦耐劳的品格积累了"第一桶金"，后来抓住了塑料编织产品的市场机遇，先后建成了塑料厂、篷布厂，并于2000年成立了华林集团，此时，其资产规模不足7 000万元。

到了2004年，孙树华的身价陡增至14亿元，成为当年河南福布斯富豪榜中的首富。孙树华是如何从一个经营塑料制品的创业者突变成"富豪"的呢？

知情者称孙树华的财技是撬动了众多银行资本。"无知者无畏"是孙树华建立人脉的最大优势。"傻大胆"是众人描述孙树华最多的词汇。"再大的项目他也敢拿，对官员送礼，他的方式很直接，就是拿着成箱的钱往别人桌上一放。"

孙树华虽然个人生活极度节俭，但在"请客送礼"上却从不小气。孙树华出门从来没有刷卡的习惯，都是带着成箱的现金。在他的车后备厢内，总是成袋成袋地码放着现金，以备不时之需。

这为孙树华铺通了一条极为广阔的融资道路。2002—2005年，在华林高速扩张期，华林贷款总额高达40亿元。由此，孙树华为自己编织的"产业帝国"急剧膨胀，而这又反过来为孙树华赢得了政府与银行的高度关照。

考察牟其中、孙树华等这样的一批草莽创业者，他们之所以能够成功，不仅是自己的胆量与敏锐的市场嗅觉，关键的因素还在于转轨期的经济体制不完善，他们抓住了这一商业环境的"机遇"。

资金腾挪术

善于包装的草莽创业者，抓住了缺失"游戏规则"的灰色商机。

在商品经济的发育期，草莽创业者并没有与政府甚至市场博弈的本钱。但是，这批人有的是给自身镀金的本领。这往往成为他们走向成功的"捷径"。

牟其中大玩罐头换飞机的资本生意，不仅为自己赚取了大把的金钱，更为重要的是为其博取了声誉。他由此成为全国关注的焦点，也因此在市场博弈中获得了更大的资本，比如欲投资百亿开发满洲里，改造重庆火锅欲做百亿产值的大生意等，不一而足。

孙树华的成功也不外乎给自己包装一个"能量极大、背景极深、可以通天的人"的形象。这为他撬动银行资本打开了通路。2000年4月，华林中标了国家重点工程西气东输"年产10万吨聚乙烯燃气管道（PE）项目"，这个项目成为孙树华疯狂贷款的一个转折点。

拿到这一项目后，总投资需要12.5亿元，华林欲打造亚洲最大PE管材生产基地，这对资本不足亿元的华林来说，是一个严峻的挑战。孙树华结交了当时仍然红火的安彩集团，2002年1月，两家联姻决定共同建设这一国家重点工程项目，成立了一个平台公司。

打开了融资之门的孙树华，看到了重大项目的平台价值。效法"打造亚洲最大 PE 管材生产基地"的融资手法，他开始了以国家级、省级或市级重点工程项目为支点运作贷款的疯狂之旅。从南水北调配套项目到锂电池，从高速公路到桥梁建设，从发电站到教育，林林总总。尤其在 2003 年一年，华林集团以蛇吞象的气概，马不停蹄地接连拿到了六七个大型项目。

而这批涉及建材、贸易、水电、建筑、教育、白酒、餐饮、房产、旅游等十多个产业的项目，为孙树华搭建了一个个融资支点，使其资产规模在两年内迅速膨胀到了 47 亿元。

然而，孙树华的目标显然不在项目本身。据当时知情人士透露，华林 PE 管材投产后，为造成产销两旺的假象，华林在不同的地方设立仓库，把自己的产品堆积到那里。

当然，项目是运作银行贷款的理由，而银行需要固定资产抵押，华林在运作项目的过程中圈下的大片土地也成为孙树华能够拿到贷款的"筹码"。眼下，审视当初的银行信贷资料，华林集团曾拥有使用权的土地面积达到了 9 400 余亩。而警方查明，孙树华正是靠圈来的土地骗贷，一共使用淮阳、商水两县的 20 宗土地使用权贷款。其中，7 宗土地 4 207 亩已被政府收回，华林仅有 3 宗 1 075 亩的土地使用权。但是，孙树华却利用重复使用土地证和已被收回的土地证的方式骗贷，在 20 宗贷款中，10 宗都涉嫌违规办理土地。

正是在"项目加土地"的融资平台上，孙树华搭建了一个由银行贷款吹胀的"华林商业帝国"，这与牟其中给人以中国富豪排位之首的名声一样，虚虚实实，为他们赢得了创富成功者的光环。

管理体系缺失

企业制度建设无法适应商业规则的精密，也会导致企业失败。

随着商品经济的发展，从短缺经济时代过渡到 20 世纪 90 年代末的过剩经济时代，草莽创业者掘金的商业环境变化了，对创业者的企业管理提出了更高的要求。

但是，草莽创业者并没有跟随市场环境的变化而变化。考察华林的内部管理机制，人们更能看到一个草莽富豪的粗糙经营。

作为一个典型的家族式企业，孙树华的家人、恩人、熟人占据着华林集团各个公司的主要负责岗位。比如，孙树华的大哥、五弟还有六妹都在公司负责相关事务，家人之外，其恩人以及来自农行系统的朋友、熟人，孙树华早年在曹河乡一起创业的伙伴也都在公司居于要职。

但是，华林却不具备家族企业的优势。比如在财务管理上，公司财务部长经常换来换去。有一段时间，华林的财务部长是一位年仅 22 岁、高中毕业、毫无财务知识的年轻人。"这位小伙子自己对我说，他连记账都不会，只管签字付款。"

而财务失控更能看出华林必然走向衰败的根由。据了解，孙家兄妹最初都有签字权，随便一笔费用大笔一挥就可以在财务实报实销，最终搞得财务混乱。孙树华见这个情形，收回签字权，大的支出需要有孙树华自己的签字。

可是，新制度一出，孙树华的兄弟姐妹见不好搞钱了，就想了另外的高招。趁着孙树华经常在外出差的机会，模仿孙树华的签名去财务拿钱。这一事态被孙树华发现后，很少开会的孙树华把自己的兄弟姐妹召集到一起开了个会，会上孙树华一拍桌子，说了一句话："以前你们谁模仿我签字去财务拿钱，我就不追究了，从现在开始，谁要是再模仿我的字，我一定追究到底！散会。"

华林的致命伤还有孙树华的武断。一个企业集团如果把生存与发展的命运维系在一个独断专行的管理者手中，那么企业发展的前途是非常危险的。一个典型的例子是，一位华林的管理者曾表示："孙总打了一个电话，意思是把某个厂子收了，我们就要在几天内拿出方案来。"

一个企业，如果在企业家素质、战略、文化、人才、管理等企业系统性体系上无法与商业环境的变革相适应、相对接，其失败也只是时间问题了。

冲突新商业机制

新商业游戏规则的精密，宏观商业生态、商业文化的更新，让草莽创业者在冲突和逆向摩擦中失去了生存空间。

如果说，企业微观管理是导致企业失败的偶然因素，那么，无法适应变化了的商业规则，则是企业走向失败的必然因素。

考察南德集团、华林集团，还有安彩集团、莲花味精集团等，不管是民企，还是国企，它们这一批从计划经济体制向市场经济体制转轨期的企业，之所以成功，都存在着抓住了体制转轨的机遇，在各自的领域内取得了领先的市场份额。

为适应变化了的商业规则，国有企业进行了改制，但是，其沉重的负债以及减员包袱，让国企适应市场的改革进展缓慢，但是，仍然坚持了正确的方向，艰难推进。而民营企业，比如这一时期的代表性企业万科、美的等，都开始了对自己的业务结构与组织结构进行战略再造，为做大、做强奠定机制基础。

这是因为，在20世纪90年代末，中国经济本身不仅实施体制转轨，而且还全面加速了与国际经济接轨，在这一背景之下，又发生了亚洲金融危机，对本来众多产业存在着结构性过剩的国内经济又带来更大的冲击，企业加强内部流程再造，锻造自身实力成为必然的选择。

从国内市场经济进程的加速推进的背景分析，中国投融资环境日趋规范和严谨，经济立法渐涉深水并已日臻完备，商业机制法则日趋完善，这从商业环境上也要求企业治理结构必须愈加严谨与科学。

但是，南德集团、华林集团等一批草莽创业者并没有适应这一变化了的商业体系环境。

孙树华没有从自身管理做起，增强企业适应商业环境的本领，而是建立了"官、产、学、研"四轮驱动的所谓经营哲学。他看到当地政府对他的倚重，因为他知道政府要政绩，华林要贷款，两者一拍即合成全了华林的疯狂扩张。正是在当地政府的袒护之下，孙树华不仅大胆地在项目运作上驰骋四野，更为大胆的是瞒天过海，重复抵押土地证，在不同的银行拿到项目贷款。

现在我们观察孙树华疯狂贷款案，如果从当时银行监管机制来看，按照法定贷款程序走，华林重复抵押贷款的可能性很小，之所以发生重复抵押，甚至发生政府已收回的土地仍然能够抵押贷款的现象，这里面仍然存在着相关政府部门违规操作袒护的可能性。

事实上，在华林取得了贷款的商业环境之中，对应的宏观金融背景是，亚洲金融危机之后，政府加强了金融监管，完善了内部管理机制，华林虽然成功取得了贷款，但是，最终还是倒在了融资机制变化之中。

分析孙树华跌落成因，与其说是过度多元化导致企业资金断裂所致，不如说商业游戏规则的精密，宏观商业生态、商业气候的变化，让孙树华这样的草莽创业者失去了生存空间。

孙树华、牟其中等草莽创业者给了人们一个启迪：企业家一定要有战略性目光，一定要适应变化了的商业环境，企业才有可能活下来。

盲目扩张罪与罚——亚细亚等企业扩张失败的宏观背景与微观成因

在新的商业文明发育期，探究公司失败成因，盲目扩张的企业成为推倒公司的第一张多米诺骨牌。不管这种扩张是来自固有业态复制、产业链延伸，还是跨行业多元化扩张，失去了控制的盲目扩张大都打开了潘多拉魔盒。

掀起中原商战的亚细亚集团公司（以下简称亚细亚）具有典型的剖析价值。因为亚细亚不仅创造了经营佳绩，而且开启了国内新的商业文明风气，由此，中原商战成为国内MBA（工商管理硕士）经典的商业案例之一。它的轰然倒下，更具备警醒意味。

剖析亚细亚的盲目扩张，就可解读与亚细亚一样"踏进同一条河流"的顺驰等公司，为什么会败在扩张之途上？

扩张的宏观推手

打开了体制缺口的亚细亚，体制压挤成扩张动因之一。

企业的微观战略抉择与宏观经济环境息息相关。企业发展的战略判断与实践首先是建立在宏观经济政策趋势之上，宏观政策释放了市场信息、资源的流向。因此，亚细亚的扩张战略实施的背景，离不开时代商业的政策环境。

1989年，正是国内商业流通体制改革的发端期，这一年，亚细亚作为郑州商业股份制集体企业改革的标兵应运而生，其领国内商业改革风气之先的经营机制创新，搅动了沉闷的郑州商业格局，引发了轰动国内商业界的"中原商战"。

惨烈的竞争，让机制灵活的亚细亚脱颖而出，继1990年业绩大幅增长以后，每年以30%的营收业绩递增，成为河南商业的第一名。由此，亚细亚不仅获得了市场的高度认可，还获得了政府的褒奖。

但是，脱胎于计划体制的亚细亚，其成功经营，必然对计划体制造成冲击，遭遇计划体制下的众多同行的打击也就在所难免。但是，这并不是亚细亚持续走向成功的绊脚石，而是被盛名所累的亚细亚陷于商战之中，无法清醒地找到未来发展的方向。

20年后，再审视这场商战，其成功之处是为郑州商贸城建设提供了推动力，其失误之处，正显现在参与商战的企业并没有形成效仿亚细亚进行体制变革，而是陷入了新旧体制之战。

虽然我们无法再追问当时商业流通体制改革的配套政策滞后等问题，但是，商业企业体制改革并没有跟进经营机制的变革是事实。表面红火而凌乱的竞争之下，难掩体制弊端下沉重的负累，让人为这些未能借机改制的企业最终落败而惋惜。

成功而又孤独无援的亚细亚要选择突围，方向不是借机进行彻底的股份改制上市，为自身积累更为强大的筋骨，而是选择了横向开拓市场，渴望异地复制自己成功商业模式。

站在当时的经济背景下分析，突破国有经济一统天下的郑州商业格局，并获得政府的认可，寻求更大范围的成功，这是政府正向激励的效应，也是亚细亚突围旧体制竞争格局的现实需要。实施扩张战略，对亚细亚来说，是再合理不过的思维。因为当年积淀的品牌效应、市场效应以及政府激励所带来的银信资源等，让亚细亚无法抵挡来自市场的诱惑。

正是有了最辉煌的铺垫，亚细亚开始了自己的"扩张之旅"。考察盲目扩张而倒下的公司，发现一个共同的规律是：最为成功时，公司开始扩张，不管是对自身固有商业业态的复制、向产业链的上下延伸，还是实施跨行业多元化扩张，比如春都、汇通、郑百文、顺驰等，不一而足。

疯狂扩张

赢家通吃，成为亚细亚扩张的心理诱因。

研究企业盲目扩张，"赢家通吃"的企业心态成为其走向溃败的诱导性因素。

回忆1991年前后，亚细亚成功的商业经验，过度地被全国媒体放大为"效应""现象"进行深度解读时，亚细亚的声誉日隆，客观上也助长了亚细亚渴望复制成功的激情。

1993年，亚细亚的掌门人王遂舟决定了以郑州亚细亚商场为基础，吸收外来资本成立郑州亚细亚集团股份有限公司，股东由两家扩大到了五家。亚细亚吸纳资本，只有一个目标，就是扩张。由此，亚细亚开始走上了"连锁经营"的扩张之路。

梦想起飞之时，没有人能够依靠理性的投资分析打动抉择扩张的掌门人，并非王遂舟如此，还有春都的掌门人、汇通的老板郭号召、顺驰老板张宏斌等，都被做大的欲望深深地俘虏着。

亚细亚提出的目标是，打造中国零售连锁帝国，要比肩美国的沃尔玛、法国的家乐福、日本的八佰伴。记者阅读30年来中国商业发展史时，发现一个奇特的现象，就是有了资本与商誉的企业掌门人，往往在开创新的事业之前，就会喊出一个响亮而刺耳的口号，目标之大，往往让人感受到"无知者无畏"的生猛。

事实上，亚细亚凭借在商业并不发达的郑州硬闯下的一片小天地，赢得了仍然是体制夹缝中的成功，就以为打遍全国无敌手，显然是高估了自己的实力。事实上，亚细亚扩张的一开始就注定其失败的结局。

一个数字就能够看出其扩张只是"神话"。自有资本4 000万元，扩张投资规模却达到了20亿元。在4年时间内，先后在南阳、开封、许昌等省内城市建设6家亚细亚，又在北京、上海、广州、成都、西安等地开设了9家仟村百货。几千万元资本要做几十亿元的事。并非亚细亚如此，春都是一个与亚细亚几乎同时跨入扩张门槛的典型。

1994年，随着春都在火腿肠市场内连续5年的高速增长之后，寻求新的经济增长点成为春都掌门人做大春都的新选择。兼并扩张，追求规模效应成为春都的战略抉择。

从1995年起，春都踏上了多元化扩张之路，不仅兼并了安阳内黄县冬夏枣茶饲料公司、南阳猕猴桃饲料厂、西峡县罐头食品厂等7家企业，新上低温肉制品、茶饮料、饲料、包装材料等项目，还参股郑州航空食品有限公司等企业。最为疯狂的时候，春都同时上马8个项目，所需投资资金规模在10亿元以上，而当时春都的利润额仅为1.5亿元。

就是作为全国批发市场一面旗帜的郑百文上市之后，同样在扩张的道路上一路狂奔。从1996年起着手建立全国性的营销网络，在没有一份可行性论证的情况下，大规模投入资金上亿元，建起了40多个分公司，最后把1998年的配股资金1.26亿元也提前花完。

溃败结局

盲目扩张,打开了潘多拉魔盒。

当扩张膨胀了公司的资产规模时,账面的负债规模也一同翻番增长,溃败就成为亚细亚无奈的结局。

阅读亚细亚扩张的历史资料,能够读到的是,当亚细亚一路扩张到1997年时,已耗尽了亚细亚所有的资源与声誉。

截至1997年年底,亚细亚销售额已在7大商场中位列倒数第二,拖欠银行债务、厂商货款等近两亿元,资产负债率已达168%。与此同时,省内外的15家连锁店因经营失利造成的数亿元负债也压到了亚细亚的肩上。

据亚细亚当事人回忆,从亚细亚15家连锁店开张之日,便是亏损之时,就能看出其超速扩张背后的惨淡经营。1997年3月,亚细亚掌门人抱病辞职,不仅为亚细亚疯狂扩张画上了句号,也预示着亚细亚扩张的失败。

从企业管理的角度看,扩张并不意味着失败,企业扩张是扩大市场竞争力的有效手段,是抢占市场份额的必然选择,但是,导致失控的是盲目扩张,亚细亚的盲目扩张打开了潘多拉魔盒,走上了公司溃败之路。

与亚细亚同样走上盲目扩张之路的春都,最多时其兼并扩张而来的旗下公司达32家。8亿多真金白银如同胡椒面一样撒向各个公司。

在整个扩张的过程中,来自春都的财务数据显示,账面资产由1987年的3 950万元迅速膨胀到30亿元,年均增速近6倍。盲目扩张已让春都彻底失血无救。扩张拖累其主业的市场占有率从1997年最高时的70%跌至2002年的10%。

再看看郑百文,因为过度扩张以及内部失控,到了1999年,其有效资产不足6亿元,而亏损超过15亿元,拖欠银行债务高达25亿元。郑百文从郑州的一面商业旗帜,不得不走到了卖"壳"求生的地步。

如果说从亚细亚、郑百文的同业态复制无方,到春都的跨行业多元化扩张毫无章法,人们能够看到的是在现代商业文明的发育期企业管理仍然处于萌芽状态之下。如果盲目扩张有着企业探索之意的话,那么刚刚因产业链上下游扩张而倒下的汇通公司,其失败就没有吸取"前辈"春都的教训了。

据介绍,汇通公司辉煌之时,形成了以肉类加工为主,以种植业、养殖业、饲料业、速冻食品、精炼油、肠衣、彩印包装、商业连锁等一体化的产业链扩张,寄望把肉类加工业上下游链条中每一个环节的利润全部吞下。

地产公司顺驰的扩张更为疯狂。一年之内,数个城市攻城略地达100亿元以上,但是,在宏观调控之下,其资金、人才与技术的内部管理系统无法支撑其庞大的扩张而快速倒掉。

支撑体系缺失

企业扩张的各种要素与体系支撑,亚细亚并不具备,其失败成为必然。

盲目扩张压倒企业的第一根稻草往往是资金链断裂。事实上，这仅是表面，更为深层的因素则是支撑企业扩张的内部系统性紊乱，包括战略理念、管理团队、人才储备、异地商业文化的把握等。

企业适当运用财务杠杆，走资本运作之路进行扩张并无不可。但"度"是必须把握的。

考察亚细亚的扩张，人们不难发现，4 000 万元要做 20 亿元的事情，5 000% 的高负债率显然超出了亚细亚的财务许可范围。市场利润指标让人们从侧面看到了亚细亚当时的经营业绩。相关数据显示，1996 年，郑州市大型国有零售商场的利润率最高的为 1.66%，最低的竟为 -7.92%。1997 年，郑州市 8 家重点大商场的经营利润率半数以上呈现负增长。

从亚细亚商业模式分析，其商场连锁经营模式的复制性存在着巨大的市场风险。比如亚细亚商场本身的核心竞争力并不是商业模式带来的，因为商场业态已在过度竞争的市场面前显露疲态。当时的市场竞争环境下，各类专业批发市场、连锁专卖店、便民店已日渐繁荣，商场连锁业态已失去了竞争力。

企业本身因素之外，外部环境的挤压同样是亚细亚扩张失败的成因。从体制因素上分析，当时亚细亚在郑州商圈第一个吃螃蟹，走体制创新之路搞活了经营机制，赢得了市场，却得罪了国有体制下的同行们，尤其是同商圈的"冤家"。据了解，为了联手打压亚细亚，同商圈内的五家大型国有商业企业出台价格联盟，矛头对准亚细亚，寻求突围的亚细亚走向了扩张之路，也为自己立下了墓碑。

而企业核心价值观的缺失，更显得亚细亚的扩张战略莽撞而混乱。翻读亚细亚扩张的历史，记者发现其到海南经营酒店业，并在那里成立了经营总部，遥控指挥郑州亚细亚的经营，其急功近利的思维暴露无遗。一个没有造福员工、回馈社会等价值观体系支撑的企业，其经营战略的紊乱就可以理解了。

就支撑扩张的管理与人才方面，亚细亚的扩张准备不足，也成为亚细亚倒下的技术性因素。据介绍，亚细亚最为艰难的 1997 年，其管理费用高达 18.6%，物色管理人员竟然靠"目测"。

而异地商业文化的冲突，也让亚细亚始料未及。据了解，在北京等地的亚细亚商场，当地员工对亚细亚商业文化并不认同，屡有发生罢工事件，让亚细亚难以实现资源的最佳整合。事实上，这暴露出了亚细亚在迈出异地扩张的第一步时，其在经营当地政商关系的博弈能力不足的事实。

可以判断，亚细亚扩张基因的内在缺失，不仅导致亚细亚的失败，而且是盲目扩张企业共同的宿命。

附 录

附录一　教育部办公厅关于印发《普通本科学校创业教育教学基本要求（试行）》的通知

教高厅〔2012〕4号

各省、自治区、直辖市教育厅（教委），新疆生产建设兵团教育局，有关部门（单位）教育司（局），部属各高等学校：

为深入贯彻落实《国家中长期教育改革和发展规划纲要（2010—2020年）》以及《教育部关于全面提高高等教育质量的若干意见》（教高〔2012〕4号）精神，推动高等学校创业教育科学化、制度化、规范化建设，切实加强普通高等学校创业教育工作，我部制定了《普通本科学校创业教育教学基本要求（试行）》（见附件），现印发给你们，请遵照执行。在执行中若有意见建议，请报我部高等教育司。

附件：普通本科学校创业教育教学基本要求（试行）

教育部办公厅
2012年8月1日

附件：

普通本科学校创业教育教学基本要求（试行）

在普通高等学校开展创业教育，是服务国家加快转变经济发展方式、建设创新型国家和人力资源强国的战略举措，是深化高等教育教学改革、提高人才培养质量、促进大学生全面发展的重要途径，是落实以创业带动就业、促进高校毕业生充分就业的重要措施。为贯彻落实《国家中长期教育改革和发展规划纲要（2010—2020年）》以及《教育部关于全面提高高等教育质量的若干意见》（教高［2012］4号）精神，特制定本要求。各地各高校要按照要求，结合本地本校实际情况，精心组织开展创业教育教学活动，增强创业教育的针对性和实效性。

一、教学目标

通过创业教育教学，使学生掌握创业的基础知识和基本理论，熟悉创业的基本流程和基本方法，了解创业的法律法规和相关政策，激发学生的创业意识，提高学生的社会责任感、创新精神和创业能力，促进学生创业就业和全面发展。

二、教学原则

（一）面向全体

把创业教育融入人才培养体系，贯穿人才培养全过程，面向全体学生广泛、系统开展。

（二）注重引导

着力引导学生正确理解创业与国家经济社会发展的关系，着力引导学生正确理解创业与职业生涯发展的关系，提高学生的社会责任感、创新精神和创业能力。

（三）分类施教

结合学校办学定位、人才培养规模和办学特色，根据学生发展特别是学生创业需求，分类开展创业教育教学。

（四）结合专业

建立健全创业教育与专业教育紧密结合的多样化教学体系。在专业教学中更加自觉培养学生勇于创新、善于发现创业机会、敢于进行创业实践的能力。

（五）强化实践

加大实践教学比重，丰富实践教学内容，改进实践教学方法，激励学生创业实践，增强创业教育教学的开放性、互动性和实效性。

三、教学内容

普通高等学校创业教育教学内容以教授创业知识为基础，以锻炼创业能力为关键，以培养创业精神为核心。

（一）教授创业知识

通过创业教育教学使学生掌握开展创业活动所需要的基本知识，包括创业的基本概念、基本原理、基本方法和相关理论，这些知识涉及创业者、创业团队、创业机会、创业资源、创业计划、政策法规、新企业开办与管理，以及社会创业的理论和方法。

（二）锻炼创业能力

通过创业教育教学，系统培养学生整合创业资源、设计创业计划以及创办和管理企业的综合素质，重点培养学生识别创业机会、防范创业风险、适时采取行动的创业能力。

（三）培养创业精神

通过创业教育教学，培养学生善于思考、敏于发现、敢为人先的创新意识，挑战自我、承受挫折、坚持不懈的意志品质，遵纪守法、诚实守信、善于合作的职业操守，以及创造价值、服务国家、服务人民的社会责任感。

四、教学方法

遵循教育教学规律和人才成长规律，以课堂教学为主渠道，以课外活动、社会实践为重要途径，充分利用现代信息技术，创新教育教学方法，努力提高创业教育教学质量和水平。

（一）课堂教学

倡导模块化、项目化和参与式教学，强化案例分析、小组讨论、角色扮演、头脑风暴等环节，实现从以知识传授为主向以能力培养为主的转变、从以教师为主向以学生为主的转变、从以讲授灌输为主向以体验参与为主的转变，调动学生学习的积极性、主动性和创造性。

（二）课外活动

充分整合校内教育资源，组织开展灵活多样的创业讲座、创业训练、创业模拟、创业大赛等活动。积极创造条件，支持学生创办并参加创业协会、创业俱乐部等社团活动。

（三）社会实践

充分利用校内外资源，依托校企联盟、科技园区、创业园区、创业项目孵化器、大学生校外实践基地和创业基地等，开展学习参观、市场调查、项目设计、成果转化、企业创办等创业实践活动。

五、教学组织

高等学校要把创业教育教学纳入学校改革发展规划，纳入学校人才培养体系，纳入学校教育教学评估指标，建立健全领导体制和工作机制，制订专门教学计划，提供有力教学保障，确保取得实效。

（一）创业课程设置

高等学校应创造条件，面向全体学生单独开设"创业基础"必修课［《"创业基础"教学大纲（试行）》附后，供参考］。支持有条件的高等学校根据办学定位、人才培养规格和学科专业特点，开发、开设创业教育类选修课程（含实践课程）。把创业教育有机融入专业教育，加强相关专业课程建设。把创业教育与大学生思想政治教育、就业教育和就业指导服务有机衔接。

（二）教学条件保障

高等学校应明确职能部门，负责研究制定创业教育教学工作的规划和相关制度，统筹协调和组织学校创业教育教学工作。加大创业教育教学工作经费投入，并纳入学校预算，确保开展创业教育教学工作需要。加强创业教育教学实验室、校内外创业实习基地、课程教材等基本建设。

（三）教师队伍建设

高等学校要根据专任为主、专兼结合的原则，按照学生人数以及实际教学任务，合理核定专任教师编制，配备足够数量和较高质量的专任教师。鼓励支持各专业课教师在专业教育中有机融入创业教育内容。积极聘请企业家、创业人士和专家学者担任兼职教师承担一定的创业教育教学任务。加强培训，提高教师业务水平和教学能力。

（四）教学效果评价

高等学校要结合学校实际，把创业教育教学效果作为学校本科教学评估的重要内容，作为本科人才培养质量的重要指标，加强自我评估和检查，并体现在学校本科教学质量年度报告中，主动接受社会监督。

附录二 创业型人才素质测试模拟试题

（时间：70分钟）

一、IQ 测试题

请在 30 分钟内完成以下 30 题。

1. 选出不同类的一项（   ）。

   A. 蛇　　　　　　B. 大树　　　　　　C. 老虎

2. 在下列分数中，选出不同类的一项（   ）。

   A. 3/5　　　　　　B. 3/7　　　　　　C. 3/9

3. 男孩对男子，正如女孩对（   ）。

   A. 青年　　　　　B. 孩子　　　　　C. 夫人　　　　　D. 姑娘

   E. 妇女

4. 如果笔相对于写字，那么书相对于（   ）。

   A. 娱乐　　　　　B. 阅读　　　　　C. 学文化　　　　D. 解除疲劳

5. 马之于马厩，正如人之于（   ）。

   A. 牛棚　　　　　B. 马车　　　　　C. 房屋　　　　　D. 农场

   E. 楼房

6. 2 8 14 20（   ），请写出（   ）处的数字。

7. 下列四个词是否可以组成一个正确的句子（   ）。

   生活　水里　鱼　在

   A. 是　　　　　　B. 否

8. 下列六个词是否可以组成一个正确的句子（   ）。

   球棒　的　用来　是　棒球　打

   A. 是　　　　　　B. 否

9. 动物学家与社会学家相对应，正如动物与（   ）相对。

   A. 人类　　　　　B. 问题　　　　　C. 社会　　　　　D. 社会学

10. 如果所有的妇女都有大衣，那么漂亮的妇女会有（   ）。

    A. 更多的大衣　　　　　　　　　　B. 时髦的大衣

    C. 大衣　　　　　　　　　　　　　D. 昂贵的大衣

11. 1 3 2 4 6 5 7（   ），请写出（   ）处的数字。

12. 南之于西北，正如西之于（   ）。

A. 西北　　　　B. 东北　　　　C. 西南　　　　D. 东南

13. 找出不同类的一项（　　）。

A. 铁锅　　　　B. 小勺　　　　C. 米饭　　　　D. 碟子

14. 9 7 8 6 7 5（　　），请写出（　　）处的数字。

15. 找出不同类的一项（　　）。

A. 写字台　　　B. 沙发　　　　C. 电视　　　　D. 桌布

16. 961（25）432 932（　　）731，请写出（　　）内的数字。

17. 选项ABCD中，哪一个应该填在XOOOOXXOOOXXX后面（　　）。

A. XOO　　　　B. OO　　　　C. OOX　　　　D. OXX

18. 望子成龙的家长往往（　　）苗助长。

A. 揠　　　　　B. 堰　　　　　C. 偃

19. 填上空缺的词（　　）。

金黄的头发（黄山）刀山火海

赞美人生（　　）卫国战争

20. 选出不同类的一项（　　）。

A. 地板　　　　B. 壁橱　　　　C. 窗户　　　　D. 窗帘

21. 1 8 27（　　），请写出（　　）内的数字。

22. 填上空缺的词：

罄竹难书（书法）无法无天

作奸犯科（　　）教学相长

23. 在括号内填上一个字，使其与括号前的字组成一个词，同时又与括号后的字也能组成一个词：

款（　　）样

24. 填入空缺的数字：

16（96）12 10（　　）7.5

25. 找出不同类的一项（　　）。

A. 斑马　　　　B. 军马　　　　C. 赛马　　　　D. 骏马

E. 驸马

26. 在括号上填上一个字，使其与括号前的字组成一个词，同时又与括号后的字也能组成一个词：

祭（　　）定

27. 在括号内填上一个字，使之既有前一个词的意思，又可以与后一个词组成词组：

头部（　　）震荡

28. 填入空缺的数字：

65 37 17（   ）

29. 填入空缺的数字：

41（28）27 83（   ）65

30. 填上空缺的字母：

CFI DHL EJ（   ）

二、EQ 测试题

请在 25 分钟内如实选答以下 25 题。

1. 我有能力克服各种困难。
   A. 是的   B. 不一定   C. 不是的

2. 如果我能到一个新的环境，我要把生活安排得：
   A. 和从前相仿   B. 不一定   C. 和从前不一样

3. 一生中，我觉得自己能达到我所预想的目标：
   A. 是的   B. 不一定   C. 不是的

4. 不知为什么，有些人总是回避或冷淡我。
   A. 不是的   B. 不一定   C. 是的

5. 在大街上，我常常避开我不愿打招呼的人。
   A. 从未如此   B. 偶尔如此   C. 有时如此

6. 当我集中精力工作时，假使有人在旁边高谈阔论：
   A. 我仍能专心工作   B. 介于 A、C 之间
   C. 我不能专心且感到愤怒

7. 我不论到什么地方，都能清楚地辨别方向。
   A. 是的   B. 不一定   C. 不是的

8. 我热爱所学的专业和所从事的工作。
   A. 是的   B. 不一定   C. 不是的

9. 气候的变化不会影响我的情绪。
   A. 是的   B. 介于 A、C 之间   C. 不是的

10. 我从不因流言蜚语而生气。
    A. 是的   B. 介于 A、C 之间   C. 不是的

11. 我善于控制自己的面部表情。
    A. 是的   B. 不太确定   C. 不是的

12. 在就寝时，我常常：
    A. 极易入睡   B. 介于 A、C 之间   C. 不易入睡

13. 有人侵扰我时，我：
    A. 不露声色   B. 介于 A、C 之间   C. 大声抗议，以泄私愤

14. 在和人争辩或工作出现失误后，我常常感到震颤，精疲力竭，而不能继

续安心工作。

  A. 不是的   B. 介于 A、C 之间   C. 是的

15. 我常常被一些无谓的小事困扰。

  A. 不是的   B. 介于 A、C 之间   C. 是的

16. 我宁愿住在僻静的郊区，也不愿住在嘈杂的市区。

  A. 不是的   B. 不太确定   C. 是的

17. 我被朋友、同事起过绰号、挖苦过。

  A. 从来没有   B. 偶尔有过   C. 这是常有的事

18. 有一种食物使我吃后呕吐。

  A. 没有   B. 记不清   C. 有

19. 除去看见的世界外，我的心中没有另外的世界。

  A. 没有   B. 记不清   C. 有

20. 我会想到若干年后有什么使自己极为不安的事。

  A. 从来没有想过   B. 偶尔想到过   C. 经常想到

21. 我常常觉得自己的家庭对自己不好，但是我又确切地知道他们的确对我好。

  A. 否   B. 说不清楚   C. 是

22. 每天我一回家就立刻把门关上。

  A. 否   B. 不清楚   C. 是

23. 我坐在小房间里把门关上，但我仍觉得心里不安。

  A. 否   B. 偶尔是   C. 是

24. 当一件事需要我做决定时，我常觉得很难。

  A. 否   B. 偶尔是   C. 是

25. 我常常用抛硬币、翻纸牌、抽签之类的游戏来预测凶吉。

  A. 否   B. 偶尔是   C. 是

第 26~29 题：下面各题，请按实际情况如实回答，回答"是"或"否"，在你选择的答案下打"√"。

26. 为了工作我早出晚归，早晨起床我常常感到疲惫不堪。

  是_____否_____

27. 在某种心境下，我会因为困惑陷入空想，将工作搁置下来。

  是_____否_____

28. 我的神经脆弱，稍有刺激就会使我战栗。

  是_____否_____

29. 睡梦中，我常常被噩梦惊醒。

  是_____否_____

30. 工作中我愿意挑战艰巨的任务。
（1）从不（2）几乎不（3）一半时间（4）大多数时间（5）总是

31. 我常发现别人好的意愿。
（1）从不（2）几乎不（3）一半时间（4）大多数时间（5）总是

32. 能听取不同的意见，包括对自己的批评。
（1）从不（2）几乎不（3）一半时间（4）大多数时间（5）总是

33. 我时常勉励自己，对未来充满希望。
（1）从不（2）几乎不（3）一半时间（4）大多数时间（5）总是

三、职业能力与财商测试题

请在15分钟内如实回答以下25题。

说明：每题有5个答案可供选择，选一个与你个人情况最符合的，其中：

A. 完全像我
B. 很像我
C. 无所谓像不像我
D. 不太像我
E. 完全不像我

测试题：

1. 即使身边的人都力求表现突出，我也觉得做好我本职内的事也就令人满意了。（ ）
2. 当事情变得越来越不好解决时，我认为退后一步，比争强好胜要强。（ ）
3. 人生中有太多比争强好胜更重要的事。（ ）
4. 我喜欢和大家一起共事，这样可以互相给予帮助。（ ）
5. 我宁愿表现一般，也不愿意牺牲太多的个人时间而成为"超级巨星"。（ ）
6. 我并不通过拿自己和别人相比来衡量自己是不是成功。（ ）
7. 我认为比我成功的人并非事事都很优秀，所以没什么好比的。（ ）
8. 我认为不把别人踩在脚下也可往前迈进。（ ）
9. 运动竞技只是好玩，输赢无所谓。（ ）
10. 我喜欢单独比赛，不喜欢团体战，因为无法确定我的"队友"表现如何。（ ）
11. 我经常梦想与比我强的人对调位置相处。（ ）
12. 对于我知道的事，我最烦有人不懂装懂，在我面前班门弄斧。（ ）
13. 我喜欢刚开始时不顺，但最后超越那些跑在前头的人。（ ）
14. 要是不可能获胜，我就放弃，不参与。（ ）

15. 当我一个人独处时，我喜欢用一些小事来测试自己（如体能、工作速度等）。 （   ）
16. 为了引起别人的注意，我会自愿做一些别人根本不考虑的工作。（   ）
17. 看到别人开好车，会令我想超越对方，买部更好的。 （   ）
18. 我最得意的是，有个吸引众多同事的异性和我关系非同一般。 （   ）
19. 我最讨厌听人说："凡事不必太计较，因为人总有所长、有所短。" （   ）
20. 我的家用电器是顶尖的。 （   ）
21. 有人向我请教时，即使不懂我也会装懂。 （   ）
22. 有人问我的个人生活情况时，即使不怎么样，我也会说很棒。 （   ）
23. 如果能受到特别的肯定与承认，成为一个工作狂是值得的。 （   ）
24. 我老想比同事穿戴得更好。 （   ）
25. 看到老朋友成功，会激励我比过去更加努力。 （   ）

创业型人才素质测试模拟试题评分标准

一、IQ 测试题评分标准

1. B 2. C 3. E 4. B 5. C 6. 26 7. A 8. A 9. A 10. C 11. 9 12. B 13. C 14. 15. D 16. 38 17. B 18. A 19. 美国 20. D 21. 64 22. 科学 23. 式 24. 60 25. E 26. 奠 27. 脑 28. 5 29. 36 30. 0

评分方法：每题答对得 5 分，答错不得分。

二、EQ 测试题评分标准

第 1~9 题，每回答一个 A 得 6 分，回答一个 B 得 3 分，回答一个 C 得 0 分。

第 10~16 题，每回答一个 A 得 5 分，回答一个 B 得 2 分，回答一个 C 得 0 分。

第 17~25 题，每回答一个 A 得 5 分，回答一个 B 得 2 分，回答一个 C 得 0 分。

第 26~29 题，每回答一个"是"得 0 分，回答一个"否"得 5 分。

第 30~33 题，从左至右分数分别为 1 分、2 分、3 分、4 分、5 分。

三、职业能力与财商测试题评分标准

1~9 题：选 A 记 1 分，选 B 记 2 分，选 C 记 3 分，选 D 记 4 分，选 E 记 5 分。

10~25 题：选 A 记 5 分，选 B 记 4 分，选 C 记 3 分，选 D 记 2 分，选 E 记 1 分。

附录三 教育部关于做好2015年全国普通高等学校毕业生就业创业工作的通知

教学〔2014〕15号

各省、自治区、直辖市教育厅（教委），有关省、自治区人力资源社会保障厅，部属各高等学校：

高校毕业生就业创业工作是教育领域重要的民生工程，党中央、国务院高度重视，明确要求强化就业创业服务体系建设，提升大学生就业创业比例。2015年宏观就业形势面临多重压力，高校毕业生规模进一步加大，就业创业工作任务十分艰巨。为贯彻落实党的十八大和十八届三中、四中全会精神，全力做好2015年高校毕业生就业创业工作，现就有关事项通知如下：

一、全面推进创新创业教育和自主创业工作

各地各高校要把创新创业教育作为推进高等教育综合改革的重要抓手，将创新创业教育贯穿人才培养全过程，面向全体大学生开发开设创新创业教育专门课程，纳入学分管理，改进教学方法，增强实际效果。坚持理论与实践相结合，组织学生参加各类创新创业竞赛、创业模拟等实践活动，着力培养学生创新精神、创业意识和创新创业能力。高校要建立弹性学制，允许在校学生休学创业。高校要聘请创业成功者、企业家、投资人、专家学者等担任兼职导师，对创新创业学生进行一对一指导。

要加大对大学生自主创业资金支持力度，多渠道筹集资金，广泛吸引金融机构、社会组织、行业协会和企事业单位为大学生自主创业提供资金支持。建设一批大学生创业示范基地，继续推动大学科技园、创业园、创业孵化基地和实习实践基地建设，高校应开辟专门场地用于学生创新创业实践活动，教育部工程研究中心、各类实验室、教学仪器设备等原则上都要向学生开放。实施好新一轮大学生创业引领计划，落实创业培训、工商登记、融资服务、税收减免等各项优惠政策，鼓励扶持开设网店等多种创业形态。完善大学生创业服务网功能，提供项目对接、政策解读和在线咨询等服务。

二、大力引导高校毕业生到基层就业

各地各高校要进一步健全鼓励毕业生到基层就业的服务保障机制，落实和完善学费补偿和助学贷款代偿、后续升学和就业服务等政策。要会同有关部门继续组织实施好"农村教师特岗计划""西部计划""大学生村官""三支一扶"

等各类基层服务项目，通过定期走访、跟踪培养等方式关心毕业生的工作、成长和发展。主动配合政法部门，研究制定健全从政法专业毕业生中招录人才的规范便捷机制的具体办法，促进政法专业毕业生就业。

积极会同有关部门加大政府购买力度，开发更多基层公共管理和社会服务岗位吸纳毕业生就业。推进高校与二三线城市战略性合作，持续开展二三线城市面向毕业生的专场招聘活动，努力为区域经济社会发展提供人才和智力支持。进一步创造条件，引导毕业生到城乡基层、中西部地区、艰苦边远地区和中小微企业就业，会同有关部门抓好吸纳毕业生就业的社保补贴、培训补贴、税费减免、毕业生落户、人事档案管理等政策的落实，支持更多毕业生到基层建功立业。

要继续做好大学生征兵工作，巩固近年来大学生征兵工作成果，完善大学生入伍政策体系和长效机制。与兵役部门密切配合，建立定期会商机制，提早部署2015年大学生征兵工作。创新宣传发动方式，办好"入伍政策网上咨询周""征兵宣传月"等活动，形成良好舆论氛围。开设大学生入伍绿色通道，在暑假前完成体检、政审和预定兵员工作。进一步完善和落实学费补偿贷款代偿学费减免、退役后复学升学、就业创业等政策，鼓励更多大学生投身军营、报效国家。

三、强化就业指导服务

各地各高校要建立健全职业发展和就业指导服务体系。加强就业指导课程和学科建设，要结合当前经济发展新业态和新常态，及时将学科专业动态和行业发展成果融入课堂教学，提高课堂教学的参与度和吸引力。深入开展个性化辅导与咨询，帮助毕业生合理确立职业目标，及时疏导毕业生求职过程中的焦虑、依赖等心理问题，增强其应对竞争及挫折的抗压能力。积极组织职业规划大赛、职业体验项目等课外活动，充分发挥就业实践活动的带动作用，进一步提高就业指导的覆盖面和实效性。

要充分发挥校园就业市场的主渠道和基础性作用，深入挖掘岗位，积极组织多种形式的校园招聘活动，确保招聘活动场次、岗位数量进一步增加，信息质量进一步提高。深入推进就业信息网建设，充分运用"全国大学生就业信息服务一体化系统"，实现招聘活动联合联动、招聘信息有效共享。结合国家新推出的"一带一路""互联互通"和亚太自由贸易区等重大战略，探索毕业生就业创业的新渠道、新形态。进一步加强对招聘活动的规范管理和招聘信息审核，教育行政部门和高校组织的招聘活动要严格执行"三严禁"，切实营造公平就业环境。充分利用"全国高校毕业生就业管理与监测系统"，及时更新、按时报送高校毕业生就业信息，严禁任何形式的就业率造假。

要进一步加大对就业困难毕业生的帮扶力度，准确掌握家庭困难毕业生、少数民族毕业生、女性毕业生、残疾毕业生等各类困难群体的具体情况，指定专人负责，实行"一生一策"动态管理、精准帮扶。认真做好低保家庭毕业生的求职补贴发放工作，有条件的地方应将享受国家助学贷款毕业生纳入求职补贴对象范围。要针对困难毕业生的不同特点和需求，通过举办专场招聘活动、技能培训、岗位推荐等多种方式，帮助他们实现就业。对离校未就业毕业生持续提供就业信息和服务，会同有关部门实施好"离校未就业促进计划"，切实做到"离校不离心、服务不断线"。

四、进一步加强思想教育和政策宣传

各地各高校要把思想教育作为促进就业创业的先导性工作，积极组织毕业生深入学习领会习近平总书记系列重要讲话和给毕业生的回信精神，着力培育和践行社会主义核心价值观，引导毕业生把个人梦想融入中国梦的伟大实践，主动到国家需要的地方建功立业。要结合青年学生特点，组织引导毕业生深入城乡基层和生产一线实习实践，促进他们知国情、接地气、转观念、长才干。要通过优秀校友讲体会、专家学者讲形势、创业典型讲经验等多种形式，帮助毕业生调整就业预期，规划职业生涯，积极主动就业创业。

要高度重视高校毕业生就业创业政策宣传，建立教育部门、高校、院系、班级四级联动的政策宣传网络，努力让每一位毕业生都知晓、用好政策。要充分利用微博、微信、手机报等新媒体，使用海报、图表等毕业生喜闻乐见的方式，及时宣传解读国家出台的促进就业创业的政策措施。要根据毕业生的就业意向和求职需求，分时段、分类别推送基层就业、自主创业、参军入伍、困难帮扶等政策措施，提高政策宣传的针对性和有效性。

五、推动高等教育更好适应经济社会发展需要

各地各高校要以提高质量为核心，结构调整为突破，加快推进高等教育综合改革，进一步优化区域布局结构、培养层次结构和学科专业结构。引导一批普通本科高校向应用技术型高校转型发展，继续扩大专业学位研究生类型和规模。完善专业预警、退出和动态调整机制，及时调减就业率持续较低的专业招生计划，使学科专业结构与经济社会发展需要相适应、与就业对接。探索建立高校毕业生就业和重点产业人才供需协调机制，推进校地合作、校产联合、校企对接，构建高校与有关部门、科研院所、行业企业协同育人机制。推动大学生参加形式多样的实习实训、社会实践和志愿活动，增强就业创业能力。

要进一步健全高校毕业生就业质量年度报告制度，完善报告内容和发布方式，9月份发布高校毕业生就业状况，12月底面向社会发布高校毕业生就业质量年度报告。加强毕业生就业创业与职业发展状况跟踪调查，完善就业质量评价指标体系，把大学生创新创业能力、就业创业状况作为高校评估重要内容。建立和完善就业与招生计划、人才培养、经费拨款、院校设置、专业调整的联

动机制，建立健全激励和约束机制，推动高校不断优化人才培养结构，提高培养质量，实现特色发展。

六、加强就业创业工作组织领导

各地各高校要继续把高校毕业生就业创业工作摆在突出重要位置，加强组织领导，健全责任制度，明确任务分工，统筹推进工作。要创新服务方式和手段，加强督促检查和分类指导，及时研究解决工作中出现的新情况、新问题。要结合本地本校实际，切实加大就业创业资金投入力度，制定出台更加有力的政策措施，确保完成就业工作目标任务。

各高校要深入实施就业创业工作"一把手"工程，主要负责同志亲自抓，分管负责同志具体抓，形成就业、招生、教学、学生工作等部门联动工作机制。要进一步加强就业创业工作保障，切实做到"机构、人员、场地、经费"四到位，重点建设一批示范性就业指导机构。要把就业指导教师专业技术职务评聘工作落到实处，进一步推进就业创业指导教师专业化、专家化。进一步优化就业服务流程，简化相关环节和手续，为毕业生就业创业提供高效便捷的服务，确保毕业生文明有序离校。

教育部
2014 年 12 月

附录四 国务院办公厅关于深化高等学校创新创业教育改革的实施意见

国办发〔2015〕36号

各省、自治区、直辖市人民政府,国务院各部委、各直属机构:

深化高等学校创新创业教育改革,是国家实施创新驱动发展战略、促进经济提质增效升级的迫切需要,是推进高等教育综合改革、促进高校毕业生更高质量创业就业的重要举措。党的十八大对创新创业人才培养作出重要部署,国务院对加强创新创业教育提出明确要求。近年来,高校创新创业教育不断加强,取得了积极进展,对提高高等教育质量、促进学生全面发展、推动毕业生创业就业、服务国家现代化建设发挥了重要作用。但也存在一些不容忽视的突出问题,主要是一些地方和高校重视不够,创新创业教育理念滞后,与专业教育结合不紧,与实践脱节;教师开展创新创业教育的意识和能力欠缺,教学方式方法单一,针对性实效性不强;实践平台短缺,指导帮扶不到位,创新创业教育体系亟待健全。为了进一步推动大众创业、万众创新,经国务院同意,现就深化高校创新创业教育改革提出如下实施意见。

一、总体要求

(一)指导思想。

全面贯彻党的教育方针,落实立德树人根本任务,坚持创新引领创业、创业带动就业,主动适应经济发展新常态,以推进素质教育为主题,以提高人才培养质量为核心,以创新人才培养机制为重点,以完善条件和政策保障为支撑,促进高等教育与科技、经济、社会紧密结合,加快培养规模宏大、富有创新精神、勇于投身实践的创新创业人才队伍,不断提高高等教育对稳增长促改革调结构惠民生的贡献度,为建设创新型国家、实现"两个一百年"奋斗目标和中华民族伟大复兴的中国梦提供强大的人才智力支撑。

(二)基本原则。

坚持育人为本,提高培养质量。把深化高校创新创业教育改革作为推进高等教育综合改革的突破口,树立先进的创新创业教育理念,面向全体、分类施教、结合专业、强化实践,促进学生全面发展,提升人力资本素质,努力造就大众创业、万众创新的生力军。

坚持问题导向,补齐培养短板。把解决高校创新创业教育存在的突出问题作为深化高校创新创业教育改革的着力点，融入人才培养体系，丰富课程、创新教法、强化师资、改进帮扶，推进教学、科研、实践紧密结合，突破人才培养薄弱环节，增强学生的创新精神、创业意识和创新创业能力。

坚持协同推进，汇聚培养合力。把完善高校创新创业教育体制机制作为深化高校创新创业教育改革的支撑点，集聚创新创业教育要素与资源，统一领导、齐抓共管、开放合作、全员参与，形成全社会关心支持创新创业教育和学生创新创业的良好生态环境。

（三）总体目标。

2015年起全面深化高校创新创业教育改革。2017年取得重要进展，形成科学先进、广泛认同、具有中国特色的创新创业教育理念，形成一批可复制可推广的制度成果，普及创新创业教育，实现新一轮大学生创业引领计划预期目标。到2020年建立健全课堂教学、自主学习、结合实践、指导帮扶、文化引领融为一体的高校创新创业教育体系，人才培养质量显著提升，学生的创新精神、创业意识和创新创业能力明显增强，投身创业实践的学生显著增加。

二、主要任务和措施

（一）完善人才培养质量标准。

制订实施本科专业类教学质量国家标准，修订实施高职高专专业教学标准和博士、硕士学位基本要求，明确本科、高职高专、研究生创新创业教育目标要求，使创新精神、创业意识和创新创业能力成为评价人才培养质量的重要指标。相关部门、科研院所、行业企业要修订专业人才评价标准，细化创新创业素质能力要求。不同层次、类型、区域高校要结合办学定位、服务面向和创新创业教育目标要求，制订专业教学质量标准，修订人才培养方案。

（二）创新人才培养机制。

实施高校毕业生就业和重点产业人才供需年度报告制度，完善学科专业预警、退出管理办法，探索建立需求导向的学科专业结构和创业就业导向的人才培养类型结构调整新机制，促进人才培养与经济社会发展、创业就业需求紧密对接。深入实施系列"卓越计划"、科教结合协同育人行动计划等，多形式举办创新创业教育实验班，探索建立校校、校企、校地、校所以及国际合作的协同育人新机制，积极吸引社会资源和国外优质教育资源投入创新创业人才培养。高校要打通一级学科或专业类下相近学科专业的基础课程，开设跨学科专业的交叉课程，探索建立跨院系、跨学科、跨专业交叉培养创新创业人才的新机制，促进人才培养由学科专业单一型向多学科融合型转变。

（三）健全创新创业教育课程体系。

各高校要根据人才培养定位和创新创业教育目标要求，促进专业教育与创新创业教育有机融合，调整专业课程设置，挖掘和充实各类专业课程的创新创业教育资源，在传授专业知识过程中加强创新创业教育。面向全体学生开发开设研究方法、学科前沿、创业基础、就业创业指导等方面的必修课和选修课，纳入学分管理，建设依次递进、有机衔接、科学合理的创新创业教育专门课程群。各地区、各高校要加快创新创业教育优质课程信息化建设，推出一批资源共享的慕课、视频公开课等在线开放课程。建立在线开放课程学习认证和学分认定制度。组织学科带头人、行业企业优秀人才，联合编写具有科学性、先进性、适用性的创新创业教育重点教材。

（四）改革教学方法和考核方式。

各高校要广泛开展启发式、讨论式、参与式教学，扩大小班化教学覆盖面，推动教师把国际前沿学术发展、最新研究成果和实践经验融入课堂教学，注重培养学生的批判性和创造性思维，激发创新创业灵感。运用大数据技术，掌握不同学生学习需求和规律，为学生自主学习提供更加丰富多样的教育资源。改革考试考核内容和方式，注重考查学生运用知识分析、解决问题的能力，探索非标准答案考试，破除"高分低能"积弊。

（五）强化创新创业实践。

各高校要加强专业实验室、虚拟仿真实验室、创业实验室和训练中心建设，促进实验教学平台共享。各地区、各高校科技创新资源原则上向全体在校学生开放，开放情况纳入各类研究基地、重点实验室、科技园评估标准。鼓励各地区、各高校充分利用各种资源建设大学科技园、大学生创业园、创业孵化基地和小微企业创业基地，作为创业教育实践平台，建好一批大学生校外实践教育基地、创业示范基地、科技创业实习基地和职业院校实训基地。完善国家、地方、高校三级创新创业实训教学体系，深入实施大学生创新创业训练计划，扩大覆盖面，促进项目落地转化。举办全国大学生创新创业大赛，办好全国职业院校技能大赛，支持举办各类科技创新、创意设计、创业计划等专题竞赛。支持高校学生成立创新创业协会、创业俱乐部等社团，举办创新创业讲座论坛，开展创新创业实践。

（六）改革教学和学籍管理制度。

各高校要设置合理的创新创业学分，建立创新创业学分积累与转换制度，探索将学生开展创新实验、发表论文、获得专利和自主创业等情况折算为学分，将学生参与课题研究、项目实验等活动认定为课堂学习。为有意愿有潜质的学生制定创新创业能力培养计划，建立创新创业档案和成绩单，客观记录并量化评价学生开展创新创业活动情况。优先支持参与创新创业的学生转入相关专业学习。实施弹性学制，放宽学生修业年限，允许调整学业进程、保留学籍休学创新创业。设立创新创业奖学金，并在现有相关评优评先项目中拿出一定比例用于表彰优秀创新创业的学生。

（七）加强教师创新创业教育教学能力建设。

各地区、各高校要明确全体教师创新创业教育责任，完善专业技术职务评聘和绩效考核标准，加强创新创业教育的考核评价。配齐配强创新创业教育与创业就业指导专职教师队伍，并建立定期考核、淘汰制度。聘请知名科学家、创业成功者、企业家、风险投资人等各行各业优秀人才，担任专业课、创新创业课授课或指导教师，并制定兼职教师管理规范，形成全国万名优秀创新创业导师人才库。将提高高校教师创新创业教育的意识和能力作为岗前培训、课程轮训、骨干研修的重要内容，建立相关专业教师、创新创业教育专职教师到行业企业挂职锻炼制度。加快完善高校科技成果处置和收益分配机制，支持教师以对外转让、合作转化、作价入股、自主创业等形式将科技成果产业化，并鼓励带领学生创新创业。

（八）改进学生创业指导服务。

各地区、各高校要建立健全学生创业指导服务专门机构，做到"机构、人员、场地、经费"四到位，对自主创业学生实行持续帮扶、全程指导、一站式服务。健全持续化信息服务制度，完善全国大学生创业服务网功能，建立地方、高校两级信息服务平台，为学生实时提供国家政策、市场动向等信息，并做好创业项目对接、知识产权交易等服务。各地区、各有关部门要积极落实高校学生创业培训政策，研发适合学生特点的创业培训课程，建设网络培训平台。鼓励高校自主编制专项培训计划，或与有条件的教育培训机构、行业协会、群团组织、企业联合开发创业培训项目。各地区和具备条件的行业协会要针对区域需求、行业发展，发布创业项目指南，引导高校学生识别创业机会、捕捉创业商机。

（九）完善创新创业资金支持和政策保障体系。

各地区、各有关部门要整合发展财政和社会资金，支持高校学生创新创业活动。各高校要优化经费支出结构，多渠道统筹安排资金，支持创新创业教育教学，资助学生创新创业项目。部委属高校应按规定使用中央高校基本科研业务费，积极支持品学兼优且具有较强科研潜质的在校学生开展创新科研工作。中国教育发展基金会设立大学生创新创业教育奖励基金，用于奖励对创新创业教育作出贡献的单位。鼓励社会组织、公益团体、企事业单位和个人设立大学生创业风险基金，以多种形式向自主创业大学生提供资金支持，提高扶持资金使用效益。深入实施新一轮大学生创业引领计划，落实各项扶持政策和服务措施，重点支持大学生到新兴产业创业。有关部门要加快制定有利于互联网创业的扶持政策。

三、加强组织领导

（一）健全体制机制。

各地区、各高校要把深化高校创新创业教育改革作为"培养什么人，怎样培养人"的重要任务摆在突出位置，加强指导管理与监督评价，统筹推进本地本校创新创业教育工作。各地区要成立创新创业教育专家指导委员会，开展高校创新创业教育的研究、咨询、指导和服务。各高校要落实创新创业教育主体责任，把创新创业教育纳入改革发展重要议事日程，成立由校长任组长、分管校领导任副组长、有关部门负责人参加的创新创业教育工作领导小组，建立教务部门牵头，学生工作、团委等部门齐抓共管的创新创业教育工作机制。

（二）细化实施方案。

各地区、各高校要结合实际制定深化本地本校创新创业教育改革的实施方案，明确责任分工。教育部属高校需将实施方案报教育部备案，其他高校需报学校所在地省级教育部门和主管部门备案，备案后向社会公布。

（三）强化督导落实。

教育部门要把创新创业教育质量作为衡量办学水平、考核领导班子的重要指标，纳入高校教育教学评估指标体系和学科评估指标体系，引入第三方评估。把创新创业教育相关情况列入本科、高职高专、研究生教学质量年度报告和毕业生就业质量年度报告重点内容，接受社会监督。

（四）加强宣传引导。

各地区、各有关部门以及各高校要大力宣传加强高校创新创业教育的必要性、紧迫性、重要性，使创新创业成为管理者办学、教师教学、学生求学的理性认知与行动自觉。及时总结推广各地各高校的好经验好做法，选树学生创新创业成功典型，丰富宣传形式，培育创客文化，努力营造敢为人先、敢冒风险、宽容失败的氛围环境。

国务院办公厅

2015年5月4日

图书在版编目(CIP)数据

创业基础案例与实训/郑晓燕主编. —2 版. —成都:西南财经大学出版社,2015.8

ISBN 978 - 7 - 5504 - 2126 - 4

Ⅰ.①创… Ⅱ.①郑… Ⅲ.①大学生—职业选择 Ⅳ.①G647.38

中国版本图书馆 CIP 数据核字(2015)第 193474 号

创业基础案例与实训(第二版)
　主　编:郑晓燕

责任编辑:王　艳
封面设计:何东琳设计工作室
责任印制:封俊川

出版发行	西南财经大学出版社(四川省成都市光华村街55号)
网　　址	http://www.bookcj.com
电子邮件	bookcj@foxmail.com
邮政编码	610074
电　　话	028 - 87353785　87352368
照　　排	四川胜翔数码印务设计有限公司
印　　刷	郫县犀浦印刷厂
成品尺寸	185mm×260mm
印　　张	16.75
字　　数	325 千字
版　　次	2015 年 8 月第 2 版
印　　次	2015 年 8 月第 1 次印刷
印　　数	1— 3000 册
书　　号	ISBN 978 - 7 - 5504 - 2126 - 4
定　　价	32.00 元

1. 版权所有,翻印必究。
2. 如有印刷、装订等差错,可向本社营销部调换。
3. 本书封底无本社数码防伪标志,不得销售。